教育管理理念与思维创新研究

谈颖 吕杨 沈嘉怡 ◎ 著

中国出版集团
中国民主法制出版社

全国百佳图书
出版单位

图书在版编目（CIP）数据

教育管理理念与思维创新研究 ／ 谈颖，吕杨，沈嘉怡著. — 北京：中国民主法制出版社，2023.5
ISBN 978-7-5162-3218-7

Ⅰ．①教… Ⅱ．①谈… ②吕… ③沈… Ⅲ．①教育管理—研究 Ⅳ．①G40-058

中国国家版本馆CIP数据核字(2023)第074625号

图书出品人：刘海涛
出 版 统 筹：石　松
责 任 编 辑：刘险涛

书　　　名/教育管理理念与思维创新研究
作　　　者/谈　颖　吕　杨　沈嘉怡
出版・发行/中国民主法制出版社
地址/北京市丰台区右安门外玉林里 7 号（100069）
电话/(010) 63055259（总编室）　　63058068　63057714（营销中心）
传真/(010) 63055259
http://www.npcpub.com
E-mail:mzfz@npcpub.com
经销/新华书店
开本/16 开　　787 毫米×1092 毫米
印张/14　　　字数/230 千字
版本/2023 年 5 月第 1 版　　2023 年 5 月第 1 次印刷
印刷/廊坊市源鹏印务有限公司

书号/978-7-5162-3218-7
定价/68.00 元

前　言

　　教育管理是管理者通过组织协调教育队伍，充分发挥教育人力、财力、物力等信息的作用，利用教育内部各种有利条件，高效率地实现教育管理目标的活动过程；是国家对教育系统进行组织协调控制的一系列活动。高校是我国教育教学活动开展的重要基地，是优秀社会人才培养的重要场所。随着我国教育教学改革不断深入，各高校逐渐重视通过建立高校教育教学质量保障体系规范本校的教育教学活动，进而为社会发展培养合格的优秀人才。高校作为人才培养的摇篮，承担着人才培养、科学研究和知识创新等重要工作，而高校教育管理工作是联系高校教学过程中教与学相关环节的枢纽和桥梁，在高校教育活动中至关重要。许多高校虽然已经认识到教育管理的重要性，但是由于种种原因，目前高校教育管理仍存在问题，要想进一步提高教学质量，提升学校知名度，我们必须对高校教育管理工作进行反思与创新。

　　高校的教育管理工作是联系高校教学过程中教与学相关环节的枢纽和桥梁，在高校教育活动中至关重要。本书是教育管理方向的著作，主要研究教育管理理念与思维创新，本书从高校教育管理基础介绍入手，分析研究了教育管理功能、学生管理理念与方法以及教学管理理念与方法；介绍了大数据环境下、新媒体环境下及法治理念下等不同环境下的教育管理思维创新；提出了关于新时代教育理念变革中的师德建设相关建议；旨在摸索出一条适合现代高校教育管理工作创新的科学道路，帮助工作者在应用中少走弯路，运用科学方法，提高教学效率，对高校教育管理的应用创新有一定的借鉴意义。

　　在撰写本书的过程中，参考和借鉴了一些知名学者和专家的观点及论著，在此向他们表示深深的感谢。由于水平和时间所限，书中难免会出现不足之处，希望各位读者和专家能够提出宝贵意见，以待进一步修改，使之更加完善。

目录

第一章 教育管理概述

第一节 高校教育管理的基本概念

一、管理的一般概念

管理一般是指在特定环境下，对组织所拥有的资源进行有效的计划、组织、领导和控制，以便完成既定组织目标的过程。管理是人们依据社会发展的客观规律和在特定历史条件下对各种规律的表现方式进行调节社会系统内外的各种关系和资源，以便达到既定系统目标的过程。显然，这两个表述并不矛盾，只是表述方式稍有差别。前者表述简练直观，后者从社会系统的角度和方法进行表述，较为宏观。

（一）管理活动的服务目标明确

管理是为实现组织目标服务的，是一个有目的与意识的活动过程。管理是任何组织不可或缺的，不是孤立存在的。只要有组织及其活动，就存在管理问题。就管理本身而言，管理不具有自己的目标，不存在为管理而管理，没有活动也就不存在管理问题，管理是依附于活动而存在的，组织活动的目标就是管理的目标，而管理是服务于组织目标的。

（二）管理活动的组成元素多元

管理活动是通过一系列相互关联的资源要素所进行的，管理工作需要综合运用组织中的各种资源要素，通过计划、组织、控制等实现组织目标，达到活动的效果，这是管理的基本职能。

（三）管理活动的自身规律固定

从管理本身来讲，管理活动应当按照自身规律进行，但是现实管理活动中的资源并不是孤立存在的，管理工作需在一定环境条件下进行，管理是一种社会活动，有效的管理必须充分考虑组织的特定环境。

"一般管理理论"最早诞生在法国。当泰勒及其追随者在美国研究和倡导生产作业现场的科学管理原理和方法时，大西洋彼岸的法国诞生了组织管理的理论，被后人称之为"一般管理理论"或者"组织管理理论"。与泰勒主要研究基层作业的管理理论不同的是，"一般管理理论"是站在高层管理者的角度研究组织管理问题，在此基础上，现代管理理论的研究发展很快形成了许多管理经典理论和体系。根据研究管理的对象不同，可分为广义的管理和狭义的管理。广义的管理可以是针对大自然万事万物的管理；狭义的管理只是针对某项具体活动以及这些活动中的资源所进行的计划、组织、领导、控制。一般我们研究的管理是指狭义的管理，是指组织管理、行为管理、活动管理。活动的结果，实际上是人的能动性的结果，管理的实质是管人，是管理者与被管理者之间发生的矛盾的解决。因此，管理是管理者、被管理者、项目经理形成的活动。

对于管理的分类，现代管理一般可以从多个方面进行划分。第一，从活动的规模与大小划分，可以分为宏观管理和微观管理；第二，从具体的活动内容划分，可以分为综合管理和专项管理。另外，从管理的形式上划分，可以分为紧密管理和松散管理。当然，这些区分也只是相对的。

二、管理的基本理论

管理的基本理论是很多的，特别是随着现代社会发展，人们的认识水平不断提高，社会活动不断丰富，社会财富与利益驱动机制更加强烈，新的管理理论在创新与发展。而系统管理理论、人本管理理论、目标管理理论、标准化管理理论、组织管理理论、模糊管理理论、混合管理理论等只是众多管理理论中的一部分，它们既是管理的理论，也是管理的思想和方法。

（一）系统管理理论

系统管理理论指出，管理的任务就是协调系统中的各个子系统以及系统要素，以保持系统的动态平衡，取得系统最佳运行效果。这种管理理论及其方法的核心是把管理作为一个整体的系统，系统就要有系统要素，系统要素就是人、物、活动及其项目。这种管理理论和方法一般应用在建设工程、大型活动（内容复杂、组织规模大、投入量大、长时间与长周期）较为合适，当然，这些也只是相对的，因为大和小本身就是相对的。

（二）人本管理理论

人本管理理论和方法是以人为中心的管理，实际上，这种管理理论与方法是最难以做好的，如果把握不好，甚至有时候还会出现偏颇。有效的人本管理实质是人的权利的利用和利益的分配，在这种过程中，既要尊重人，又要让人的潜能充分发挥，是一对很特殊的矛盾，往往有时候存在一个两难的矛盾。"以人为本"的管理目的就是发掘人的最大潜能，这种潜能并不完全是指被管理者的，同时也包括管理者，管理者的潜能是工作的积极性和表现出来的工作效益，被管理者的潜能是管理者的思想和艺术施加结果的体现，二者的结合才能达到管理的最大效果。人本管理理论虽然是一个相对比较早的管理理论，但是在实践中成熟应用的并不是很多很好。究其原因，传统的、单纯的人本管理理论十分强调管理的"人"这个素质，可以说，低素质的人是绝对运用不好人本管理理论的，一个管不好自己的人同样也是管理不好别人的，更不用说有效地运用好人本管理理论。不过，现代的人本管理理论加入了一些新的元素，在人本管理中加入制度管理，形成一种新的意义上的人本管理理论，可以说是现代的人本管理理论的发展。

（三）目标管理理论

目标管理理论和方法是一种与利益相关联的刚性管理模式。这种管理理论和方法实际上是与价值理论密切相关的，甚至可以说是以价值理论为基础的。要有一个预先设置的价值目标，然后以这种价值目标的实现为核心而展开的管理活动。价值目标的认同是关键，是目标管理的前提。价值目标的确立也是十分重要的，价值目标必须通过全体成员认同，目标管理理论强调组织目标的制定要得到所有组织成员的认同，没有认同感的组织目标是不切实际的目标，是难以达到组织目标的。有人说目标管理只是注重结果，这是十分错误的，最新的目标管理理论不仅仅是注重管理活动的一头一尾，除了最先确定价值目标、最终对完成价值目标的检验结果外，还对过程实施严格监督，让目标按既定的方向完成，不要等到问题成了堆，最后成为一个很糟糕的结果，既成事实不是目标管理的目的，要让管理者与被管理者通过共同的努力，一步一步向既定目标靠近。实现以价值目标为中心而组织的目标管理活动，是一种刚性的量化管理，因此执行也是刚性的。目标管理理论除了注重价值目标外，具体的应用还有一个公平理论问题，这是由目标管理理论的刚性所决定的。

（四）标准化管理理论

这种管理理论和方法是在专业化管理的基础上，由管理者组织专家制定管理的标准，要通过一定的法律法规程序予以确定。这种管理的思想十分明确，最朴素的道理就是"没有规矩不能成方圆"。标准化管理虽然是组织和专家行为，但标准并不是武断的和空穴来风，既要有权威性，又要有社会基础和群众基础，通过科学的过程来制定。在这一过程中有两个十分重要的环节，一个是标准的制定；另一个是标准的执行。第二个环节是标准化管理的要害，有时候可能还是成败的关键，在管理活动中，有了标准不好好地执行，或者执行起来走样，必将导致标准化管理的全面失败。当然，这不是标准化本身的问题，是实施标准化管理的实践问题。

（五）组织管理理论

组织管理理论和方法的实质是最高决策层通过设置管理的各级组织，规定各级组织的职能，通过领导核心、组织授权、组织实施等进行的管理。组织管理的重点是组织结构的设计，关键是组织职能的授权。同时，也有人把它归结到组织的层级管理理论、组织的能级管理理论、组织的行为管理理论。组织管理理论要有严密的组织结构，要有明确的组织目标和组织功能，同时，要有一套有效的组织运作机制，否则，再好的科学组织，再完善的组织功能，没有好的运作机制它不可能活起来，甚至导致组织管理活动不可能有效地展开。

（六）模糊管理理论

这是一种现代的管理思想和方法，特别是在软管理方面，运用模糊数学的管理思想与技术进行管理。这是一种在高层次的人群中实施的行为管理，是一种软性管理。简单管理没有必要运用模糊管理，一般是在复杂的、庞大的、中长周期的、高智商的管理活动中实施。

实际上，我们通常的组织活动中，特别是比较大的组织系统中，运用的比较多的是混合管理模式。混合管理是多种管理思想和方法的组合，在规模比较大的大型组织中，管理的内容又比较复杂，头绪又很多，多种活动项目的性质差距较大，运用某一种方式来进行全盘的统领往往是不可能的，这就需要运用混合管理的理论和方法来完成。

三、高等教育管理概念

高等教育管理是根据高等教育的目的和发展规律，调配高等教育资源，调节高等教育系统内外的各种关系，进行有效的计划、组织、领导和控制，以便达到既定的高等教育系统目标的过程。这是通常给出的高等教育管理的定义。

从教育管理的层面上讲，高等教育是中等教育基础之上的教育，因此，它是指高等教育这一特殊的专业层面上的管理。从管理的分类上讲，也可以分为宏观高等教育管理和微观高等教育管理。从管理的内容上讲，可以分为宏观高等教育管理中的战略规划管理、宏观调控管理，微观高等教育管理中的教育组织内部的具体的教育管理活动。

（一）高等教育管理的依据

高等教育管理的概念首先指明了高等教育管理活动的依据是高等教育的目的和发展规律。高等教育的目的是为社会提供各级各类的高级专门人才，各级各类高级专门人才的教育是指：在类别上为普通高等教育，成人高等教育；在性质上为公办高等教育，民办高等教育；在层次上为专科教育、本科教育、研究生教育。这些教育的目的和目标是管理的根本依据。高等教育受到学生身心发展的影响，通过德育、智育、体育、美育等过程，培养全面发展的人，只有把人作为社会关系的总和来看待，才能对人的发展有全面的理解。因此，各级各类教育过程都有其自身的客观内在规律，只有正确认识它们的客观规律，才能实施科学的管理。高等教育必须受到一定社会的经济、政治、文化制约，并为一定的经济、政治、文化发展服务。因此，生产力和科学技术的发展水平，社会的制度、文化传统都对高等教育活动产生制约；无论是国家宏观的高等教育发展政策的制定，还是高等学校培养人的过程，都必须遵循高等教育的目的和高等教育发展的客观规律，这也是高等教育管理的出发点。

（二）高等教育管理的任务

高等教育管理的概念指出了高等教育管理的任务，这就是有意识地调节高等教育系统内外各种关系和高等教育资源，以适应高等教育系统发展的客观规律。从一个国家或者地区来讲，高等教育系统是国家或者地区社会系统中的一个子系统；从高等教育组织系统来讲，高等学校也是一个社会子系统。由于系统中存在着多种矛盾，因此，高等教育管理的任务就是协调并最终解决系统中存在的矛盾。在高等教育管理中，要用系统论的眼光来设计高等教育的整体和各部分之间、要素与要素之间、学校系统与外部环境之间、学校系统内部的子系统之间的相互关系，树立整体的观念，并通过有效的管理实现系统要素间的整体优化。

（三）高等教育管理的目的

高等教育管理的概念还指明了高等教育管理的结果是不断促成高等教育系统目标的实现。高等教育管理的目的最终也只是高等教育目的的一种辅助性（工具性）目的。在高等教育系统中，培养人的目的是高等教育的根本目的，高等教育系统的一切工作（包括管理工作）都必须围绕这一目的展开，对高等教育系统中各种关系和资源的协调构成了高等教育管理的目的，它的目的是通过有效的管理，确保高等教育实质性目的的实现。因此，高等教育管理最终也只能是手段。当然，由于高等教育管理有其自身的需要，其自身也有目的，如效率就是管理的目的之一，但它是通过有效的管理来保证高等教育目的的有效实现。

综上所述，不论是宏观的高等教育管理，还是微观的高等教育管理，所依据的是国家的教育方针，组织的发展目标，活动的游戏规则，高等教育的基本规律，社会政治、经济、文化的发展背景与环境，通过立法、行政、经济、市场等手段进行协调和控制，保证高等教育人才培养质量、推动科学文化知识创新、促进社会进步等目标的实现，最终实现高等教育可持续发展。

第二节 高校教育管理的本质

一、高等教育管理的行为

（一）管理行为

管理活动中的行为具有其特殊的表现形式，它是管理过程和效果的具体体现，过程和效果反映了管理活动的基本特征，那么，要认识管理的这些过程及效果，必须首先分析管理行为，以及这些行为与效果有什么关系。

管理方格理论是由罗伯特和穆登提出来的。基于人们对主管人员的一种要求，即不仅要关心生产而且要关心人的重要意义，巧妙地设计了一个方格图以醒目地表示这种"关心"。把这种方格图作为训练主管人员和明确各种领导方式之间不同组合的手段。这种方格有两个维度，横向维度是"对生产的关心"；纵向维度是"对人的关心"。

"对生产的关心"一般认为是对工作所持的态度，诸如，政策决定的质量、程序与过程、研究的创造性、职能人员的服务质量、工作效率以及产品质量等。"对人的关心"也包括许多因素，诸如，个人对实现目标所承担的责任、保持下属的自尊、建立在信任而非顺从基础上的职责、保持良好的工作环境以及具有满意的人际关系等。

（二）行为类型

在教育行政管理中，哈尔平等人总结出的管理的内容大致有以下两类：一类是创建组织机构的行为（为了实现组织的目标）；二是体贴关心下属的行为。哈尔平的分类体系在西方教育行政管理中很著名。创建组织机构的行为是指领导者在描述自己与集体成员之间的关系时，致力于建立被充分限定的组织的类型、建立信息交流渠道以及具体实施过程中的所作所为。这主要包括领导者为实现组织目标而与下属的各种相互作用，让下属了解自己的意图和态度；与下属一起实验或实施自己的新想法和新计划；指定下属去完成某些特定的任务；对工作进行检查和评价；制定推行某些标准、制度和规范；促进下属之间的相互合作等。体贴关心下属的行为是指领导者在与下属的相互关系中表示友谊、相互信任和尊重、温暖、支持、帮助，以及合作的行为。对下属表示理解与支持；愿意倾听下属的意见；关心下属的个人利益；尽量与下属讨论商量问题，让他们参与组织计划；平等公正地对待下属；乐意进行改革；及时将下属的建议付诸实施等。

（三）高等教育管理中的领导行为

高等教育管理中的领导行为是一种主要的管理行为。这种管理行为同样地可以分为两类，创建组织机构的行为和体贴关心下属的行为。高等教育的领导行为所针对的组织系统、组织目标、组织成员、人际关系等都有自己的特殊性，与其他许多社会系统的情况有所不同。比如，高等学校这一层次的管理中，领导者要全力完成的是教学与科研任务，两者又以人才的培养为核心。但是要搞好教学与科研工作，领导者还必须抓好有关的后勤配套工作，需要从各方面关心支持第一线的教学、科研人员。这就是上面所讲的两类领导行为。理论上讲，领导者可以调整自己的行为，以适应某一特定的环境和任务。在实践中，领导者不能、也不应该只关注某一类行为，而应当根据具体情况决定采取什么样的领导行为。当然，在这种时候，领导艺术是帮助领导者取得成功的必备之物。在宏观高等教育管理中，国家和地方政府对高等教育组织，即高等学校的管理，其中之一就是规范高等教育组织中领导的办学行为，既要按照国家的政策规范办学，又要办出各自学校的特色，这既是矛盾的，又是统一的，最终的目标是一致的。具体地讲，在完成高等教育目标的过程中，各级领导者为实现目标而履行领导的职责时，其关注的行为领域主要有下述几种。

1.行政领导者的行为

它主要包括各级领导者或管理者作为负责人行使领导职责时的行为。领导者的职责就是对目标的实现或目标的改变所需的集体活动进行激励、协调与指导。如果不能做到这一点，那就是对领导责任的放弃。对高等教育系统来说，系统的目标是非常明确的，教育部对国务院负责，各省市教育行政主管部门的行政首长对省市党委和首长负责。一般来讲，到了高等教育组织这一层面，组织领导者的行为要对高等教育主管部门负责。各高等教育组织的领导，围绕着高等教育系统目标进行的活动，在形式和内容上各有特色，即使是同一专业、同一课程的教学活动，在各校之间也是不完全一样的，更由于各校的教师和学生在知识水平、能力结构、兴趣爱好、心理需要，以及性格特征、校园文化等方面存在着明显的差异，各高校的领导者为完成组织目标而行使领导职责时，所面临的环境条件就各不相同，所采取的领导行为当然也不相同。

2.组织集体中的领导行为

这是指高等教育系统中的各级领导者，要为组织目标的顺利实现创造各种各样的条件，对于组织目标的顺利实现而言，领导者的行为所具有的作用分为直接作用和间接作用两个方面。直接作用包括：创建某些专门的组织机构和程序，指定专门的人选去负责完成某项或某方面的工作，对下属的工作进行检查与督促，聘请某一方面的专家能人等。间接作用包括：不直接参与各类具体的计划，但对计划的制订以及实施过程施加各种形式的影响。譬如，提倡某种领导风格、实施某种奖惩措施、颁布某类晋升标准等做法都会对各项具体工作的开展产生重大影响，虽然领导者尤其高层领导者没有直接插手具体工作，换句话说，领导者的行为也许可能不会对某些特定的具体活动产生影响（即起直接作用），但对这些活动顺利开展并取得成功所依赖和借助的各种组织机构、过程和程序产生了影响。例如，各级政府中的教育行政领导，也许并不过问每所高校具体的教学和科研工作，但必须对高校培养人才的方向、规格、基本途径、办学思想等进行指导；大学校长也许并不一定过问某一门课程或某一堂课的具体教学活动及其效果，但他可以影响某个院（系）以及教务部门在课程安排上的指导思想，影响该院（系）的课程计划或课程体系的目标，从而在某种形式上对各门课的教学活动及其效果产生一定的影响。有时候组织集体中的领导行为是无形的，有时候是起直接影响作用的，或者是干扰性作用的，因为领导的影响行为是权威性的。所以，领导行为应该是分层的、积极的、适度的、有效的。所谓分层，就是指各级的领导行为是有区别的，上一级的领导行为不能做下一级领导行为的事，否则就是越级行为。领导行为的积极性是讲领导的行为对于组织的作用是正面的，不要产生负面影响，否则，领导的行为肯定是错误的行为。领导行为的适度不分哪一级，哪一级领导的行为都必须要有一个度，超过了这个度，可能适得其反。有效的领导行为对管理活动产生好的影响，有效的管理领导行为是与管理活动的结果相辅相成的，有效与否，由结果来检验。

二、高等教育管理的本质

高等教育系统相对于其他社会系统有其独特的活动主体和活动目标，这就使高等教育管理同其他社会系统的管理区别开来，表现出它的特殊性。高等教育的总目标是：培养高级专门人才和发展科学技术文化并与社会经济发展的需要相适应。高等教育管理活动就是要在总目标的指导下，把对高等教育系统的战略规划、资源调配通过制度和机制进行协调。高等教育管理的本质就是协调高等教育系统有限资源的投入与高效益地实现高等教育总目标的矛盾。

无论高等教育有多么复杂，无论把高等教育系统分解为怎样的子系统，高等教育系统都必然要求各子系统在目标上协调一致。不仅要求每个子系统的目标与整体目标相协调一致，也要求每个子系统的目标与自己内部的组织成员的个体目标相互协调。更重要的是，每个系统的目标与实现这些目标的条件之间需要相互协调，这就形成了管理活动的整体性和普遍性。协调就是蕴含于各个子系统之间，对各个子系统的目标设计、资源筹集和分配，分析系统的活动信息，即通过政策、制度和一些技术手段等协调系统成员的活动，以达到系统所设计的目标。从事这些专门活动的管理人员（或称管理者）的活动所构成的有机整体就是管理系统。

管理活动的普遍性（指管理活动作为人类活动的一个重要方面）普遍存在于所构成的各种组织机构中。专门管理者的出现体现出社会系统在结构层次上的性质，表明个人在社会系统中具有的不同位置、作用和性质。管理活动中人是管理的主体，权力是管理系统赖以存在的基础，权力对人的活动的约束性使人们按一定的方式组织起来，以便实现系统的整体目标，也在一定的程度上体现了权力在协调中的作用。协调或称调节是指调整或改善高等学校与校外，以及校内各部门或成员之间、上下左右各方面的关系。就一个国家和地区来讲，把高等教育放到社会的大背景中，政府对高等教育的协调是使高等教育的层次、规模、结构、水平、质量、效益的协调发展，与社会的政治、经济、文化的发展相适应，如果不相适应，就必须进行协调。就高等教育的组织——学校来说，它是高等教育系统中的子系统，学校组织的类型，因区域的差别、体制的差别、机制的差异、管理者的差异等出现差异，存在着的矛盾是多种多样的，有总体目标与部分目标之间的、有长期规划与近期打算之间的、有整体利益与部门利益之间的、有组织利益与个人利益之间的矛盾，这些矛盾如果不加以协调和解决，就会影响高等教育系统的运行和发展，也会影响高等教育效益的最优化。高等教育的协调任务与高等教育管理的本质要求是相一致的，体现了高等教育管理的基本矛盾和本质特征。

一般地说，在集体组织成员之中总是存在许多不一致，其中，某些不一致可能上升为矛盾（程度不一的矛盾），这些矛盾关系中比较激烈的便会转变为明显或不明显的冲突。冲突一般分为以下三种类型：第一类是认知性冲突。由信息因素、知识因素、价值观因素等引起的冲突都属于认知性冲突。这种冲突随着双方认识趋于一致就能得到缓和与克服。第二类是感情性冲突。这是一种由非理性因素引起并为这种非理性因素所控制的冲突，也可能是由认知性因素所诱发，最后为非理性因素所支配的冲突。个性相抵是这种冲突最常见的诱因，它持续时间长，破坏性大。第三类是利益性冲突。

这是一种由本位因素引起的目标冲突。社会中的个人和群体在处理问题时所关心的利益不同，从本位出发就可能引发矛盾和冲突，伴随利益的再分配，这种冲突可以克服。在日常的社会活动中，随处存在可能导致冲突的根源，一旦有了起因，这种潜在的冲突随时就会转变为现实的冲突。

产生冲突一般有以下原因：第一，人的"个性"。从人的本性讲，不满情绪积累到一定程度就会形成冲突，需要有适度的发泄。第二，有限的资源争夺。资源在一所高校总是有限的，而需要却是无限的，为争夺有限的资源而产生的冲突在所难免。第三，价值观和利益的冲突。不同经历的人价值观容易形成冲突，部门和个人都可能因利益而形成冲突。第四，角色冲突。由于个人和群体所承担的角色不同，而不同的角色都有其特定的任务和职责，从而产生不同的需要和利益，因而发生冲突。第五，追逐权力，是一种权力欲望的争夺。第六，职责规范不清楚，导致对任务的要求产生冲突。第七，组织的变动。组织的变动会导致利益的重新组合而产生冲突。第八，组织风气不佳。如，领导的矛盾和派系"传染"给整个组织而形成的冲突。

单从冲突的结果看无外乎三种可能：一胜一败、两败俱伤、两者全胜。显然前面两种结果都不是理想的结果，这两种结果往往潜伏着第二次更大的冲突，领导过程应尽量避免这种结果出现。第三种结果是在双方都较满意的基础上解决冲突而得到的，这是可取的解决问题的方案，需要很好地进行协调，有效的协调是我们协调的目的。

第三节 高校教育管理的属性

一、自然属性与社会属性

高等教育管理的自然属性，一是表现在普遍性方面。高等教育的管理是一种社会活动，社会活动的有序进行就需要进行管理，因此，高等教育管理是社会活动中普遍存在的一种管理现象。不论哪个国家，无论哪个历史时期，只要存在高等教育活动，就存在各种培养高级专门人才的活动（包括专业设置、培养目标、课程设计、教学过程、教学方法、教学手段等），就有进行管理的必要。在当今社会中，高等教育已经成了一种国民的素质需求乃至消费需求，成为一种国家和民众的普遍需求，特别是在高等教育大众化的时代，高等教育管理已经成为一种普遍的专业管理。二是表现在共性方面，即高等教育管理在各个历史发展时期都具有明显的共同点，这些共同点不因国家的政治、经济、文化等差异而有所变更，也不因历史时期的变化而消失。正是由于这种共同性，中国传统高等教育中的优秀部分就应当继承和发扬，如，唐朝的高等学府在教学管理上制订较详细的教学计划，规定了严格的考核制度，放假、升级与退学等都有明确的规定，唐朝太学退学的规定有三条：请假逾期不返校者，令其退学；学满最高修业年限三次不及格令其退学；品德行为恶劣不堪教育者令其退学。这些管理仍有其现实意义。与现代大学有历史渊源关系的欧洲中世纪大学，一开始就建立包括文法学、哲学和医学等学院，这种校院制一直为后来的大学所采用，随着课程的发展，学习制度发展成最初的学位制，这种制度对以后的大学学位制度产生了深远影响。如在法学、哲学、医学等学科，都规定有不同的学习年限，需要学习若干门课程，还要实习讲授一定量的课程，然后才能申请学士、硕士和博士学位，之后，还要接受一次口试和辩论，经评审批准，才能戴上硕士、博士帽。现代大学申请硕士、博士学位程序基本同过去一样，只不过是在此基础上更加完善。这就是高等教育管理的"古为今用，洋为中用"。这些共同点来源于高等教育管理活动的循序渐进，在发展过程中所形成的特点和规律，成为高等教育活动中遵循的管理的一般原则，表现出它的共同性特点。三是表现在技术性方面。高等教育管理使用的技术和方法一般不受社会制度的影响，各国都可以相互学习的先进的管理技术，如数学、经济学、计算机科学等，更加丰富了高等教育管理的内容，推动了高等教育管理的发展。

高等教育管理的社会属性包含两层含义：第一，高等教育管理具有历史文化的继承性，即在人类创造历史的过程中，由于社会及自然环境不同所形成的各种地域文化，在高等教育管理活动中留下深深烙印。这些"印记"在高等教育管理思想上，表现为不能超越一定的社会文化形态以及人们的社会心理状态，并且在具有"同源文化"的国家和地区，在高等教育管理思想和管理哲学上具有很大的相似性，而非同源文化中所产生的高等教育管理思想和管理哲学就存在明显的差异。第二，高等教育管理具有政治性。因为高等教育管理是与权力关系联系在一起的，高等教育的体制和有些制度、政策总是一种社会制度和政策的一部分，是为一定的政治服务的。在阶级社会里决策者与被管理者之间一般表现为阶级关系。在社会主义社会里，人民群众是社会和国家的主人，社会主义国家的管理者，包括高等教育管理者，是为人民办事的公仆，而不是骑在人民头上的老爷和官僚，如果发生公仆转为主人的现象，就意味着管理的性质发生蜕变了。所以，有人不太赞成高等教育管理具有这样的社会属性，好像是把管理的自然属性社会化了，这是片面的，特别是高级的、高层次的管理者，一定要懂得管理的社会属性，高等教育管理必定具有社会属性，并且，要搞清楚管理的社会属性在哪些方面，在我们的管理活动中如何恰如其分地处理好社会属性的问题，是当前高等教育管理工作者必须懂得的。从宏观高等教育管理来讲，它的社会属性的政治性问题是不言而喻的，反映在高等教育的方向上，反映出是否办社会主义的高等教育的问题。从微观高等教育管理来看，管理的方向性具体地反映在培养的人上。高等教育管理社会属性认识的淡化是很危险的，有的人甚至不承认社会属性则更可怕，这是一个高等教育的民族性、国家性的根本问题。

自然属性与社会属性是高等教育管理活动本身所具有的两种属性，两者处于矛盾统一体之中。高等教育管理的两个目标，规定了高等教育管理两种属性是一对相对统一的矛盾，它具体表现在维持系统整体特性功能目标应具有的稳定性与高等教育管理追求最大"结合力"，要求改变系统结构而产生不稳定性之间的矛盾，此两者之间的矛盾运动，使高等教育管理不断得到改善。同时，高等教育管理的两种属性又统一于高等教育管理计划、组织、领导和控制等管理环节上，根本上统一于高等教育管理的效益上。没有社会属性，没有维持系统整体特性的功能目标，就不会有产生最大"结合力"的需要，高等教育管理的自然属性就失去了存在的基础而无从实现它的自身价值。把高等教育系统内成员的个人目标整合成系统整体特性的功能目标，目的在于把分散的具有一定功能行为的个体结合起来，实现系统功能的"放大"，而离开了自然属性，高等教育管理的社会属性也不可能体现出来，它的社会价值目标也不可能实现。

二、封闭性与开放性

高等教育管理的封闭性是指在高等教育管理过程中，根据高等教育管理的特殊矛盾而在高等教育系统内部自我运转和良性循环的性能；高等教育管理的开放性是指在高等教育管理过程中，根据高等教育管理的特殊矛盾而在高等教育系统与外界环境相互关系中，实现物质、能量、信息交换的性能。就高等教育管理的封闭性而言，在高等教育系统内，无论进行什么高等教育管理工作，一个首要的前提就是在一个相对独立、完整的高等教育系统内部，按照高等教育系统的特定目标而进行优化组合，即在高等教育系统的"投入—加工—产出"的过程中构成一个相对封闭的系统。没有相对的封闭性，高等教育系统就没有相对稳定的环境，任何对高等教育系统的分析及高等教育管理活动过程都不可能按照自己的独特方式运行。这种相对封闭性是一种客观的存在，是更好地进行高等教育管理的必然要求。当然，完全封闭的高等教育系统是不存在的，因为完全封闭就意味着与环境不进行任何物质、能量、信息的交换，这样的高等教育系统必然会逐渐消亡。因此，这就是我们所指的高等教育系统和高等教育管理的封闭性又具有相对性的方面。现代社会中，任何一个系统都不可能是封闭的，封闭是相对的。就高等教育管理的开放性而言，高等教育系统受外界环境的制约和影响，只有开放才能获取更大的信息资源和物资资源，才能进入社会大系统中去循环，去接受洗礼，成长壮大。纵观中国高等教育的改革与发展、中国高等教育管理的现代化进程的不断加快离不开开放，我国高等教育管理的很多思想与观念就是因为通过改革开放得到启发，很多技术与方法就是在国际高等教育的大背景下开发与形成的，现代高等教育管理的进程没有国际化的开放是不行的。没有开放性就没有中国高等教育的大发展，就没有中国高等教育管理成熟和成长。

现代社会大生产催生了科学教育的迅猛发展，科学教育的内容、科学教育的方法，无不是来自社会的，封闭已经是不可能了。那么，高等教育的管理在思想上首先要开放，要引入先进的管理思想和方法，但高等教育管理最本质的东西不要去改变它，这就是开放性的基本原则，也是封闭性和开放性的矛盾统一的需求点。高等教育管理的封闭性与开放性的矛盾在于：如果片面强调高等教育管理的封闭性，为高等教育系统的"存在"花费更多的人力、物力和财力，那么就会影响系统的外延"发展"，失去了取得更大效益的机会；如果片面强调高等教育管理的开放性，过分注意高等教育系统效益的最优化，而忽视甚至否定高等教育管理的相对封闭性，破坏高等教育系统自身，就会只强调系统"发展"而忽视系统"存在"。这将导致高等教育系统的紊乱和能量的消耗，最终将导致系统的"存在"基础动摇。无论是高等教育管理封闭性还是高等教育管理开放性，其目的都是使高等教育系统的生存和健康发展得到保证，具体地表现在统一于高等教育管理的诸环节上，如通过高等教育计划，在解决高等教育系统与环境矛盾中使封闭性与开放性统一起来；通过高等教育组织、领导，在解决高等教育系统内系统与系统、系统与个人矛盾中使封闭性和开放性统一起来；通过高等教育控制，在解决高等教育系统既定目的与实施中偏离目的的矛盾中使封闭性和开放性统一起来。这里要明确的是，高等教育要向世界开放，吸取世界上先进的管理经验，包括一些先进的管理制度。要向其他行业开放，走开放办学的道路，特别是在市场经济体制下，企业管理是最活跃的，产生的现代企业管理的先进理念和方法尤其值得高等教育管理借鉴。

高等教育管理的自然属性与社会属性的两重性是我们要充分认识清楚的。两重性规律以高等教育系统目的的活动为基础，自然属性和社会属性、封闭性和开放性是高等教育管理本身所固有的。因此，高等教育管理的自然属性及其客观性规律，不仅在对高等教育管理的认识上，而且，在高等教育管理的具体活动中都是必须要遵循的。高等教育管理活动中的两重性规律揭示的是高等教育管理固有的自然属性和社会属性、封闭性和开放性及其相互联系，这种联系是由高等教育管理的"整体功能"和"结合力功能"两个目标的矛盾运动所规定的，事实上，两重性从整体上反映了高等教育管理的特殊矛盾。因此，管理属性的要素之间的联系是本质的和必然的。

总之，我们研究高等教育管理的自然属性与社会属性、高等教育管理的封闭性与开放性，以及它们的规律在高等教育管理过程中是共同存在、相对稳定的，是高等教育管理本质的反映，是高等教育管理的基本规律。

第四节 高校教育管理的特点

一、高等教育管理目标的特殊性

高等教育系统目标的特殊性决定了高等教育管理目标的特殊性。高等教育系统的主要目标是根据高等教育的功能来确定的，因此，对管理的功能与目标相应地提出了它的特定要求。高等教育管理的功能就是要通过计划、组织、协调、控制等使高等教育更加符合社会发展的要求，符合社会生产力的要求，这种要求表现在教育的层次、结构、规模、质量等方面的目标。另外，在微观方面，高等教育管理要使组织中的每个成员按高等教育规律办事，更好地完成既定的目标。高等教育系统的目标是根据高等教育规律和社会发展对高等教育的需求来制定的，所以，高等教育系统的协调活动也应该以高等教育的规律为指导，而不能简单地、照抄企业管理中的某些方式方法。从这个意义上说，高等教育的微观管理是以更好地培养人才并且着眼于提高人才的质量为根本目标的管理活动，它不能、也无法以只追求经济效益（更不能以只追求利润为目的）为目标。在市场经济体制下，高等教育要不要考虑经济效益的问题，一直以来都是政府行政管理部门和管理工作者闭口不谈的问题，好像一谈经济效益就乱，就偏离教育方向，而不谈经济效益就"死"，因为，在市场经济体制下没有不讲经济效益的组织，没有不讲经济效益的管理活动。与行政管理、企业管理等其他管理所不同的是，如何将社会效益和经济效益有机地结合，纳入高等教育管理的目标中，正确地处理好社会效益与经济效益的关系，这就是高等教育管理工作者值得研究的，这也正反映了高等教育管理目标的特殊性。

　　高等教育管理具有两个最基本的目标功能：一是尽其所能地将系统内的各种关系和资源凝聚起来，形成一个整体，这也就是管理的"维系"功能；二是最大限度地围绕系统的整体目标，发挥要素的主动性、积极性，更好地实现高等教育系统的整体目标，这也就是管理的"结合"功能或"放大"功能。高等教育系统是由有关教育行政机关和各级各类高等学校所组成的系统，它的结构与功能与其他社会系统有所不同。高等教育在同其他社会系统进行物质、能量和信息交换的过程中，在为社会提供精神产品的同时，也提供物资产品，这种物资产品表现在劳动力方面、科学技术成果方面、现代文明与文化产品方面，也可能形成工业产品。高等教育系统是最具创造力的社会系统，通过各成员、各要素主观能动性的发挥，可以最大限度地实现"系统大于部分功能之和的效果"。但反过来，如果教育者及教育资源中的人的主观能动性发挥不好，这比其他任何社会系统都更有可能制约生产力的发展。所以，高等教育管理者要充分认识到这两大功能的特殊性，并注意将此二者有机地结合起来，用凝聚力推进整体的结合力，用系统的发展加强整体的凝聚力。

二、高等教育管理资源的特殊性

不论是宏观高等教育管理还是微观高等教育管理，高等教育管理资源要素的特殊性具体表现在以下三方面。第一，这是由一群高级知识分子组成的特殊的群体，组织及其成员的特殊性就构成了要素的特殊性。从高等学校管理的主体和客体来看，即管理者和管理对象两个方面看，组成高等教育系统的主体要素之一是教师，是创造和掌握专门知识的群体。因此，对他们的管理要符合这一群体的心理活动和以个人脑力劳动为主的集体性活动的特征。另外一个高等教育系统的主体性成员之一是学生，是一群18岁以上、受过完全中等教育的青年，对他们的管理和协调方式要符合他们身心发展阶段的特殊性。正是由于高等教育系统组成人员的特殊性，管理中存在着一种特殊的管理现象，这种现象强调和要求自我管理。应该说，自我管理是任何管理中都存在的一种现象，但是，在高等教育管理中，自我管理尤为重要，它是一种身心和智力发展的自我管理，他们需要学到或养成具有自我管理、自我组织、自我发展的能力。他们的心理特征也表明，在教育过程中，完全有必要让其发挥自己的自我组织管理的能力，才能更好地促进发展。所以，管理对象是高等教育管理要素最重要的特点。第二，教育投资与经费的管理是一项复杂的工作，因为它的用途是复杂的，有时候还不能用绝对的量化管理来处理，有时候投入产出还不能短期内就见到成效，经济回报率可能很低。这就是高等教育的经费管理有别于企业管理、行政管理、经济管理等的特殊性。第三，教学与科研的物资设备的管理特殊性，表现在这类资源不完全是生产性资源，这些物资设备是建立在教学科研功能上的，是为了完成教育教学实验实习、科学研究开发等，它不仅仅是一套设备，也可能是一个教学实验和科学研究的基本平台。

高等教育资源的特殊性构成了高等教育管理的特殊性，高等教育资源是指整个社会用于教育领域中的人力、物力和财力，以及知识产品、文化产品等的总和。有效的、可利用资源是指高等教育的主办者对高等教育的投入所形成的资源，主要表现在经费投资方面。社会用于教育资源的来源又与社会中的区域发展相关联，与政府对教育的投资相关联。教育是一种事业投资，但是它又不仅仅是纯粹的事业投资，因为它的投资对象决定了教育不可能是完全的事业投资，事业的投资的对象主要是针对公共事业，公共事业是针对大众的，基本上所有的民众都可以享受到。而高等教育的对象群体不是单纯的享受公共事业的群体，毕竟当高等教育还没有达到普及化的时候，高等教育就不可能是一种完全的事业行为，虽然高等教育的结果是回报了社会，但是受教育者只是整个社会群体中的一部分。那么，为什么不能普及高等教育？这是由高等教育的资源的有限性决定的，这些资源又受到整个社会政治经济发展的制约。所以，从一个方面讲，高等教育的投入来自政府、学生家长、学校自身和社会的多方融资，这些构成了投资的特殊性，也决定了高等教育资源的特殊性。马克思指出："要改变一般的人的本性，使他获得一定劳动部门的技能和技巧，成为发达的和专门的劳动力，就要有一定的教育或训练，而这就得花费或多或少的商品等价物。"要进行教育活动，首先需要从社会的总劳动力中抽出一部分劳动力，这就是从事教育的劳动者和进入劳动年龄的受教育者，他们要消耗一定的学习资源、生活资源，还必须有一定的物质技术条件，如校舍、图书、仪器设备等。由于高等教育财力资源不是自然资源，或者也不是可以通过生产方式就可以生产制造出来的，而是要通过长时间打造和培育出来的，随着社会的发展与需求逐步形成的。其次是资源的有限性，在满足了人的再生产以及所需要的物质再生产以后，社会所能用于教育的资源就很有限了，难以满足社会和个人对教育的需求，这也是教育管理中的一对特殊矛盾。因此，如何去获得更多的教育资源，如何有效地使用稀少的教育资源，就成为社会领域和教育领域共同关心的问题。高等教育资源投资的特殊性构成高等教育管理资源的特殊性就不言而喻了。

三、高等教育管理活动的特殊性

从宏观高等教育管理来看，高等教育事业具有很强的战略性、前瞻性。高等教育的管理活动整体的发展规划关乎长远的社会民生问题，需要许多专家系统来完成，活动的内容涉及区域经济、人口发展、科学技术水平、社会环境等。从微观高等教育管理来看，高等教育管理活动的特殊性体现在高等教育组织管理的活动中，最主要的表现特点之一就是要协调学术目标与其他目标之间的矛盾。学术目标是一种高智力投入和高智力劳动的追求，除了个体的高智力劳动外，同时还要强调高智力劳动的结合、高智力劳动者的团结协作。高等教育系统的主导性活动是传授知识、创造知识，高等教育所培养的各类专门人才和高等学校所提供的各种科技成果主要是通过学术水平和应用价值的高低来衡量的，管理活动的学术性十分强，而这种学术性不可以用一般行政性的方法进行管理。因此，学术目标的组织、协调、实现等是高等教育管理活动中的特殊矛盾，这就要求高等教育管理活动一定要重视学术这一特殊目标，使这一特殊的管理目标与学术目标相符合。高等教育组织中的教学活动是教与学的双边关系，高校师生是一个特殊的群体，在完成教学目标和管理目标的过程中，师生参与到具体的教学管理活动，达到双边认知认同，教学民主就显得更加重要。大学教职工是高等教育系统中能动的力量，是实现高等教育管理目标的智慧源泉，要发挥他们的智慧和力量，学术自由是高等教育管理必须考虑的问题。高等教育系统中实行学术民主将激发师生员工极大的能动作用，使大家从信任中受到鼓舞，在学术自由这个平台上施展自己的才华，在学校的管理活动中真正成为中坚力量。

四、高等教育管理中的几对矛盾分析

高等教育管理的两条基本规律，它们从根本上反映了高等教育管理的特殊矛盾，即高等教育系统投入资源的有限性与实现既定的高等教育系统目的的矛盾。围绕这一特殊矛盾展开的高等教育管理活动还会出现新的矛盾，存在一系列反映高等教育管理活动中各种因素的对立统一关系的矛盾，它们是高等教育管理规律不同形式的体现，是高等教育管理规律和高等教育管理活动各种因素相互作用的交错点。这些矛盾虽各有自己的特殊内容，但又都反映着高等教育管理过程的本质，是我们理解高等教育管理活动中各种复杂关系相互作用的钥匙，它指导着我们认识这些矛盾运动及发展，并最终指导着高等教育管理的实践。前面我们一再强调，管理的主要工作之一就是协调，高等教育管理的本质就是协调。

（一）集权与分权

协调中的矛盾焦点之一就是权力，权力和利益是协调中的核心问题。集权还是分权，是一个很复杂的问题。从国家层面来讲，高等教育管理中的集权是指由国家统一管理高等教育，把高等教育的管理权力集中在中央的一种管理模式，它起着缩小下级高等教育权力机关权限的作用，是进行统一管理、统一指挥的主要手段。高等教育集权的范围很广泛，如计划、招生、学位、毕业、经费、分配、人事、外事等，其途径一般是规定下级组织裁决问题范围的一般标准，即规定该管什么、不该管什么，哪些事可以自己作主、

哪些事须报上级批准后再做等。分权就是分散权力，是指高等教育的上级管理部门将某些范围的权力下放给下级管理部门，下放给高等学校组织，使下级管理部门具有更大的决策和管理的自主权。我国高等教育的集权和分权主要涉及两个方面的关系：即中央和地方的关系，政府与学校的关系。

1. 集权和分权各有利弊

集权的优点是可以在一定程度上保证决策的权威性。实行高等教育管理集权可以根据国家和社会发展的需要对全国高等教育实行统一规划，统一领导，以保证高等教育与国家政策、社会政治经济环境的协调发展，满足国家对高等教育的需求。其缺点是容易产生统得过多，管得过死的弊端，不能灵活适应多变的社会环境，不能很好地调动地方、部门办学的积极性，也不能激发高校办学的积极性和主动性。分权的优点是可以使高等教育管理的上级部门减轻工作负担，使其从具体事务的包围中解放出来，而更专心地从事统率全局的工作，可以使高等教育组织系统的各级部门都负有一定的责任，不会使其感到无所作为，从而发挥其办学的积极性和主动性。其缺点是容易产生宏观失控，地方和部门盲目发展高等教育，造成部门分割、条块分离的局面，学校不规范办学等，影响办学效益和教育质量。因此，在高等教育管理过程中，从管理的体制上要把握好集权和分权的度。过度集权意味着什么都管，上级的决策出现大包大揽，还会扼杀下级工作的积极性和主动性。过度分权，什么事都不管，则会使上级对下级失去控制，谁也管不了谁。一般来说，把握集权和分权的度应从管理问题的性质上去考虑。凡是带有全局性、根本性、长远性的战略问题，应尽可能地求其协调、集中和统一，上级要指挥下级，下级必须报告上级，以达到令行禁止的目的。集中要有一定的度，应让下级对一般事务和问题拥有相当的权力，使之能按变化的具体情况独立决策。总之，集权和分权的度应遵循国家宏观调控下的学校自主办学的原则，使之在不断地相互补充中发挥作用。同时，为了让责权分明，必须通过法律的手段予以确定，执行起来做到有法可依。

2. 集权和分权的转化

这种转化有两种形式，第一，被动转化，即在过度集权的管理或过度分权的管理有碍高等教育管理活动的情况下，由过度集权向分权或由过度分权向集权转化。目前世界许多国家高等教育管理都存在着这种转化的趋势。

如，美国正在由过度分权的高等教育管理向适度集权的方向转化，我国则正经历着从过度集权向适度分权的高等教育管理体制的方向演变。第二，主动转化，即在出现管理体制可能有碍于管理实践发展的问题之前就注意调整集权与分权的关系，在动态中把握两者变化的度，以消除由于两者的不平衡所造成的损失，从而保证整个高等教育系统健康、协调的发展。但从集权和分权的关系看，两者的平衡或适度、不平衡或过度现象则是经常出现交替的状况。由于高等教育管理活动的复杂性，集权和分权的度很难十分恰当地把握，两者的地位也会不断转化，有时矛盾的一个方面表现十分突出，矛盾的另一方面又有所上升。我国高教管理体制演变和总趋势是分散—集中—适度分散，而这种演变或转化是不是一种被动的转化是值得研究的，这种转化给我国高教事业的发展带来过许多问题。因此，集权和分权转化的最佳选择应是主动地控制它们的转化，在动态中调节以求适度平衡。同时，在实施的过程中要注意防止走极端，我们强调的是调整的"度"，而不是笼统的、简单的集权或分权，集权和分权都是必需的，两者要相互补充、相互协调。

（二）个人与组织

高等教育系统是以人为主体而构成的社会系统，这个系统中的个人是指在高等教育活动中具有自己的意志、利益和行为的人，这些个人可以包括具体的高等教育的行政管理人员、教师、学生、教辅人员、服务人员等，他们首先是以个人的形式存在于高等教育系统中，其中每个人都有自己的思想和感情，都有自己的需要和利益，都有自己的行为和活动。在高等教育管理活动中，这些个人可划分为管理者与被管理者，虽然这种划分是相对的，因为，每个人在高等教育管理中的身份可能是双重的，既可能是管理者又可能是被管理者，这是由管理的层次所决定的，但有一条，每一个人虽有差别，但都是组织中的一个成员，不能离开一定的组织而存在。高等教育系统中的组织是由具有共同的高等教育目标和相互协作关系的若干个人结合而成的一个实体，它既可能是一个行政的组织，也可能是一个学术的组织。共同的高等教育目标使得具体的教师、学生、管理人员等个人结合在一起，而具体的教师、学生、管理人员等个人的相互协作又为高等教育目标最大限度地实现提供了保证。在高等教育管理中，个人和组织既有对立的一面，又有统一的一面，两者所构成的矛盾从本质上说是利益与责任、需要与满足需要的矛盾在高等教育管理活动中的反映。

个人对立的一面主要在以下方面。第一，组织的利益高于个人的利益。个人利益不等同于组织的利益，组织利益是个人利益的总括和集中表现，无疑高于个人利益。在高等教育系统中，每一个高等教育组织的利益最终都要通过高质量的出人才、出成果和为社会服务来体现，而每个人的利益则可能千差万别，其中既有与组织利益一致的，也有与组织利益不一致甚至矛盾的。第二，高等教育组织的功能是组织内所有个人功能变化了的一种新的功能。高等教育组织通过其内在的结构和活动可以产生个人分散活动所不能产生的新结果，仅就培养一个人而言，它是通过许多教师的辛勤教育，通过许多管理者的活动，许多服务人员的努力劳动，学生个人的勤奋学习而实现的。因此，组织力量不是组织内所有个人力量的简单算术和，而是大于这个算术和，是一种新的力量。任何个人，不论是教师、学生，或管理者、被管理者，要想有所作为，必须依靠高等教育组织。实际上，高等教育管理中个人与组织对立的一面是有限的、次要的，它们之间统一的一面才是主要的。高等教育管理中个人与组织之间的统一主要表现在高等教育活动中，高等教育组织中任何个人都无法脱离高等教育组织而存在，教师、学生、管理人员因具有一定的功能而成为高等教育组织中的一员，而这种功能的发挥也有赖于高等教育的组织，没有高等教育组织，这些功能便不能得以很好地发挥，也不能把每个人的功能综合为高等教育的整体功能。高等教育组织也离不开个人，个人是构成高等教育组织这一实体的最小单位。高等教育组织中没有教师、学生、管理人员是不可想象的。高等教育每一个组织中的人数有多有少，这与组织的任务有关。人数的多少各有利弊，但更多地取决于管理的水平和性质。高等教育组织中个人利益与组织利益是紧密联系在一起的，利益是标志人的物质和精神需要能否满足以及满足程度的范畴，高等教育组织中个人的文化知识层次各不相同，甚至差异较大，既有高层次的知识分子，也有一般的员工，还有即将进入社会的莘莘学子，其需要各不相同，利益也各异，如经济利益、文化利益、政治利益等。利益在高等教育活动中体现着个人和组织同精神文化生产活动的关系、同人才培养活动的关系，但更重要的是体现着在享受这些活动带来的利益时个人同组织之间的关系。高等教育组织利益是组织内全体成员个人利益的升华，它同成员的个人利益是一致的，组织的整体利益来源于成员的个人利益，如果用组织利益与个人利益对立的观念来指导管理活动，必然会挫伤广大教职员工的积极性。这就要求管理者在管理过程中，在维护组织整体利益的同时要保护个人利益，努力满足个人的正当合理的需要，创造一种积极向上、团结一致、同甘共苦的组织氛围。不同的个人为满足各自的需要而进行协作，在各有差别的个人利益之上，建立起代表成员利益的组织整体利益，于是个人利益就同组织利益紧密联系在一起，当整体利益实现的时候，为实现这个整体利益做出贡献的个人的利益也得到满足。总之，在高等教育管理活动中，要兼顾组织利益和个人利益，把两者很好地结合起来，相得益彰，促进高等教育系统的健康发展。

（三）稳定与改革

稳定标志着高等教育管理活动的相对常态，是由高等教育系统运行相对稳定性所决定的。高等教育系统的相对稳定性使得高等教育系统在一定程度上依赖于自身的规律，按照其内在的逻辑发展所表现出相对的稳定性。例如，高等教育管理的目标、管理的模式、管理的原则等需要具有相对稳定性，否则，高教管理活动就无法正常进行，也无法对管理要素和管理过程进行研究。但高等教育管理活动的相对稳定是有条件的、暂时的。首先，当我们说某些要素处于稳定状态时，只是相对于一定的管理系统和时间、地点、空间而言。例如，在某一高校系统中，校长作为一个学校最高管理者与学校其他被管理者的划分是相对的，这个特定的高校子系统进入整个高等教育大系统后，情况就会发生变化。其次，稳定包含着高等教育管理活动中的量变。当高等教育管理过程中某一阶段或某一体制没有发生质变仍保持其自身的性质时，我们说它是相对稳定的。但同时，它们在性质不变的情况下仍有量的变化。例如，计划过程在没有向组织过程发生变化之前，计划过程发生着由目标向预测、决策方面的变化，这种变化并没有改变计划过程的性质，所以是稳定的。在我国高等教育管理体制由高度集中的计划管理体制向以市场为导向的管理发生变化之前，虽然其内部也在发生各种变化，但我们仍可以说这种体制是相对稳定的。

改革标志着高等教育管理活动中的质变，其实质可以看作对未来的反应，它是由高等教育系统的开放性所决定的。高等教育系统的开放性决定了高等教育管理活动要不断地适应外界的变化，包括根据外界环境的变化制定新目标、新政策，转变原有的管理模式和管理体制，赋予过去的教育以新的职能等。例如，随着高等学校职能由教学、科研向社会服务的延伸，高校管理的范畴也将延伸。不仅要进行教学、科研管理，还要对高校的社会服务活动进行管理，包括对科学技术成果及产品的推广、多种咨询服务及相关产业活动等管理。这就使得管理活动的内容发生了部分质的变化。因为，科技成果推广、产业活动管理，无论在内容上，还是形式上都与教学截然不同。随着我国经济体制由计划经济体制向社会主义市场经济体制转变，高等教育管理体制也正经历着由高度集中统一的、以行政手段直接干预的管理体制向着统一领导、分级管理、以宏观调控手段间接干预为主的管理体制转变。这是高等教育管理体制为适应经济体制的变化而进行的改革，是高等教育管理体制的一种根本性变化。

在高等教育管理中，稳定和改革是辩证统一的。首先，稳定和改革相互包含、相互渗透。高等教育管理体制的改革标志着管理体制全面的、根本性的变化。在这种变化发生之前，管理活动虽然处于一个相当稳定的状态，但局部的改革总是经常不断的。例如，中华人民共和国成立以来，在实施相对稳定、高度集中统一的高等教育管理体制的过程中，其体制内部的局部性改革一直没有停止过，但所有改革都是偏重于体制自身而进行，并没有冲破这一体制。高等教育管理过程的稳定性标志着人们对高等教育管理活动中计划、组织、协调、控制过程的充分认识和把握，但在任何一个具体的管理过程中，改革也无时不在进行，如，调整目标、变化组织、改变领导方式，等等。同时，每一个过程的实施也意味着对其他过程的改革，如，控制过程对计划过程的反馈、修正，这实际上也是一种改革。改革本身就是动态管理的基本特征，要根据客观条件的变化，及时改革一切不适应系统发展的弊端。所以，稳定中有改革的因素。但另一方面，改革中也有稳定的因素，改革本身也是一个过程，改革也有一定的步骤和阶段。改革中推行的政策、体制、模式，改革中采取的措施都需要一定的稳定，以便于观察、评价，最终形成新的稳定状态。其次，稳定和改革具有相互转化的趋势。高等教育管理体制的相对稳定，高等教育管理过程的相对稳定使整个高等教育管理活动在一定时期保持着相对平稳的状态，高等教育系统按其内在发展逻辑运转着，但这并不是说高等教育系统会按照惯性永久地、持续地、自发地运转下去。其实，在这平稳的背后时时在孕育着各种各样的矛盾，当这些矛盾积聚到一定的程度时，改革就不可避免地发生了。如果改革冲破了旧的体制，建立起新的体制，发生了质的变革，重新与外界的环境、与高等教育系统发展相适应，从而又进入了一种新的稳定状态。总之，稳定—改革—稳定的转变过程，预示着高等教育管理活动不断由低级向高级发展，保证了高等教育系统的健康运转，如果这种转变过程的结果不是发展，不是前进，那么，这种变革就是错误的，甚至是失败的。

第二章　教育管理功能

第一节　规划与组织功能

一、高等教育规划的依据

（一）高等教育规划产生的社会背景

1. 经济因素

我们这里讲经济因素实际上是两个方面，一个是国家经济体制的因素；另一个是经济发展的需求问题。伴随着这一时代经济繁荣的一个必然结果是国民对高等教育需求量的增加。而在中国，教育的需求主要与国民经济的发展需求相适应，与国家政治的需求相适应。由于国家的政治经济体的性质决定了国民的财产与生活基本上是靠集体所有制和全民所有制来管理，国民自己所拥有的劳动剩余价值没有多少，没有什么资产，国民需求与国家教育规划没有多大的联系。随着国家政治经济体制的改革，计划经济体制向市场经济体制转变，人及其人力资本成了市场的经济体，人有了资产，人的教育需求有了经济基础，教育的需求问题不仅仅是国家的需求问题，也成为一种社会需求，一种国民的教育需求，而不再仅仅是国家机器的需求。根据恩格尔定律，随着人们收入水平的提高，用于生活必需品方面的支出占整个收入的比例会不断下降，而用于包括教育在内的其他非生活必需品方面的支出占整个收入的比例会不断上升。

2. 人口因素

人口因素主要是指人口增长对教育需求的影响。除了经济因素外，人口因素是导致国民高等教育需求量增加的一个重要因素。总之，人口因素主要是人口增长与教育资源的矛盾问题，它是教育规划中教育规模规划的重要依据。历史地或全球地看，如果完全按照市场来决定高等教育的需求问题是不可能的，教育不可能市场化，教育问题不可能完全由市场来解决，特别是中国的现状，教育规划仍然带有国家性。这是因为，目前还有相当一部分国民还不可能完全靠自身的经济能力解决教育需求的问题，还必须依靠国家或者社会解决自身的教育需求问题，主要的解决途径还在国家，靠国家的经费投入和高等教育财政补贴。所以，国家的教育规划，特别是高等教育规划就显得十分重要。

3. 人力资本因素

市场经济体制的建立，人力资本是最活跃的因素。人力资本的来源主要是通过教育的生产来达到的，人力资本需求越旺盛，教育的需求就越旺盛，人力资本的质量和水平要求越高，对高等教育质量与数量的需求就越高。随着高等教育在社会经济生活中的地位的日渐提高，人们研究教育与经济关系的兴趣日浓，在这种情况下产生了人力资本理论。人力资本理论创立的动力来自经济学家对经济增长问题研究的兴趣。传统西方经济学把土地、劳动、资本看作生产的三个要素，在一定时期内，生产的产量是由劳动、资本和土地三个基本要素的投入量决定的。第二次世界大战后，西方经济学家从对经济增长中生产要素组合比例的分析中发现，影响经济增长的因素除了资本的投入和劳动的投入外还有其他因素。那么，其他的因素是什么呢？人力资本理论把这些因素归结为知识的进步、技术的改造和劳动力质量的提高，即归结为人力投资，特别是教育投资的结果。人力资本理论的核心概念是人力资本，它指的是人所拥有的诸如知识、技能及其类似可以影响从事生产性工作的能力，它是资本的形态，是未来的薪金或未来的偿付的源泉，人的资本形态体现在人的身上，属于人的一部分。人力资本是相对于物质资本而言的，它是一种生产要素资本，对生产起促进作用，是经济增长之源泉，并且和物质资本相比，在经济活动中的作用更大，对经济增长的贡献更大。倡导人力资本理论的学者尤其重视教育投资的作用，认为教育不但是一种消费，也是一种投资活动，能够提高劳动生产率，产生经济效益。在各种人力投资形式中，教育投资是最有价值的。就社会而言，教育为社会培养各类人才，提高其生产力，促进了社会经济的发展。同时，由于个人的教育水平同个人的收入联系在一起，一个人的教育水平越高，其工资收入越高。因此，国家可以通过平均性的教育发展政策减少国民教育水平的差异，从而相应缩小国民收入分布的方差，最终促进社会的平等。人力资本理论对教育与经济之间关系的新认识不仅带来了人力投资革命，而且对教育界产生了极大震动。无论是发达国家还是发展中国家，都把教育看成是经济发展的一个重要变量，相信教育的繁荣不仅会带来政治的安定和文化的进步，必定会促进经济加速发展。

（二）高等教育需求的构成

1. 社会对高等教育的需求

社会对高等教育的需求反映了社会政治、经济、文化等的发展对高等教育所提供的人才数量的多寡、质量的高低、规格和种类，以及知识的创造、科学技术的更新等方面的要求。具体来说，社会对高等教育的需求主要体现在以下几个方面。

（1）经济发展对高等教育的需求

随着经济的不断发展，社会对高级专门人才的需求在不断增长。就我国情况看，由于各地区、各行业生产力发展水平有很大差距，表现为多层次的生产力结构，所以各地区、各部门对高级专门人才的需求是有差别的。另外，高技术产业的崛起，信息时代的到来，产业结构的变化，对人力资源的组合也提出了要求，自然，这些要求最终反映在对高等教育的需求上。从生产力发展的需求来看，为了最大限度地满足社会的教育需求，许多国家开始对高等教育系统进行分析、规划和改造，并为高等教育系统的发展制定规划。许多国际性组织，如，世界银行、联合国教科文组织、经济合作与发展组织等也进行了大量的教育规划的研究、培训、实践工作，推动了整个世界范围对高等教育事业发展规划的重视。

（2）政治发展对高等教育的需求

各个国家和政府都要维持和发展其政治体制，要保持其在国际上的竞争力。教育是有效地维持和发展现存的政治结构的重要工具。在我国，社会主义事业的发展要求有大批合格的接班人，尤其政府部门的各级领导和管理人才。随着我国政治体制的改革和完善，国家公务员制度的实施，政治发展对高等教育的需求也越来越大。

（3）文化发展对高等教育的需求

人类在认识和改造自然与社会的同时，也促进了自身的发展和提高。人类在长期的社会实践活动中，不仅创造、积累了光辉灿烂的人类文化，而且还要不断保持和继续创造更加灿烂的人类文化。对此，高等教育起着特殊的作用，人类文化的发展对高等教育有着巨大的需求。

2. 个人对高等教育的需求

从个体对高等教育的需求上看，尽管这种需求受到很多因素的影响，但经济水平的提高是一个非常重要的因素。研究证明，人们的教育需求与他们的收入水平是密切相关的，收入水平高的国家，高等教育阶段学龄人口的在学率也高，一定高经济收入的家庭对高等教育有很旺盛的需求。所以，高等教育的规模、层次、质量、水平等的需求是高等教育规划最基本的背景。在高等教育规划的背景中提到过个人需求与计划的关系，这里，我们更进一步分析这种需求关系。个人对高等教育的需求主要反映了个人对高等教育发展所提供的受教育机会、受教育的质量的要求，这一要求是由人的职业需要、成就需要、真善美的需要所引起的。

（1）职业的需要

随着社会主义市场经济体制的建立，劳动力市场也不断走向成熟和完善。开放的劳动力市场对不同质量的劳动提供不同的市场价格。而人力素质往往由受教育程度的高低来界定，受教育程度越高，谋求理想职业和获取较高报酬的机会就越多。这促使个人及其家庭尽其所能地去争取较高的及较优的教育机会，期望得到较好的工作机会及报酬。高等教育是教育层次中最高层次的教育，是专业教育，自然就成为个人职业竞争的初始焦点。从这个角度说，个人的高等教育需求是最现实的、最迫切的。

（2）成就的需要

成就的需要包括谋求较高的社会地位，以期获得别人的尊重；发挥个人的聪明才智，获得工作的成就。这些需要的满足往往是以接受高等教育为前提的。能够接受高等教育本身就是一种成就，即学习成就的一种标志，而接受完一定程度的高等教育又为今后在工作中取得成就，为个人更好地发展奠定了基础。

（3）真善美的需要

真善美就是向往追求真理，追求人自身道德的完善，追求美的情感和事物。在某种情况下，真善美的需要不可忽视，它是人们追求高等教育的一种动机力量。真善美的需求往往没有被人们重视，而实际上，但凡接受高等教育的大学生，在校园文化的熏陶下，德育、智育、体育、美育等方面都得到了发展。学校德育的影响使大学生的世界观、价值观，道德上的真善美得到升华；知识的学习使大学生认识世界、改造世界的能力大大增强，人变得越来越聪明，真善美的识别能力得到增强；体育不仅训练了人的形体美，而且培养了大学生欣赏体育美的能力；至于美育，既是专门教育的结果，也是整个大学校园文化综合的结果。

以上几种个人需要构成了个人追求高等教育的基本动机，体现了个人对高等教育的需求。个人和家庭是社会的一部分，所以，个人对高等教育的需求也可看作是社会对高等教育需求的组成部分，应当重视对这部分需求的研究。因为，个人的需求往往是社会需求中最敏感的部分，社会发展对高等教育提出的各种需求常常是通过个人的需求首先反映出来的。个人的需求和社会的需求有着紧密的联系，两者在很多情况下往往是一致的，个人的需求也会影响社会的需求。由于资源有限，社会需求和个人需求不可能都得到满足，不断地会有需求矛盾的产生，即使是富裕社会，往往也不能完全满足民众对高等教育的需求，可能会产生新的需求矛盾。

因此，在高等教育的规划中，需求是根本，从一定的意义上讲，没有旺盛的需求就没有兴旺的高等教育，需求推动了高等教育的发展。

（三）高等教育规划的方法

根据高等教育的需求来自社会和个人两个方面，以高等教育的需求为基础的规划的方法也相应地有两种，一是人力需求法；二是社会需求法。

1. 人力需求法

人力需求法是一种运用得较为广泛的规划方法。其基本假定是：经济发展有赖于教育提供促进经济增长所需的各种受过教育和训练的人力，经济各部门的劳动生产率投入与产出结构是可以预测的，每一种产出和劳动生产率的水平都与一种特定的职业结构相联系；每一职业都有最佳的教育结构；技能和教育之间存在对应关系；劳动力市场的过剩或短缺通过发展教育来协调。因此，必须首先借助于规划来预计通过高等教育培育的人才的数量与质量，来确定社会需求的总量以及各级各类人才的数量，指导高等教育机构来完成教育任务。人力需求法的基本原理是以社会经济发展对人力的需求为出发点来制定规划。具体地讲，通过了解国家在某一时期劳动力的职业与教育结构和产出水平之间存在的联系，来确定高等教育的质量与数量。从经济与人力资源的需求平衡来预测和规划，应从如下几个方面考虑。

第一，预测经济总产出。因为人力需求预测的目标是把教育与经济发展联系起来，所以，首先要预测目标年的经济总产出或预测基年与目标年之间的经济增长率。

第二，预测部门产出。将经济总产出分解为各个部门的产出，计算出国民生产总值在各经济部门的分布。这里的部门是指国家的行业管理部门。

第三，预测部门的劳动生产率。估算劳动生产率以及基年与目标年之间劳动生产率的变化，把产出目标换算为人力需求。

第四，预测各部门的职业结构。把每一部门的劳动力分解为职业组，统计出职业组的需求结构。

第五，预测总职业结构。将全部部门同类职业所需人力相加，得到为实现经济产出目标所需的每一职业的人力数和综合职业结构。

第六，估计每一职业所需的教育层次和类型或每一部门内每一职业所需的教育层次和类型。

第七，估算附加人力需求。根据受过教育的各级各类人力的现有储备，考虑计划期内离职和流动人力数，得出按教育水平表示的计划期内所需附加人力数。

第八，平衡人力供求。根据计划期每年的附加人力需求数和各级各类学生毕业情况，考虑毕业生的劳动参与率，规划每年各级各类学校的招生数。

2. 社会需求法

社会需求法是基于人力需求法，然后对整个社会的政治、经济、文化的发展来考虑的。对于一个国家来讲，它不仅仅要考虑需求的个体、局部，更要考虑国家的整体，如地区、行业的需求，是更宏观层面上的需求。社会需求法是一种常用的高等教育规划的方法，其思想是以个人对高等教育的需求为出发点，把高等教育个人的投资和消费集合成整体，并尽可能地满足个人对高等教育的需求，以这种需求为基础制定高等教育整体规划。同时，社会需求法还要站在更高的角度，预测整个社会未来可能的需求。社会需求法是以个人的教育需求为基础的规划方法，这里的社会需求是一个集合概念，它把个人的决定集合起来。从另外一个角度讲，社会需求法的基本原理是建立一个描述教育系统的模式，用学生从一级教育向另一级教育的流动来描述教育系统的活动，那么，人口预测是其基础，升级比例是其最重要的参数，结果是毕业生就业与社会的需求平衡。特别是当一个国家的社会需求产生社会发展与教育之间的矛盾时社会需求就会产生作用，将极大地影响高等教育规划，并以此来预测和规划未来的高等教育。

3. 组织发展需求法

前面我们研究的出发点是在宏观高等教育管理的基础之上的，对于微观高等教育管理，学校组织的规划一般是根据上级教育行政管理部门的要求，特别是学校的发展来组织制定的。学校的发展目标、学校的资源状况是学校组织制定规划的依据，组织发展的需求是制定好规划的动力。

二、宏观高等教育规划

宏观高等教育规划是国家及政府层面上的规划，我们可以称之为战略性的规划和指导性的规划。这一层次上的规划有许多，我们主要分析有关事业发展类的规划。譬如，编制国家的高等教育事业发展规划主要有以下三方面的工作要做。

第一，提出规划的指导思想。规划要以国家关于高等教育发展的总方针和有关精神为指导思想，以国家教育事业发展的总规划为依据，贯彻科学发展观，加强统筹安排，控制高等学校设置的数量，提高高等学校设置的质量，调整和优化高等学校布局结构。

第二，设计规划的内容。一是总结和分析前一个时期高等教育发展的整体情况。高等教育的需求与目标完成情况；高等教育资源结构布局情况；高等教育改革情况；高等教育经费情况，特别是高等学校的经费保证和财力支持情况；高等教育办学条件情况；高等教育资源的现状，包括数量分析和结构分析。二是提出今后一段时期高等教育发展的目标。根据上一个时期目标完成情况，在充分考虑现有高等教育资源的前提下，提出今后一段时间高等教育的总体规划目标，如，高等教育的发展规模、发展速度、高等教育的各种结构协调、教育层次的发展等规划。三是高等教育经费财政保障。提出预算内教育经费增长的政策保障和具体措施，以此作为高等教育发展的前提。四是完成目标的步骤和措施。

第三，编制规划的程序和方法。地方高等教育事业发展规划相对于国家层面上的规划有些区别，但总的格式没有大的差异。一般来讲，地方政府的高等教育事业发展规划应根据国家的有关文件精神和要求进行编制。规划主要是以中共中央、国务院关于高等教育发展的总方针和教育部的有关精神为指导思想，以地方经济社会发展的总体规划和教育事业发展的总体规划为依据，贯彻科学发展观，加强统筹安排，控制高等教育发展的数量和规模，提高高等教育的质量，调整和优化本地区高等教育布局和结构。规划的内容也基本反映在四个方面。一是本地区前期高等教育发展的整体情况，除了发展的规模、结构、质量、速度外，还有前期本地区财政性支出对高等教育支持的情况、本地区办学条件的总体情况、分析本地区高等教育资源的现状，包括数量分析和结构分析。二是根据本地区前期经济社会发展需要和今后高等教育发展的规划目标，在充分考虑现有高等教育资源尚可利用的剩余容量前提下，提出本地区今后高等教育发展的规划。此规划应包括高等教育的总体规划目标和各级各类分项目标。三是经费来源和财政保障。提出今后保证本地区高等教育经费预算内事业费年均水平比上一时期有增长的政策保障和具体措施，以此作为本地区本期间高等教育发展的前提。四是完成规划的具体步骤与措施。同时，地方高等教育规划受国家的指导和控制，国家为了保证各地方各地区高等教育的协调发展，在确定地方高等教育规划的时候，要提出审查意见，履行审批手续和程序，这体现了《中华人民共和国高等教育法》（以下简称《高等教育法》）中规定的国家对高等教育管理，是高等教育管理体制所决定的。

三、高等学校事业发展规划

管理就是规划、组织、协调、控制，规划是管理的第一步，走好规划第一步关系到高等教育活动的方向目标是否清楚，发展思路是否清晰，工作要求是否明确，是否符合客观实际，措施是否合理得当，规划是否便于实施。

四、规划功能分析

既然规划功能是指规划的效用，那么，规划的实质内容主要表现在两个方面：一是规划中的目标的科学性；二是为达到目标所制定工作方案的可行性。规划是一种预期设计，结果也是预期的，实际上，真正的效用要通过结果来检验，我们讲规划中的目标的科学性和方案的可行性只是一种过去经验性的思想要求。目标的科学性主要指要求目标确定是通过一定的科学程序完成的，是通过各个层面以及专家系统的作用来实现的，是经过了科学的研究与论证确定的。方案的可行性也是指完成目标的工作步骤和措施是否客观，方案的设计是否考虑到了各工作要素和客观环境条件，是否与这些因素有太大的冲突等。综观一些教育的或者高等教育的事业发展规划的历史，对比过去我们感觉到，现在编制的规划越来越讲求实效，目标的确定越来越清晰，基本上通过定量与定性的指标反映出来，可定量可定性的时候一般是定量反映。而在这些量化指标的背后，在这些定性描述的背后是经过了许多人许多程序形成的。我们下面以高等学校事业发展规划来加以说明。

（一）规划的顶层设计功能

不论是宏观高等教育管理还是微观高等教育管理，规划是顶层设计。宏观高等教育管理中的规划对于高等教育的大政方针、发展方向和发展目标都进行了宏观的规划，给出了整个国家或地区的高等教育规划发展蓝图。

微观高等教育管理规划是学校组织发展的顶层设计。微观高等教育管理规划中确立的办学思想是学校发展的灵魂。以科学发展观统领全局，遵循高等教育规律，坚持内涵发展；以教学为中心，以学科建设为龙头，以改革创新为动力，全面提高人才培养质量、科学研究水平和社会服务能力；立足地方，面向全国，服务地方，服务行业，把学校建成优势突出、特色鲜明的高水平综合性大学。

从以上可以看出，学校遵循科学发展观，准确把握当代高等教育发展趋势，紧紧围绕区域经济和社会发展需求，对当前和今后一个时期学校的发展进行了科学的定位。规划要反映以下六个方面的定位：①发展目标定位。用数十年的时间，把学校建设成为优势突出、特色鲜明的高水平综合性大学。②办学类型定位。经过不懈努力，使学校由目前的教学型大学发展成为教学研究型大学。③办学层次定位。以本科教育为主，积极发展研究生教育，适度发展高等成人教育和职业技术教育，努力拓展国际合作教育。④学科门类定位。以服务行业的优势学科为特色，以工、农、文、理学科为重点，多学科门类协调发展。⑤培养目标定位。培养基础扎实、知识面宽、综合素质高的具有创新精神和创业能力的高级专门人才。⑥服务面向定位。立足地方，面向全国，服务地方，服务行业。

（二）规划的战略功能

规划具有国家高等教育发展战略功能、地区高等教育发展战略功能、学校发展战略功能。它是一个战略谋划过程，这是由规划的性质所决定的。

国家和地区的宏观高等教育发展战略把高等教育的大政方针、目标措施等进行系统集成，成为中长期的发展战略蓝图。

第二节 控制与协调功能

一、高等教育目标控制

（一）高等教育目标控制的必要性

高等教育目标的实现程度是衡量高等教育管理效能的重要基准，也是高等教育控制的主要依据。高等教育目标又是相对于一定社会对高等教育的需求而言的，是预设的推动预期高等教育目的实现的导向和标准，因此，具有预见性特征。随着时间的推移，高等教育活动主、客观条件的变化，不论是宏观高等教育管理还是微观高等教育管理，对高等教育目标适时进行控制和校正有其必然性。

同时，高等教育目标又深深地带有目标制定者对教育价值判断的印记（如，对普通教育或学生个性应达到的结果的不同认识），而现实的教育目标的实行通常并不完全按照教育理论家或政治家们的设想去进行。对于高等教育目标操作中出现的与理想之间的偏差自然也需要控制。

各教学和行政管理部门在贯彻和实施高等教育战略目标以及和办学目的有关的计划、程序时，往往需要制定详尽的子目标，各子目标之间是相互关联的，它们之间的协调是重要的，也是困难的。人们往往会因各自不同的目的或利益而发生矛盾甚至冲突，尤其在功利性色彩较为浓重的组织活动中，对各自目标的追求和竞争在很大程度上代替了对总目标的无条件服从。

对于子目标执行过程中出现的种种偏离总目标的行为，需要有一定的制度和机制对其实行调控。

历史地看，高等教育发展要经历数量扩张与质量提高之间的矛盾。对数量目标或质量目标的侧重往往带有功利性目的，如，服从于一定的政治目的（如教育机会均等），要以数量发展为保证；而从维护高等教育自身的学术地位来看，质量目标似乎应首先考虑。然而，数量发展并非没有限制。一方面，数量的过度扩张必然带来教育资源分配的紧张（尽管适当的数量规模有助于管理效益的提高）；另一方面，数量的增长也可能损及局部的质量。对于高等教育质量控制，除了数量因素外，系统内部已有的制度、管理人员的素质、师生之间的互动、学生的成绩、毕业生的受欢迎程度等都是质量控制的重要内容。在此，我们拟从高等教育数量控制和质量控制两方面简约地探讨一下高等教育目标控制问题。

（二）高等教育数量目标控制

从世界的经验看，高等教育数量扩张的原因大致有：经济起飞阶段对专门人才需求的急速增长；政府对高等教育的政策倾斜和巨大投入；某些社会大变动后造成的对高等教育政策的变革等。就中国情形而言，招生问题上的主要矛盾在于：政府每年对招生规模的限制与地方和学校面向社会自主办学的需要（包括招生计划编制调控上享有的自主权）。目前我国普通高校招生计划管理的现状是：每年由教育部和发改委根据国家经济和社会发展的总体规划，经过综合平衡，提出当年全国普通高校年度招生总量，各省市和中央各部门在国家宏观计划和方针政策的指导下，根据本地区、本部门的实际需求、生源情况及所属普通高校的实际办学条件，编制本地区、本部门的招生计划。但问题在于，地方高校是由省级政府部门管理的，中央部属高校由主管部委管理，地方高校和中央部属高校招生计划互不相通。这种条块分割状况，造成有些院校的专业因人才需求所限而无法保证一定的规模，而有些专业人才的培养一哄而上，专业重复设置现象严重。这两者都造成资源投入上的浪费。对于各高校来说，在激烈的生源市场竞争中谁也不甘落后，只要政策一有松动或有可变通之处，就有可能出现招生超计划的现象。所有这些都给国家对招生数量的有效控制带来了障碍。

在对高等教育数量目标进行控制的过程中，有必要分清政府主管部门与学校两者的不同职能、权利及义务。

政府宏观调控职能，应包括以下几方面：①向学校及时、准确发布人才需求信息（包括数量、层次、规格、专业、学科、地区需求等）；②制定长远发展规划，对学校进行总体指导；③依据学校的办学条件，合理核定招生总量规模；④制定扶植学校发展的方针、政策和措施，使学校的发展不致过分地受到市场的影响，保持学校发展的相对稳定性；⑤对学校进行定期评估，并把评估结果作为学校改善办学条件、决定能否享有或继续享有一定程度招生计划自主调节权的重要手段。

（三）高等教育质量目标控制

1.高等教育的质量标准

将高等教育目标分解为数量目标和质量目标，是从高等教育增长方式角度来划分的。高等教育目标还可以从高等教育功能的角度来考察。如随着社会的进步，高等教育活动正呈现多元性；保存和传递人类已有文明成果，培养和提高公民的素质；探求未知领域，发展科学技术和文化；满足社会对人才开发及科技开发、应用等方面的要求；大学直接参与社会经济建设，服务于社区和国家建设等。这些活动同时也构成了高等教育的目标体系。由于现代高等教育具有多方面的目标与功能，因而，衡量高等教育质量的标准也不是单一的。学术标准是其中十分重要的一条，但绝非唯一。除学术标准外，还有一个高等教育的"适切性"问题，即是否适应社会发展的需要，是否切合受教育者身心发展及其就业就职的需要等。一般而言，高等教育系统内部往往倾向于强调教学、科研的学术标准，强调学科、专业的内在逻辑和科学性，而社会（包括用人单位、学生、学生家长等）更多地关注高等教育活动对现实的适切性、实用性。如学校课程设置、教学内容是否有利于日后就业；在缴费上学的条件下，对入学的投入能否保证更大的回报；高校的科研是否能向企业提供新产品、新工艺，从而给企业带来可观的经济效益。在理想状态下，高等教育质量应兼顾学术、社会需求、受教育者意愿和能力等多方面因素。在对高校的质量评估标准中，专家们也力图全面反映这些因素。

在实际操作中，诸因素兼顾是困难的。但是如果我们根据不同的质量标准（尤其学术标准），将高等学校作适度分级，问题的思路可能会变得清晰些。同一课程在不同性质的学校的专业里，其学术性程度是不同的，衡量这门课程的质量标准自然也不同。如，工科教育中的数学课和理科教育中的数学课是不一样的，前者强调数学作为一门工具性课程的实用价值，而后者十分注重数学课的逻辑性、探索性。推而广之，每所学校根据不同的功能定位，其学术水平的要求可以有差异，每一层次的学校可以在同类中进行竞争，并进一步进入更高层次的学校行列。

截至目前，高等教育的质量标准没有统一之说，宏观的质量标准反映在适应度，主要是指高等教育与社会经济发展的适应度，科学技术与科学文化知识创新水平、培养的人力资源的数量与质量是高等教育适应度的主要内容。高等教育组织办学的质量标准正在探索和完善，特别是综合考察学校办学的质量、水平、效益等，已经逐步成为高等教育质量标准的主要内容。目前我国评价大学质量标准方面的研究有些进展，但主要是在教学与学术方面，还不完全是学校的整体质量。教育部关于本科教学工作水平评估的指标体系比较清楚地反映了教学质量标准的情况。

2. 高等教育质量控制手段

从时间上看，高等教育质量控制可分为以下三类。

（1）前馈控制

前馈控制的主要内容是指对高等教育质量设置的过程进行控制，对高等教育质量运行的方案设计进行控制，进而提高教育质量。

（2）过程控制

它关注高等教育质量活动过程与高等教育目标的契合程度。在高等教育运行中，不断地设置一些中期评价的行为，以对出现的问题做出诊断调整，使运行过程不致在偏离目标太远的时候才去采取校正措施，最大限度地保证高等教育质量。

（3）反馈控制

反馈控制绝不是活动全部结束了，对活动的结果进行信息反馈来加以控制，这是一个误解。反馈控制仍然是在管理活动的过程中，对于某项活动的运行状况随时进行信息反馈和控制，当然，这一活动一定是指一个有结论的过程，对于没有按照规定的目标和要求而出现的情况进行调控。当然，终结反馈也是必要的，终结反馈的结果只能是对下一个循环进行调控。要注意反馈信息渠道的正常与多元，避免错误反馈。通过建立专业性鉴定委员会等方式加强反馈信息的权威性，不应将事后的质量评估视作工作的终了，而应积极地为新一轮工作、活动提供质量控制、工作改进的建议。

高等教育的质量控制还有评估、标准化质量管理等多种其他控制手段。

二、高等教育行为控制

规范高等教育的行为是高等教育管理控制功能的首要任务。高等教育行为主要在两个方面是必须得到控制的，一是高等教育的方向性；二是高等教育的各项活动的行为规范性。

（一）高等教育的政治方向

根据教育的国家性和民族性，一个国家的高等教育不可能完全没有政治性。在阶级社会里，有些事关国家政治、军事、经济、文化安全的知识和技术是有国界的，这是不言而喻的。从国家的民族性和人才战略来讲，人力资本除了是自身的以外，还有一部分是国家的，因为中国的高等教育不完全是自费教育，这里有国家的投入，为国家服务是每一个受教育者的责任，从这一个角度讲是一个政治问题，国家的投入不能培养自己对立面的人。很简单，任何一个投资人都不可能出钱培养反对自己的人。所以，高等教育的政治方向的问题就好理解了，那么，国家对高等教育的政治方向的控制也就成了必然。

（二）高等教育行为规范

任何的管理活动都是人的活动行为，不论是宏观管理还是微观管理，行为控制也许是管理活动中最复杂的课题。一则人的行为很难精确测量，因而很难判定它与目标究竟有多大程度的偏差；二则对人的行为规律的了解还很肤浅。近十多年来，随着心理学和行为科学的发展，不少学者对行为控制问题做了较深入的探讨。高等教育活动的人是由多个个体组成的人群，对于人群的行为规范就显得更为重要了。

1.高等教育组织行为的管理

从微观高等教育管理来看，高等教育领域的教学与科研活动属于高智力型。高校的教师和学生致力于知识的探索与传播，他们在实现高等教育目标的活动中的各种行为有别于其他社会组织。不过，普通的组织行为管理技术对于高等教育系统中的行为控制仍然是很有价值的。它立足于人的行为和环境的相互作用，试图通过对环境条件的控制以实现对人的行为的控制，从而促使人的行为向预期的方向发展。根据强化满足条件后，得到的预期结果以改进行为的工作，根据具体的人处理各种预期的结果，及时提供程序性的行为规范。在高等教育管理中，要帮助高等教育系统的成员形成良好的职业行为，就需要为他们创造条件，也需要强化某些满足条件后才能得到预期的结果。比如，只有按照一名校长应做到的行为规范与行为要求来挑选校长，并为他完成校长职责创造各种条件，才有可能得到预期结果，达到这位校长在工作中良好的行为。

2.组织行为的修正

组织行为的修正主要针对那些与完成工作任务不一致或不协调的行为，因为它们不仅会影响组织目标的实现，而且还会导致组织的功能障碍，威胁到组织的生存。这种组织行为修正技术包括以下五个环节：

第一，鉴别与工作有关的行为事件。和组织行为管理技术一样，它特别重视外显的行为，而不重视态度之类不可直接观察的变量。它只鉴别与工作有关的事件，而不考虑与工作无关的事件。

第二，测量行为。它包括观察行为，记录行为，然后根据记录的结果描述各种行为，以引起人们对这种行为的注意。

第三，对行为进行功能分析。它包括将行为和各种环境变量分解成功能因素，找出行为和环境变量（事件）之间的关系。最后找出影响和控制行为的因素，为修正行为提供科学基础。

第四，寻找修正行为的途径和方法。其中包括三个步骤：在分析行为功能的基础上分析行为与环境事件的联系，找出因果关系链，并确定采用何种方法去修正行为；应用和实施修正技术，通常的手段有强化、惩罚、消退或这些手段的相互结合；采取适当的强化方案，维持期望的行为。

第五，对整个工作进行评价，以确定修正的方法是否妥当，为以后碰到类似的问题提供科学依据。

三、高等教育财务控制

高等教育财务控制是高等教育系统内部各组织借助于对货币资金的筹集、分配和使用采取的一整套管理和监督方法，从而使有限的教育经费得以最大限度地发挥效能，达到预期目标的过程。与其他社会系统的财务控制类似，高等教育财务控制大致也包括预算、会计、决算、审计几种活动。

（一）高等教育的财务预算

高等教育的财务预算主要是指对高等教育事业经费的编制、分配、执行、调整和分析等一系列的过程。高等教育预算过程的基本目的是确定从中央到地方主管部门、从大学到学院、从学院到系科、从系科到教学科研人员等的资源分配和调整。在确定预算拨款时，要对资源可选用的方案做出明确的抉择。因此，高等教育的预算的核心问题是根据什么要把 X 款项拨给 A 项活动而不拨给 B 项活动。

高等教育的财务预算工作具有计划性，可以看作计划工作的一部分，同时它也可被视为管理工作中的控制手段，一种典型的前馈控制。一般来说，它具有以下特点：

第一，预算与价值计算的形式定期地进行；第二，预算按一定的组织系统自上而下有序地进行；第三，预算的目的是保证教育计划的顺利实施，促进教育效益的不断提高。

根据不同的方法，高等教育的财务预算可以有不同的种类。如按其编审程序可分为若干种。

概算：拟编下年度预算的估计数字。

拟定预算：未经一定程序核定的年度收入计划。

法定预算：经过一定程序审批生效的正式预算。

分配预算：按法定预算确定的范围来分配实施的预算。

如按时间的先后顺序，则可分为四种。

经常预算：正式的常规预算。

临时预算：正式预算确立之前暂时实行的假定预算。

追加预算：在原核定的预算总额以外增加收入或支出的数字。

非常预算：为应付意外事变所做的特殊预算。

通过对高等教育的财务预算的实践和研究，我们介绍几种预算的编制方法。

1. 追加预算法

这种预算方法允许在学校预算中每一单项可以追加，其主要依据是，现时的拨款根据是适宜的，而当前的计划方案要以现有的形式持续下去。这种追加预算法被认为是利益群体已经赢得了一段时期支配权的标志。这种方法的优点在于其稳定性和可预期性，其弱点在于不能充分鼓励学校去鉴别现有计划是否完备或是否有必要取消现有无效的计划。

2. 非定额预算法

这一方法要求每个院校的财务计划部门在该单位领导认为适当的水平上提出计划所需的预算申请。通常由单位领导同主管预算的人员进行协商，调整预算额以便与可利用资金相吻合。其优点是单位参与预算制定的机会增加了；缺点是申请额与实际到位资金通常不一致，对最后分配决策缺乏明确的准则。

3. 定额预算法

也称为"一次总付性"预算。它同非定额预算法刚好相反，院校财务部门得到一定数量的拨款，并须按此拨款数额建立起单项预算。其优点是单项预算权分散，可以促进各单位计划的灵活性和有效性；缺点是中央行政机构对原先预算额的静止或依赖与各单位实际情况的千变万化形成明显的反差，整体上缺乏灵活性。

4. 备用水平预算法

这种预算方法要求准备若干个不同水平的预算标准，如按通常水准上下各浮动5%。中央行政机构则根据不同水平的预算方案，判别各单位业务人员的水平，对单位内项目优先次序和项目评价详情做大致分类。

5. 公式计算预算法

此方法通常以在校人数以及学时数为依据，总的事业费预算中分配到每个单位的相对份额会因公式变量的变化而变化。在此种方法下，具有同等要求的高校或项目可得到相似的资金。但也有人认为，如果在入学人数激增期间可以达到这项标准，那么在人数动荡不定或呈长期下降趋势时，它就难以维持了。另外，对于特殊的任务或短期需要，这种方法就显得无能为力。

6. 合理预算法

高等教育系统中，除了中央和省市级的预算外，最普遍的还是高校一级的预算。随着教育改革的深入，我国高等教育的体制正发生深刻的变化，高校经费的来源也由单一型向多元化方向发展，这无疑对高校的预算工作提出了新的课题。过去主要是支出预算，一般只要入学人数和国家财政收入持续增加，高等教育传统的预算方法大致可以满足大部分高校的需要。而现在需要进一步增加收入预算，对于预算的分配与调整，目前也面临许多棘手的问题。

计划、程序和预算系统法试图通过将计划的目标结果作为高校执行预算的一个必要的组成部分，把预算和计划合二为一。制订计划包括对该组织的长期总目标进行选择与鉴定，及根据费用、效益对各种实施过程做系统分析；程序上要求在贯彻执行计划之前决定具体的行动步骤；预算编制承担着将计划决策和程序决策转变成具体的财政计划的任务。传统的预算方法不以产出为指导，强调过去甚于强调将来，强调对资源的需求而不是其使用结果，不强调资源如何与目标联系。而计划、程序和预算系统对各项目标有明晰的考虑，着眼于多年而非仅仅一年的所需费用，对实现目标的各种手段加以分析，以及对各种预算选择的利益或效用进行评价等。

计划、程序和预算系统法主要涉及基本政策的制定以及高度集中的、自上而下的决策行为。而零点预算法却是把目标转换成有效行动计划的一种微观经济学方法。它要求对每年的每项活动从零开始重新进行全面论证，以建立新的预算。具体而言，此种方法有以下四个步骤：一是每个预算单位要制定出描述一项活动、功能或目标的一系列决策方案，并阐明供选择的服务等级；二是预算申请要按递增顺序从低水平到高水平排列；三是对不同经费增加额的影响要进行论证；四是增值决策方案要按优先次序排列。决策方案应包括决策单位的目标、设想活动，或其他方案的具体描述、活动的费用及效益、工作量及成绩的测定、不同水准上的工作及其收益。总之，零点预算模式的核心是对提供选择的支出方案进行规范化比较。

（二）高等教育的会计与决算

在高等学校，会计是以货币为主要计量单位对学校的经济活动和预算执行过程及其结果进行反映、监督和管理的一种财务控制方式，它包括三个部分：第一，会计核算。根据学校的经济活动和预算执行过程及其结果，连续地进行记录和计算，并根据记录和计算的资料编制报表；第二，会计分析。根据会计账簿、会计报表及其他资料，对财务情况进行分析研究；第三，会计检查。根据会计凭证、账簿、报表和其他资料，对有关单位业务活动的合法性、合理性、会计核算资料的正确性和财政政策及财经纪律的执行情况进行检查。

会计的基本职能在于反映和监督一定范围内的资金使用情况。会计的任务主要包括：第一，根据有关法令和规定来编制并执行预算；第二，进行经济核算，加强现金管理，做好结算和核算，提高资金使用效益；第三，对高校的所有经济活动进行正确、完整、及时的记录，编制凭证，登记入账，上报会计报表。

高校的决算是执行预算的总结，是反映全校年度预算结算的书面报告。预算年度结束时，学校的财务活动便进入决算编制阶段。决算的编制一般分六个步骤：第一，拟定和下达编制决算的规定；第二，进行年终收支清理；第三，制定和颁发决算表格；第四，进行年终结账；第五，编制决算；第六，上报。

（三）高等教育的审计

高等教育的财务审计分为国家审计和部门审计，在必要的情况下，还有司法审计。在高校，审计工作是对会计账目进行检查，对有关的财政或财务收支活动情况进行监督的一种财务控制活动。审计主要对财务活动的以下五方面做出判断。

第一，合理性。即指审核检查的经济活动是否符合有关规章制度的要求。

第二，合法性。即指审核检查的经济活动是否符合国家的法律、政策、法令或条例。

第三，合规性。即指审核检查的经济活动是否在正常或特定的情景下应该发生，是否符合学校管理的原则。

第四，有效性。即指审核检查的经济活动有无经济效益。

第五，真实性或公允性。即指审核检查经济活动的资料是否如实、适当地反映了它所要表现的经济活动。

审计按其内容和目的可分为以下两大类。

①财政财务审计与经济效益审计。前者是审核检查财政财务活动，目的是对这类活动的合规性、合法性做出判断；后者是以实现经济效益的程度和途径为审查内容，目的在于提高经济效益。

②按照审计主体与被审单位之间的关系，审计又可分为外部审计与内部审计。外部审计是指由被审单位以外的国家审计机关、上级审计部门或民间审计组织进行的审计。内部审计是由本校审计部门进行的审计。

国家对审计部门的各项任务做出了详尽的规定,其中主要有以下方面。

第一,对财务收支计划、经费预算、经济合同等的执行情况进行监督。

第二,对内部控制制度的健全、有效与否及执行情况进行监督检查。

第三,对会计报表和决算的真实、正确、合规、合法情况进行审计并签署意见。

第四,对严重违反财经法纪的行为进行专案审计:

为了完成对高校财务的审计活动,审计部门拥有以下主要职权:①检查有关的会计凭证、账簿、报表、决算、资金、财产。②查阅有关的文件、资料;召开或参加有关会议。③对有关人员或问题进行调查并索取有关材料。④提出有关意见和建议。⑤对各种不按规定、违反财经法纪的人员或做法提出处理措施,并向有关领导部门反映审计结果。

高校内部审计工作有以下几种组织实施方法。

第一,系统审计。根据学校办学特点,组织有关基层单位针对特定项目,系统开展审计活动的一种方法。

第二,专题审计。分别按各个职能部门所主管的业务,开展专题性内部审计工作的一种方法。

第三,同步审计。在同一时间内,对两个以上所属单位审查内部相同业务的一种内部审计工作的组织方法。

第四,轮回审计。把下属单位按邻近原则,划分成若干片区,成立片区审计小组。片区审计小组在内部审计部门的指导下,按规定审计内容,有计划地、轮回地对本片区各单位进行审计。

第五,审计调查。针对本单位经济活动中带有共性和倾向性的问题,对不同下属单位做内容相同的调查,摸清情况,及时为领导决策提供信息。

审计工作中还有一个重要的方面,就是以各项作业为对象,以审查各项作业财务上的合法性与经济上的合理性及有效性为目的的作业审计。比如,对引进某种仪器设备的作业,对进行某项教学改革的作业,都可以进行作业审计。作业审计不但要运用财务审计的一些方法,而且还要运用一些技术分析方法,比如,网络计划技术、线性规划技术、价值工程和价值分析技术等。作业审计不仅要审查与作业有关的财务问题,还要审查对作业的管理水平,它可在作业项目的事前、事中或事后进行。

审计工作中另一个重要方面就是合同审计。目前，随着高等教育的发展，高校与社会经济生活建立了越来越广泛的联系，与高校有关的各种类型的合同越来越多。合同是不同法人之间为实现一定目的，明确相互权利义务关系而订立的协议。它涉及有关法规、规定，需要就合同的合法性、有效性和完整性进行审计，因此，合同审计对于保障合同双方的合法权益非常重要。具体而言，合同审计的主要内容有以下几方面：①检查合同管理制度是否健全；②检查签约双方是否合格，是否具有执行合同的能力和诚意；③检查合同内容是否符合有关法律、法令和条例；④检查合同是否完备，措辞是否准确；⑤检查合同内容是否可行。

四、高等教育的宏观调控

高等教育的控制不仅仅包括一些技术性的环节，而且在发展过程中与制度性的宏观调控水平高低有关。这种宏观调控对高等教育发展的影响力往往更为深远。这里所指的宏观调控手段包括高等教育立法、高等教育政策、高等教育财政拨款等。

（一）高等教育立法

长期以来，中国高等教育管理与计划经济相适应，高等教育接受中央集中统一领导，法律的效用实际并不明显，所颁布的有关法规大多以"暂行条例""试行草案""讨论稿""纲领""通知""指示""会议纪要"等形式出现。这些法规缺乏法律应用的稳定性和科学性。高等教育法规的变化频繁是高等教育平稳发展的又一大障碍，这体现在对管理制度规定的措辞经常性的变化。同时，对措辞本身的解释通常也模棱两可，不够准确，自然也就缺乏可操作性。另外，从法规的内容看，也有失全面。这表现在法规内容调整教育内部关系的多、调整教育与外部关系的少，规范学校的多、规范教育行政领导部门的少，法规的限制性条款多、保护性条款少，义务多、权利少，如很少具体明确学校、教师、学生的办学权、教学权和学习权。

（二）高等教育政策

市场经济条件下，高等教育也将受制于市场这只"无形的手"的控制。高校以自己的办学特色多样、专业各异展开对生源市场的竞争；政府与高校之间通过科研成果的买卖关系，使后者从前者那里获取研究经费，促进学术水平的提高；学校通过对教师和行政人员的评聘，促进学校内部办学机制的改善，形成不同的学校类型、学科及教育层次。那么，在法律形成滞后时，政府的高等教育政策必须适时做出调整，以保证上述高等教育运作的顺利进行。实践表明，如何保持行政干预（以政策形式）和市场调节的平衡是一个重大而棘手的课题。对于习惯于计划经济思维模式的决策者来说，要真正具有适应并驾驭市场的能力，还有很长一段路要走。尤其在当前形势下，对高等教育本质的认识在不断深化，很多人习以为常的观念将受到形势发展的强劲挑战。高等教育政策理应更有前瞻性，而不是滞后于形势的发展。高等教育的决策过程必须走向科学化、规范化。政策的实施过程必须有强有力的制度保障和监督；否则，政策实施过程中将避免不了长官意识、阳奉阴违，高等教育政策的宏观调控作用不但不能得到发挥反而有可能误导高等教育的发展，造成高等教育质量和效益的下降。

（三）高等教育财政拨款

高等教育财政以其拨款的原则和标准来引导、控制高等教育发展的方向。此外，美国联邦政府还给高等院校其他形式的间接资助，如，减少那些资助高等教育的个人或组织的税收等。中国科研经费的发放由国家科委及有关机构、各级政府设立的多种科学基金组织，以课题项目方式向社会招标，高校、研究机构均可提出申请。事实上，各校获得经费资助的机会并不均等，一般教育部属的重点大学往往获益较多。在"条（中央、地方）块（省、部委）分割"的管理体制下，部属和省属院校之间获得科研经费存在较大悬殊。在此种制度下，由于缺乏足够的公平竞争机制，通过财政资助方式去引导学校向质量卓越方向发展的愿望自然无法真正实现。过去几年，"211工程"的实施较好地将财政资助中"点与面，中央与地方"结合起来，体现了效率优先的原则，考虑到国家对高等教育有重点发展的要求，各省均对自己管辖的重点大学积极投资，扶植重点学科专业，使高等教育与地方建设的关系更为密切。当然，这种资助方式的实效有待更长时间的检验。就目前情形而言，高等教育资助中仍然存在如何公正"公平"公开配置有限资源的问题，一些地处较发达地区的高校因为新的资助政策，往往比那些处于落后地区的高校享受到更多的好处。在这种趋势下，高等教育必然只能走"非均衡"发展的道路，但问题的关键似乎已不仅仅在于资助方式本身，高校自主发展空间和权利将是决定性因素。

第三节 高校的领导者

一、领导者的素质

对于高等教育领导者应具备的素质，近年来已有很多研究。一般来说，可将其概括为四个方面：思想品德素质、科学文化素质、专业素质、身心素质。

思想品德素质是领导者应具备的首要素质。它包括坚持以马列主义、毛泽东思想、邓小平理论、"三个代表"重要思想、科学发展观和习近平新时代中国特色社会主义思想为指导，坚持中国特色社会主义道路和制度，以社会主义核心价值观为引领。

科学文化素质是领导者赖以施加影响力的基本素质。高等教育的领导对象是高知识层的人群，因此对领导者的知识素质提出了特殊的要求。一般来说，高等教育的领导者应具备以下这些知识素质：马列主义理论与哲学知识、领导科学与教育科学知识、现代科学文化技术的一般知识与从事某项专业的专门知识，以及由这些知识集成和内化的科学文化素养。高等教育管理的最高境界是科学文化的管理。

专业素质是领导者从事高等教育管理的必备条件，主要体现在专业的能力方面。从某些方面讲，专业素质是科学文化素质的一个表象，具体地表现在领导者的决策能力和组织行动能力等方面，由于高等教育系统的复杂性，要求领导者具有更好的领导技术和技巧，要具有更强的平衡协调及驾驭局面的能力。

身心素质是履行领导职务的基本条件。高等教育的领导工作就是协调和解决各种各样的矛盾，有些矛盾的解决具有很强的时效性和刺激性，工作的强度有时候也是很大的，领导者在科学决策、正确选择、合理解决矛盾的过程中，必须有坚韧不拔、不为压力而动的精神，要有较强的心理承受能力和自我控制能力；同时，也还要有强壮的身体，否则，可能什么也干不成。

同时，也有人这样认为，高等学校在改革与发展中，一般都有一个凝聚组织的"核心"，高等教育系统应努力造就具有综合素质结构的领导者队伍。因此，还应该包括：领导者的活动能力——"外交家"的接触面；领导者的业务资历——"硬专家"的学术权威；领导者的人格魅力——"家长"风范的非职权性影响力；领导者的管理魄力——"软专家"的管理水平。

二、大学校长的行动策略

大学校长要善于对管理系统施加适当的活力。大学校长的职能是组织学校的教育资源，为实现大学的办学目标展开教育管理活动。一位优秀大学校长的首要职责是为大学筹措足够的办学经费，通过自己的聪明才智、决策能力把学校的系统资源运用到最佳的程度。要使系统资源的运作机制达到最佳程度，作为大学校长，要努力使大学处在不平衡的平衡状态之中，这就是在平衡中有策略地挑起不平衡，通过有效的方法使得不平衡达到平衡。这是一个管理哲学理念。平衡是指大学内部的政策和工作制度保持相对的稳定特性，不平衡是指根据人们的心理特点，采取最小搅动原则，通过一种创新性的工作方法与思想，使整个管理系统具有生机与活力，避免管理系统年复一年的"涛声依旧"。

领导者必须领导。在大学组织管理系统中，决定权和执行权有时比较分散，有时候可能导致领导者不想去做决定。而如果管理者不勤政，或者由于个人的利益与组织的利益处理不好，也导致领导者没能真正地实行有效的领导，造成了领导者事实上的没有领导。这样可能导致两种后果：一是责任分摊。由于实行集体领导等方式，校长或主要领导者可以长期依靠一些专门委员会和部门开展工作，而这些专门的部门是为了分担责任而设计的，但由于责任主体不明确，往往会产生问题责任的"分摊"，从而产生没有人负责的结果。二是无所建树，校长或主要领导者如果不实施有效的领导，下属就会将这种"不负责任"的方式传递下去，从而使集体的决定没有被真正执行，领导陷于形式，并由此走向一事无成。

大学校长应避免在系统决策中对应该由别人决定的问题做出决定。大学的领导者与工业企业或政府机关的领导人的一个重要区别在于，不能够简单地采取行政手段管理学术问题。如，应该重视院（系）基层组织的学术管理，尊重基层专业人员对学科专业管理方面的意见，学术的管理要最大限度地实行分权，让学术带头人和学术组织去管理学术的事情，让分管学术工作的副职领导去管理。如果大学校长越俎代庖，不仅将自己拖进了永无休止的工作琐事之中，也在很大程度上影响了他人的工作积极性。大学校长不应该直接决定基层职权范围内的事情，虽然从某个角度看，这些是大学管理中很重要的问题，但是，大学校长应该通过一定的工作程序，明确其他校领导的工作职责范围，用制度加以规范。

领导者要有足够的"智谋""涵养""儒雅"来驾驭系统。领导者必须含蓄，不可轻易亮出自己的观点。处在多种相互矛盾的选择面前，大学校长或主要领导者不能表现出过分的自信（尽管你自己必须有一种超然的自信，但最好不要轻易流露出来）。对于有些急需改革的工作，也许需要有很大的耐心，如果我们的领导者不准备用这种方式来对待和慎重地处理问题，特别是在一些大是大非面前，在一些重要的决策场合，不假思索地急于亮出自己的观点，很有可能适得其反，或者造成难以收拾，甚至失败的场面。

领导者在系统成员中对双重忠诚要学会让步。一般来讲，大学的教授既忠诚于他所服务的大学，又忠诚于他所研究的学科，特别是在两个方面的选择上，大学的教授更忠实于他们所研究的学科，那么，大学的领导者面对的有时候是一个复杂的难题，在学校的管理问题和学科方面的问题之间可能要有所取舍。应该说，双重忠诚总体上目标是一致的，在这一点上领导者们要有足够的认识。因此，在双重忠诚出现矛盾时应该做出一定的让步，以维持学校内部管理的矛盾平衡。

大学校长要通过自己的人格魅力影响系统成员。人格魅力的影响是一种高级的领导效果，是大学校长的人格品质、道德作风、文化修养、技艺技能、学术声誉等的影响。大学校长要有随时修正自己的思想和行为的能力。这是一个十分重要的自省策略，但同时也是一个说起来容易做起来难的行动策略。大学校长的行动策略是很丰富的，远远不止以上这些东西，随着管理思想和方法的不断创新，优秀的大学校长及其管理策略将会层出不穷。

三、组织内部的环境因素

组织内部的环境因素是组织行动的一个非常重要的因素。环境的好坏，直接导致工作效果的好坏，影响管理目标的实现。假如所有下属都能热忱地、满怀信心地为实现群体目标做出贡献的话，就无须继续研究和发展领导艺术了。但是，不管是由于环境条件的恶劣还是由于领导者的平庸，下属中很少会有人以持续的热忱与信心去工作。因此，对大多数人来说，需要领导营造良好的环境，以激发他们为实现组织的目标做出贡献。有人说，良好的士气就等于成功了一半。大学校长或领导者应该要懂得使用激励理论和激励方法，极力营造好的环境，让环境体现的性质和力量去满足人们的需要。如果大学校长或领导者具有超凡的激励手段和方法，能激发起下属的忠诚、献身精神及热忱，那么，就能使领导者的意图获得成功。当然，领导者的激励力量在很大程度上还取决于组织成员期望值的大小、预计报酬的多少、要求努力的程度、要完成的工作量以及其他环境因素。因此，大学校长或领导者的首要任务就是为了顺利完成工作目标而尽量设计一个与组织成员期望值相对应的工作环境，当然，期望值与对应环境的设计要适中，这也是很难把握的，使用不好可能适得其反。在高等教育管理系统中，大学的领导者能够满足他人诸如地位、权力、金钱或对成就的自豪感等需要，通过需要的满足，使管理活动取得更好的产出效果。事实上，领导要充分地了解下属倾向于追随那些可能满足他们个人目标的领导者，越是懂得激励其下属的因素是什么，这些激励因素如何发挥出正面的作用，并将它们在管理过程中反映出来，就越有可能产生有效的管理效应。

四、激励的有效性

前面我们讲了系统组织内部的环境因素是组织行动的一个非常重要的因素。高等教育领导的主要任务是激励下属的动机，协调解决组织目标实现过程中出现的矛盾。不同的领导者在完成这些任务时，可能会遵循不同的原则和方法，可能会运用不同的技术，因而也就会产生不同的绩效。现代领导科学的发展已形成一些具有普遍意义的领导技术，在高等教育领导中运用这些技术和方法，无疑对提高领导绩效是有帮助的。下面从激励的过程、因素、原则、技术四方面予以说明。

（一）激励过程

组织系统机制的形成除了制度外，在很大程度上取决于系统激励过程。激励作为心理学的术语，指的是激发下属动机的过程。把激励这一概念用于管理活动就是通常所说的调动积极性的问题。心理学研究的结果表明，领导者激励下属就是指下属做了那些领导者希望做的事情，领导者使下属在某方面的需求得到满足，从而使下属按照所需要的方式行事。我们可以把激励看作一系列的连锁反应，从感觉的需要出发，引起欲望或所追求的目标，它促使内心紧张（未得到满足的欲求），然后引起去实现目标的行动，最后使欲望得到满足。

（二）激励因素

需要挑起系统激励。讲激励，就得从需要讲起，因为任何动机的产生或形成都离不开某类需要的缺乏或某种不满足感。因此，需要以及需要的种类和性质就成为动机激励效果的决定性因素。对于高等教育系统来说，领导者想有效地激发下属与职工的动机，就必须了解高等教育系统的各类组成人员有什么动机需要。有研究提出四个主要的激励因素。一是个体成长。存在使个体能够认识到自己潜能的机会，它证实了这样一个前提假设：知识工作者们对知识、个体和事业的成长有着不断的追求。二是工作自主。建立一种工作环境，其间，工作者们能够在既定的战略方向和自我考证指标框架下完成交给他们的任务。三是业务成就。完成的工作业绩达到一种令个人足以自豪的水准，这是与组织的需要相关联的因素。四是金钱财富。获得一份与自己贡献相称的报酬，并使其他同人一起能够分享到自己所创造的财富。这种奖励制度既要适合于组织的发展，又要与个体的业绩挂钩。高等教育领导的对象是人，这里的"人"是高等教育系统中的主体要素，他们是各级下属领导者、教师、科研人员、其他工作人员和学生等。这几类人员的年龄、学历、专业、知识、角色地位与工作性质等各不相同，他们心理需要的类型和性质也不完全一样。因此，将马斯洛的需要层次理论运用于高等教育领域时要具体情况具体分析，不能生搬硬套。

对于教师来说，自主、尊重、胜任工作、对工作条件的满意程度、取得成就等，都是十分重要的高层次需要。由于高校教师都是受过良好教育的高层次知识分子，以上这些需要中很难说哪一种更重要，也就是说，很难在这些需要中找到一种层次序列。在实际中，更多的情况是在某些场合自主的需要更强烈些，而在另一种场合，胜任工作的需要更强烈些。有时工作条件的需要占优势，有时取得成就的需要可能更迫切。有人曾概括过教师需要的四个特点：精神文化需要的优先性，创造成就需要的强烈性，自尊荣誉需要的关切性，物质需要的丰富性。高校的领导者在激发教师的动机时不能忽视教师的各种需要及其特点。对于大学生来说，各种需要的强烈程度又有所不同，而且，各种需要的指向也不相同。比如，在学生集体中，人际关系与成才等方面的需要更为突出。另外，他们的自我实现的需要并不与每天的平凡琐事发生密切联系，它更多地贯穿于大学生在校的几年之中，体现在他们对文凭、知识、能力以及对职业理想的追求之中。

需要指出的是，"需要"，这个词并不是一个简单的概念，除了具有多重性外，还具有变动性特点，同时，作为激励的关键因素，需要可以引出行动，也可以由行为引出。因此，激励过程中必须具体情况具体分析。

（三）激励原则

系统激励中至少要注意以下三项原则。

1. 针对性原则

需要的特点、性质，需要与行为关系的复杂性，要求领导者在实施激励之前必须了解下属需要的类型和需要的结构。实践证明，同样的激励措施对不同的人有不同效果，其原因就在于不同的人有不同的需要。激励措施有针对性就能收到事半功倍的效果。

2. 合理性原则

它包括两层含义：一是根据需要的不同类型采用合理的措施，进行合理的处理，合理的需要应该合理地满足。二是激励的程度要合理，"奖罚分明"使奖和罚都能收到激励效果。

3. 教育性原则

随着人的文化层次的提高，人的需要也会向高层次发展。因此，激励也可以从教育入手，通过改变人的需要结构达到激励的目的。激励的教育性原则要求领导者在激励过程中既要注意解决下属的实际问题，满足教职工的实际需要，也要通过教育提高教职工的需要层次。

（四）激励技术

1. 双因素激励技术

美国心理学家赫茨伯格研究认为，影响人的积极性的因素可以分为两类：一类是保健因素，它是维持基本需要的社会性因素，主要包括物质、经济、安全、环境、地位、社会活动等。保健因素是使教职工避免产生不满意的因素，相对来讲激励的作用有限。另一类是激励因素，主要包括一些高层次的需要，如成就、工作、职责等，它是使职工产生满意感，从而激发积极性的因素。根据双因素理论，在高等教育领导过程中必须重视改善物质、经济生活条件，这是产生积极性的基础，只有这样才能保证工作的正常进行。近年来，高等教育界的收入与社会其他行业的收入差距拉大，这种经济状况使高校教职工的一些基本需求得不到满足，因而不少人不安心于本职工作，心理不平衡，改善教职工的物质生活条件就显得特别重要。但是，事实又说明保健因素并不能完全产生激励力量，有些高校物质条件解决较好，但教职工的积极性并不高。在改善物质条件的前提下，充分激发积极性还必须借助于各种精神方面的因素，特别是知识分子，基本物质需要满足以后，他们更看重精神需要，因此，更应重视较高层次的激励。

2. 期望激励技术

效价是个人对所从事的工作或所要达到的目标的估价，即被激励对象把这一激励目标的价值看得多大，期望值是个人对某项激励目标实现的概率的估价。在高等教育领导中运用某些事物进行激励时，必须评价这一事物对被激励者价值的大小。价值是客体满足主体需要的程度，只有需要强烈的事物才能产生较强的激励作用。同一事物对不同的人具有不同的价值。同时，无论价值多么大的一件事物，只有认为经过努力会达到时才有激励作用。如校内超工作量奖励，如果指标定得合适，即使奖金不高，对多数人还是会有较强的激励作用。

3. 公平激励技术

公平理论认为，人们总是要将自己所做的贡献和所得的报酬与一个和自己条件相似的人的贡献和报酬进行比较，如果两者的比值相等，双方就都有公平感，如果这两者的比值不相等，一方的比值大于另一方，低的一方就会产生不公平感，产生挫折心理。高等教育的领导者应自觉注意到，一个人在某一方面确实做出了成就，给予奖励就能产生激励作用。如果奖励的程度大于被奖励者与其他人贡献的差别程度，则会使其他人产生不公平感，而如果贡献大奖励小则起不了激励作用。领导者还应注意，存在着高估自己的贡献而低估别人成就的一些人，他们把本来公平的认为不公平。因此，在激励时要客观公正地宣传被奖励者的成绩，每个人都有显示自己成绩的机会，通过比较使教职工正确认识自己的和别人的贡献与报酬。

4. 目标激励技术

目标激励也是一种目标管理的方法，它把组织的任务分解成各项具体的目标，让教职工把个人目标和组织目标结合起来形成"目标链"，通过目标进行管理，使目标对教职工产生激励作用。实行目标激励有几个好处：一是能使教职工看到自己的价值和责任，一旦达到目标就会产生满足感。二是有利于上下左右的意见沟通，减少达到目标的阻力。三是能使教职工个人利益和整体目标得到统一。实行目标激励的过程可以分为以下三个阶段。第一阶段，设立目标，每个教职工要根据本部门的目标和个人的实际情况制定个人目标而形成目标链。第二阶段，鼓励教职工发挥各自的积极性去努力完成自己所制定的个人目标，进而完成总目标。第三阶段，对完成目标的情况进行测定和评价，激发人们为完成更高的目标而努力。高等教育的总目标是培养人，高等教育系统中运用目标激励技术时，目标的设定必须充分考虑教育规律，目标的形成和分解要充分吸收教职工参加，目标的评价必须有一套科学的体系，否则难以起到激励作用。

5. 榜样激励技术

人们常说榜样的力量是无穷的，榜样对较先进的人是一种挑战，它可以激发先进者继续努力，榜样对一般人也有激励作用，能鼓励一般人奋发向上，榜样对后进人物也会在心理上产生触动。有了榜样，系统内学有方向，赶有目标，时时受到激励。从某种意义上说，领导激励过程应是一个树立榜样的过程。开展榜样激励应注意榜样要来自群众，有广泛的群众基础，榜样的事迹要真实，要经得起各种检验。领导者的良好言行通过暗示和模仿心理对群众产生影响，促进单位良好风气的形成，这本身也是一种榜样激励。

6. 强化激励技术

它是指通过对个体的某种行为给予肯定和赞赏，使这种行为得以巩固和保持，对某种行为给予否定和惩罚，从而使之逐渐增强或者减弱的过程和方法。强化激励有物质和精神两种，在运用过程中一定要注意刺激的适度，刺激太弱起不到应有的作用，刺激太强会使刺激钝化，少量多刺激能有更长的作用时间，但往往程度不够，集中刺激则可能不会持久。

五、领导艺术

高等教育的领导艺术是一个内涵丰富的概念，在一个比较大的系统中，结合具体的领导过程，我们来分析领导的一般艺术。

（一）领导层的授权艺术

面对科技"经济"社会发展所导致的领导和管理的日益复杂，即使是超群的领导者或领导层也不可能再独揽一切事务和权力。精明的领导者，其职责已主要不在做事，而在成事了。授权乃是成事的分身术，反之，事必躬亲，则必然成不了大事。所谓授权，是指由上级授给下属一定的权力和责任，使下属在有效的监督之下，有相当的自主权、行动权。授权者对被授权者有指挥权、监督权，被授权者对授权者负有报告情况及完成任务之责。大胆授权对各级领导班子是十分有利的，它可以把领导者从琐碎的事务中解脱出来，专心处理重大问题；可以激发下属的工作热情，增强下属的责任心，提高效率；可以增长下属的能力、才干，有利于培养干部；可以充分发挥下属的专长，补救领导自身才能的不足。因此，它也更能发挥领导者的专长。

授权的范围很广，在人、财、物、事等管理中均有授权行为，它们各有不同特点。但不管哪种授权，都有一些共同的准则可以遵循：一是根据预期的成果规定任务和授权，或者说，为了有可能实现指定的目标而授予职权，"因事择人，视能授权"是授权最根本的原则。二是根据所要完成的任务挑选人员。授权之前，应对被授权人进行考察，力求将责任和权力授给最合适的人，如果一时不能确定，则可用"试用""助理"等方式解决。三是保持信息渠道的畅通。授权者应向被授权者明确任务目标及责权范围，并尽量帮助被授权者解决完成工作任务时所遇到的困难。四是建立适当的控制机制，当授权发生偏差时可及时收回权力。五是有效地授权和赋予职权的报酬。除了金钱报酬外，给予更大的决定权和声望通常更有激励性。六是领导者只能对直接下属授权，不能越级授权。如，校长只能把他所属的权力授给他所管辖的处长，而不能越过处长把权力授给科长，否则会引起"中层波动"。七是领导者不能将不属于自己的权力授给下属。

授权既是领导者必备的领导学知识，同时也是一种领导艺术与才能。如果授权过分，就等于领导者放弃权力；如果授权不足，领导者还是困于琐事，也就失去授权的意义。授权是一个复杂的问题，不同的人有不同的做法和经验，但也有共同的技巧可循。一是分权而不放任。从系统科学的角度出发，将复杂的整体目标分解为子系统目标，实行"分而治之"，然后再从分解到综合，乃是一个必然的"金字塔"形式。分权后，领导者还要尽力发挥其综合功能，将分散的权力构成一个整体。二是掌握有效的控制方法。授权后，领导者应当综观全局计划的进程，对可能出现的偏离目标的现象进行协调，对被授权者实行必要的监督和控制。要注意的是对被授权者所加的责任不是突然的，而是一个循序渐进的过程，权重要适度地一点一点地加上去。要讲究授权的方式方法，适当地称赞被授权者完成任务的优点，以充分激发其信心；同时，也应指出应避免的不足之处。控制是一个连续不断的过程，客观情况多变决定了其不可能一劳永逸，对下属执行过程中的偏差，应注意防范并及时纠正。

（二）领导者用人的艺术

尽管高等教育领导存在着不同于一般领导的特殊性，但以上分析为我们进一步分析高等教育领导过程中的用人艺术提供了思路。如，要大胆使用具有好奇心、进取心的青年后备人才到各级领导岗位，使他们有充分显示才华的机会。领导者要注意领导过程的民主性，以提高决策的科学性和有效性，特别是在高等教育管理中，领导者必须调动每一个教职员工的积极性才能最大限度地实现领导作用的有效性。领导者要调动下属的积极性必须身先士卒，成为下属积极性激发的一种外在动力，一个优秀的领军人物本身就是最好的榜样，是组织活力的核心。

（三）领导者运筹时间的艺术

高等教育系统的领导者每天都有大量的工作要做，"双肩挑"的领导者则更感时间之宝贵。如何合理、有效地利用时间是领导者必须解决的问题。一是最大限度地谋求可控时间。属于领导者支配的时间可以分为可控时间与不可控时间。一般而言，职务越高的人，可控时间就越少，校长比系主任的可控时间要少得多。要善于将不可控时间转化为可控时间。二是要区分重要事件和一般事件，分轻重缓急，抓关键工作。三是用最佳时间完成最重要的工作。领导者应自觉总结并熟悉自己体内的"生物钟"，用精力最旺盛的时间来处理最重要的、最困难的工作，把例行的公事放在精力稍差的时间去做，以提高时间的利用率和有效性。四是常规工作标准化。五是切忌事必躬亲。六是多开碰头会或实行工作餐制度，可以挤出大量的处理问题的时间。七是有控制工作时间的能力，对于无为的耗时进行严格的控制等。

综上所述，高等教育领导是领导者为实现高等教育目标而创建所需的各种组织机构或程序，激励高等教育系统中的个体或群体去实现系统目标的行动过程。领导问题的核心是影响力，高等教育领导是一门科学，也是一门艺术，同时，还具有许多技术性。然而，高等教育领导者"不要期望能找到任何一种解决领导问题和职权问题的完善答案，他们必须处理在一定时期内不是固定不变的种种社会心理因素的复杂关系"。领导，实际上就意味着各种易变数的可能组合。领导包含着种种技能，那是不可能按教育与训练的目的做仔细合理的分类的。很多领导人为什么很有效能或毫无效能，就是他们自己和别人都无法充分了解其中的原因。很多物理现象并不都符合物理学家的理论，同样道理，领导人看来也可能违反从理论上推导出来的某些领导问题的概念。我们要不断加强研究，揭开"领导问题之谜"，实现高等教育领导的科学性、高效性，使高等教育的管理者，特别是领军人物，在高等教育管理系统的各个层面中起到应有的作用。

第三章 大学生管理理念与方法

第一节 大学生行为管理

一、大学生行为管理概述

（一）大学生行为管理的内涵

对大学生行为的管理与引导一向被看作学校教育的重要组成部分。其原因主要有以下三方面：一是学校作为公共教育机构，一个重要的人才培养内容就是促进学生个体社会化。众多学生只有在有秩序的环境中才能正常地学习与生活。每个学生遵守公共秩序本身就是一种社会行为。二是大部分学生的自觉理性尚在形成过程中，还不能绝对理智地支配他们的行为。他们的行为往往受到欲望、情绪的驱使，还可能受到外界的诱惑与利益的驱动，从而发生越轨行为，亟须正确地加以教育引导。三是学生的正当行为若不经过反复练习，便不足以促使偶然的行为表现转化为长期的行为习惯，并由此形成稳定的道德品质。

大学生行为管理是探讨和研究大学生行为过程的规律，对大学生行为目的、行为手段和行为结果进行指导、评价、矫正和控制，使之产生正确积极的行为，养成良好的行为习惯和高尚思想品德这一过程的总和。从管理主体上划分，大学生行为管理可分为学校管理和学生自主管理。从管理内容上划分，主要包括各级相关行为管理规范的制定、教育宣传与执行，学生良好行为习惯的引导与养成、学生偏差行为的矫正等方面。从大学生行为表现上划分，主要包括学习行为管理、社会实践行为管理、交往行为管理、消费行为管理、网络行为管理等方面，本章主要从以上维度进行探讨。

（二）大学生行为管理的意义

1.大学生行为管理是新形势下实现学校人才培养目标的重要手段

大学生行为管理作为大学生管理的重要内容，对学生的基本行为具有强有力的约束和指导作用，对实现高校教育管理功能具有不可替代的意义。新时期大学生行为的管理与引导，是将管理与教育紧密结合，着眼于整体教育活动的健康有序进行和良好育人氛围的形成。因此加强学生行为管理，形成科学、人本的管理秩序，直接关系到学校教育目标的实现，直接关系到学校人才培养质量，必须将其作为高校整体教育工作中的重要环节，在实际工作中重点加强、扎实推进。

2.大学生行为管理有利于引导学生树立自觉的理性意识，是实现学生道德发展的客观需要

大学学习生活阶段是青年学生个体成长的重要阶段，也是青年大学生理性意识逐渐成熟的阶段。青年大学生在此阶段身心发展趋于成熟，但个体道德规范尚未稳固，其行为特征存在一定的盲目性和局限性，行为意识亟待引导规范。具体来说，引导学生逐步实现由"他律"向"自律"转化，需要通过管理、教育等外部规范手段来引导、帮助学生树立正确的行为规范意识。大学生行为管理正是通过不断研究学生行为的新特征、新情况、新问题，有针对性地推动管理体制和管理机制的发展，引导其树立对积极健康行为的正确认知，树立自我管理的理性意识，从而促进其自身的全面发展。

3.大学生行为管理有利于健康和谐秩序的形成，是维护高校、社会稳定的重要保障

大学生行为管理的一项重要职责在于规范学生的日常行为，教育引导学生遵守学校纪律，促进健康和谐的校园环境与社会环境的形成。对于高校来说，通过有效的学生行为管理可以进一步促进良好教育秩序的形成，确保学校各项人才培养工作得以顺畅开展。对于社会来说，大学生最终要步入社会，他们的行为意识将会影响其今后的工作甚至整个人生阶段。重视行为管理，强化正确的行为意识，可以使其逐渐树立正确的道德规范，更好地服务社会，发挥大学生社会精英的作用。与此同时，大学生作为特殊的社会群体，其意识、行为受到国家和社会的广泛关注，对整个社会群体的行为意识会有一定的导向作用。因此，加强对大学生行为的管理和引导，对于保障高校乃

至社会稳定都具有重要的意义。

二、大学生学习行为管理

（一）大学生学习行为的类型与特点

1. 大学生学习行为的基本类型

（1）按学习方式划分

第一，教师引导型：大学生在大学阶段的学习行为主要由教师的引导、传授获得。但是与中学课堂上教师的教育方式不同，集中的课堂专业学习已难以满足学生发展的全方位需求，教师除进行直接的知识传授外，更多地扮演指导者和领路人的角色，为学生的学习行为指明方向、提供资源、分享经验、答疑解惑。

第二，独立研究型：指学生通过利用网络、图书馆等学习资源独立开展学习和研究。

第三，集体研讨型：指学生可以根据兴趣、爱好、专业的不同组成学习小组，集体进行研讨学习的学习行为类型。"独学而无友，则孤陋而寡闻""三人行必有我师"，大学生在学习过程中，除了在教师指导下进行专业学习外，还经常会组建以学习为目标的各种群体，通过朋辈交流开展学习活动。

（2）按学习动机划分

学习动机是推动学生从事学习活动，并朝一个方向前进的内部动力。学习动机和学习行为相互影响：一方面，人的学习需要一定的学习动机来维持；另一方面，学习动机需要通过具体的学习行为实现。按学习动机可将大学生的学习行为分为以下几种类型：

第一，自我实现型：指大学生以实现个体的需要、兴趣、理想、信念、人生观等作为主要学习行为动机而开展的学习行为。对学习个体而言，这类学习动机属于内部动机，具有积极性、自觉性和主动性等特征。

第二，知恩图报型：指学习行为动力主要来源于对父母、师长、社会恩遇的回报。这类学习行为主要以情感为基础，学习动机一般相对稳定。

第三，谋求职业型：是主要以寻求理想的职业作为学习动力的学习行为。此类学习动机属于外部动机，往往会随着外部条件而不断发展变化。

第四，应对考试型：是主要以通过考试、取得成绩作为学习动力而激发的学习行为。

（3）按学习结果划分

第一，言语信息的学习：即学生掌握的是以言语信息传递（通过言语交往或印刷物的形式）的内容或者学生的学习结果是以言语信息表达出来的。这一类的学习通常是有组织的，学习者得到的不仅是个别的事实，而且是根据一定的教学目标给予许多有意义的知识。

第二，智慧技能的学习：这是指学习者将利用符号转化成自身能力的学习。智慧技能并不是单一形式，它是有层次性的，由简单到复杂，包括四层次：辨别、概念、规则、高级规则。言语信息的学习帮助学生解决"是什么"的问题。而智慧技能的学习要解决"怎么做"的问题，以处理外界的符号和信息，又称过程知识。

第三，认知策略的学习：认知策略是学习者用以支配他自己的注意、学习、记忆和思维的有内在组织的才能，这种才能使得学习过程的执行控制成为可能。简单地说，认知策略就是学习者用来"管理"他的学习过程的方式。这种使学习者自身能管理自己思维过程的内在的有组织的策略非常重要，是目前教育心理学研究中的热门课题。认知策略的培养也应该成为学校教育的重要任务之一。

第四，态度的学习：态度是通过学习获得的内部状态，这种状态影响着个人对某种事物、人物以及事件所采取的行动。人的行动是受态度影响的，而且态度还是人的动作的结果，因此学校的教育目标应该包括态度的培养。

第五，运动技能的学习：运动技能又称为动作技能，如，体操技能、写字技能、作图技能、操作仪器技能等。

2. 大学生学习行为的特点

与一般的学习行为相比，大学生学习行为具有以下特点：

（1）专业性与广泛性并存

由于大学教育在培养目标、教学内容、课程设置上具有明确的专业划分，大学生的学习活动一般都围绕某一类专门性学科、依据专业的培养目标展开，其学习行为带有鲜明的专业性特征。另外，在大学课程体系中还包含外语、计算机等共同基础知识，伴随大学生学习活动的空间逐渐从课内向课外拓展，从现实向网络拓展，大学生除专业学习，还经常根据自身兴趣爱好广泛涉猎、自主学习各种理论知识和技能。因此又呈现广泛性特征。

（2）自主性与依赖性并存

当前在高等教育学分制和弹性学制的背景下，大学生的学习行为具有鲜明的自主性特征。他们可以在完成规定课程学习的基础上自由选课，有较多的业余时间对学习目标和内容进行规划设计，有目的地开展学习活动。但是，大学生由于受到自身素质、知识结构、学习能力等方面的限制，一定程度上还需要在教师的指导下进行学习活动，其学习行为还存在一定依赖性。

（3）阶段性与整体性并存

从现实来看，大学生在大学学习的不同阶段，其学习目标和学习重点也往往各不相同。如，本科生在大一年级时学习处于过渡期，还处于中学和大学之间的转型阶段，其学习行为多侧重对专业基础知识和公共基础知识的学习。进入大二年级，学生已经开始侧重进行各种专业理论和基本技能学习，这一阶段的学习行为往往呈现出一定的稳定性。到了大三年级，大学生的学习目标日益明晰，学习内容逐渐向纵深发展。围绕各自目标，学生的学习行为差别趋于明显。进入大四年级，学生开始面对择业问题并即将走向社会，学习行为更具有实用化、实践化的倾向，如，进行专业实习、毕业设计、参加就业技能培训等。在大学生学习行为呈现阶段性特征的同时，整体来看，大学生的择业成才的学习目标相对确定、所学专业的学习内容相对稳定，学习行为始终围绕自身的学习目标和学习内容这一核心开展，也呈现出整体性特征。

（二）大学生学习行为的管理与引导

1. 明确学习目标，激发学生深层学习动机

学习动机与学习目标是紧密联系的，任何学习动机都是出于学习目标的需要。对于大学生的学习行为管理引导，首要的任务就是帮助学生树立科学的学习目标、强化学习行为的目标意识，进而形成科学的学习动机。具体来说，一是要引导学生充分理解个人需要与社会发展之间的关系。能够将个人需要与社会发展相结合，树立科学的学习成长目标。具体工作中要通过外在正面激励强化、职业发展辅导等方式，帮助学生认识到只有树立起明确的学习目标，才能在大学期间获得充分的发展。二是要充分激发学生的深层次学习动机。在当前大学生就业形势比较严峻的背景下，学生学习动机实用化、功利化是有其合理性的，但是学习行为的过分功利化，会逐渐导致学生失去

学习的愿望和兴趣，甚至阻碍学生的发展成才。开展学习行为管理，要从每个学生个体的自身特质和兴趣爱好出发，通过唤醒学生的内在学习兴趣、激发求知欲，引导学生正确认识学业发展、树立积极的学习期望，从而挖掘学生的最大潜力，形成长期的学习动力。

2. 强化自主学习管理模式，提升学生自主学习能力

授人以鱼，莫若授人以渔。大学阶段的学习，传授知识固然重要，但更为关键的是培养学生自主学习的能力，为其未来走上社会、终身学习奠定基础。一方面，要有针对性地客观分析学生内在素质，进而针对学生个性特点和发展需求，制定合理的阶段性学习规划，对学生自主学习进行方法指导，如，建立自主学习规范、制定大学四年学习规划、完善自主学习制度等。另一方面，可以探索自主学习与小组学习相结合的方式，改变学生在学习上习惯一个人单独学习多，而小组合作学习少的状况，组织学生进行合作学习，充分发挥朋辈集体智慧，促进自身学习能力的提升。此外，还要为学生自主学习提供充足的资源和良好的环境，不断丰富完善图书馆、网络教学等公共学习资源，积极为学生创造自主学习实践机会，让学生在实践探索中不断强化自主学习意识、提升自主学习能力。

3. 建立科学长效的学习奖惩机制，营造良好的学习氛围

学习奖惩机制是国家和学校人才培养方向的具体体现，对学生学习行为有着直接的导向作用，是确保学生学习行为健康发展的重要制度保障。一方面，以促进学生全面发展为指向，本着正面激励为主的原则，构建科学长效的学习奖励机制。对综合素质较高、专业学习优异、专长突出的同学给予充分的物质奖励和精神奖励，充分激发学生的内在学习动力和学习的积极主动性，为学生学习行为提供明确的发展导向。另一方面，学校要切实加强高校学生学习行为的纪律规范，保障学校正常的教育教学管理秩序，加强校风学风建设，对于违反学校相关管理规定的学生，要严格公正地纠正其不当的学习行为，要本着教育为本、严格规范的原则进行管理，建立警示、预防、处理等相关机制，严肃校风校纪，为学生提供公平、公正的学习环境，营造诚信、踏实的求学风气。

三、大学生社会实践行为管理

（一）大学生社会实践行为的类型与特点

1. 大学生社会实践行为的类型

（1）按实践范围划分

大学生社会实践行为的范围与空间十分广泛，按照大学生开展社会实践活动的范围进行划分，主要包括校内社会实践行为和校外社会实践行为。校内社会实践行为包括校内勤工助学、毕业设计、军事训练等；校外社会实践行为包括校外教学实践、校外专业实习、假期工作实践、社会调查、咨询服务、支农支教、社区服务等。

（2）按实践内容划分

第一，学习研究型：主要是指大学生在专业教师的指导下，针对某一专业问题或社会热点问题，深入社会进行调查研究。参与此类实践活动可以培养大学生发现问题、解决问题的意识和能力，形成调研报告、发表科研成果的过程中还可以锻炼学生的学术科研能力。学习研究型还可包括由学校根据学生专业需求，统一组织学生参与到相关企事业单位进行专业实习锻炼。

第二，志愿服务型：主要指学校、学生社团或学生个体为满足社会需要而开展的公益性志愿服务活动，如，绿化城市、美化校园、科技扶贫、义务演出、义务宣讲等。此类社会实践行为既可以帮助学生走进社会，了解社会，还能够培养学生无私奉献的精神及高度的社会责任感。

第三，参观教育型：这种社会实践行为主要指学校或学生自发组织走进社会，到工厂、企业、中小学校、历史圣地、文化古迹等进行参观考察，学生通过直接的感官体验，了解国情，升华思想，从中得到教育和启迪。

第四，有偿劳动型：指大学生以获得经济报酬为主要目的而进行的社会实践活动。既包括由学校为学生提供的勤工助学岗位，如图书管理、助研管理等，也包括学生个体或集体自发组织参与的相关行为，如从事家教、推销产品、利用寒暑假时间到企事业单位打工锻炼等。此类社会实践行为有助于培养学生勤劳肯干的作风和艰苦奋斗的精神，提升就业能力。

2. 大学生社会实践行为的特点

大学生社会实践行为呈现的特点主要包括以下几方面：

（1）体验性

实践体验是大学生学习知识、掌握本领的一个重要途径。大学生的理论学习往往通过课堂内学习得以实现，社会实践则更强调从感性上获得对社会各方面的认知、理解、体验和感悟。通过社会实践，学生可以将自身原有的知识经验与亲身接触的社会实际进行印证和比较，将抽象的理论知识与具体的实际问题联系起来并相互转化。

（2）专业性

大学生社会实践是高校教育教学不可或缺的重要环节，往往体现出所学专业理论知识与社会实践行为紧密结合的鲜明特征。主要体现在两方面：一是大学生社会实践行为的目的是通过实践检验、反思所学的专业理论知识，最终运用所学专业知识服务社会，实现自身价值。二是大学生社会实践行为的内容和方式具有专业性。大学生具有突出的专业知识和专业技能优势，能够更好地服务于社会各项事业的发展。如，暑期"三下乡"活动，就是以法律、教育等学科的专业知识为活动内容而开展的实践，其形式和效果得到社会的广泛认同。

（3）阶段性

大学生社会实践行为的阶段性特点主要表现在两方面：一是就大学生社会实践行为本身而言，是大学生社会化过程中的一个重要阶段。大学生处于人生中的成长成熟阶段，其社会化的任务是为进入社会、承担社会责任做好全面的准备，这一阶段的实践成果主要通过学习获得。二是实践内容的阶段性。主要表现为社会实践形式随着年级的增长而变化，如，低年级学生的实践行为主要集中在校园内及其周边，以活跃课余文化生活，培养兴趣爱好、提升能力为主要目的。高年级学生的实践行为会更注重深入社会，通过调查研究、教育实习等方式把专业知识与社会实际联系起来。同时，除贯穿整个大学过程的学习研究实践外，各种实践行为都具有学生参与时间上的阶段性。

（二）大学生社会实践行为的管理与引导

1.完善运行机制，充分调动大学生参与社会实践的积极性

一是要把社会实践作为学校教育教学活动的重要环节纳入整个教学体系，将社会实践作为人才培养过程中的重要环节。引入学分制，督促学生在

完成实践活动后上报成果，对成绩合格者给予相应学分。二是建立健全保障和激励机制。如，设立专项基金，用于解决学生外出交通、住宿、参观等费用。对在社会实践活动中表现优异的学生给予一定的物质与精神奖励，还可将社会实践作为参与评奖评优、保送研究生、推荐就业单位的考核依据等。三是建立考核评价机制。进一步健全社会实践活动的考评体系，设立科学的考核标准和考核办法，全方位、多角度、全程式对学生实践活动给予评价。对实践行为做出客观反馈的同时，促使学生深入反思实践中的经验与不足。四是努力实现社会实践运行的基地化、项目化及社会化。具体来说，可以加强与社会单位的联系，有计划地建立一批稳定的社会实践基地，以招标的形式确立实践项目，确保实践活动的实效性。

2. 强化专业指导，确保学生社会实践活动的科学开展

学校应结合实际，建立和完善校院（系）两级学生社会实践活动指导体系。在学校层面，要设置专门的由学校分管领导在内、有关部门负责同志组成的大学生社会实践领导小组，加强高校社会实践的对内组织指导和对外联络沟通，建立科学规范的管理制度，保证社会实践有步骤、有计划地进行。在各院系层面，应发挥院系的专业优势、整合社会资源，选拔一支优秀的指导教师队伍，为学生社会实践活动提供专业指导，确保社会实践取得良好的效果。此外，高校还要加强对学生社会实践活动的理论研究，探索大学生实践行为的科学发展体系。

3. 加强示范宣传，进一步扩大社会实践活动效果的影响力

在实践行为进行的全过程中开展示范宣传教育，对扩大社会实践活动及其效果的影响力，实现宣传、鼓励和教育的目的有着重要作用。高校可以利用多种方式，强化社会实践参与者与其他学生的交流互动，增强示范引导作用。一方面，选拔和培育示范性的社会实践团队和个人，提供更广阔的展示平台和发展空间。高校教育管理工作者要从学校层面支持大学生的社会实践行为，提供更大的展示平台和发展空间。一是要充分发掘，开展评选活动，选拔出对大学生全面发展有积极作用和广泛影响的社会实践活动，给予适当奖励和宣传。二是要加强培育，根据学生个性特质和兴趣方向组织开展社会实践活动，有意识地培育优秀的社会实践团体和个人。另一方面，多渠道宣传，提升社会实践影响力。通过网络、报纸、广播等多种形式宣传优秀社会

实践活动的社会效益，以及在实践过程中的典型人物、事件、成果等，鼓励更多的大学生自主参与到社会实践活动中，在服务社会的过程中提升素质，全面成长成才。

四、大学生交往行为管理

交往既是社会群体对于个体的必然要求，也是个体具有的社会群体属性的内在需要。在当今社会，交往能力日益成为一个人基本能力与综合素质的重要体现。因此，新时期加强大学生交往行为管理和引导，对于大学生正确进行人际交往，促进其自身全面发展具有重要意义。

（一）大学生交往行为的类型与特点

1.大学生交往行为的基本类型

（1）按照交往的范围划分

一是个体与个体之间的交往行为，即大学生作为独立个体，根据自身需求有目的的进行交往活动，此类交往活动过程中的交往双方能够建立起对于彼此的信任感和依赖感，是大学生人际交往中最常见的类型。二是个体与群体之间的交往行为，是指一个人和有共同目标的群体之间的交往。具体来说，是大学生根据自己的兴趣、爱好、特长等寻找适合并接纳自己群体的一种行为。在个体与群体的交往过程中，大学生期望在群体中找到认同感和归属感。三是群体与群体之间的交往行为，指两个或两个以上群体之间为了实现某种目的而进行的交往活动。如，班级与班级之间，寝室与寝室之间等以群体形式展开的交往活动。

（2）按照交往的对象划分

一是差异性主体交往行为，主要包括师生交往、学生与家人交往以及学生与其他相关社会人员交往。在高校，师生交往是差异性交往的一种主要形式。差异性主体交往要求以交往共同体中的每一方都必须保持人格上的独立与平等为基本前提，同为交往过程的主体相互影响、相互作用、相互渗透。这种相互作用因为交融了两种"主观性"，因此最复杂、最生动。二是相似性主体交往行为，主要指生生交往，即学生之间通过对话和活动而达成一致的交往活动。

（3）按照交往的内容划分

主要包括学习交往、工作交往和情感交往等。学习交往是指交往双方以学习为目的而进行的人际交往行为。它一方面包括学生之间通过课堂上的相互讨论以及课外学习中的互相帮助、相互鼓励等为表现的交往活动；另一方面也包括师生之间的教学交往行为。工作交往主要是指在班级社团等学生组织开展的学生工作中形成的大学生交往行为，如，参加学生会竞选、举办校园文化活动等。情感交往是指以情感交流为主的大学生人际交往行为，主要包括与家庭成员间的亲情式交往、与朋友间的友情交往和与异性之间的爱情式交往。

（4）按照交往方式划分

主要包括口头交往、书面交往和网络交往三种。口头交往，指以语言交流为主要手段的交往方式。既包括面对面的语言交流，也包括通过电话等形式进行的语言交流。这种交往方式简捷、方便、准确，能够实现交往双方思想充分快速地交流沟通。书面交往，即以文字作为交往的主要手段，通过书信、文章等传统交往形式进行思想交流。网络交往，主要指大学生通过互联网、手机短信等新媒体技术开展的人际交往行为。网络交往具有跨地域性、便捷性、虚拟性等特征，日益成为大学生开展人际交往的重要载体。

2. 大学生交往行为的主要特点

从人际关系的发展变化来看，大学生交往范围逐渐向社会群体交往转变，从大学生交往对象、交往形式和交往动机等方面看，呈现出以下特点：

（1）从交往对象上看，大学生交往范围不断扩大

由于当前大学生学习、生活方式的变化，大学生的交往对象由师生交往、亲人交往、同学交往逐渐扩大，开始跨年级、跨学院交往，部分大学生的交往活动甚至走出校园，出现广泛的社会交往活动。在这一过程中，主要有以下两方面的特点：一是大学生在交往过程中，往往会根据各自不同的交往程度和兴趣爱好，结成或松散或紧密的交往圈，并且以寝室为核心向班级、学院、学校逐渐扩展，逐渐形成开放的人际交往网络。二是其交往对象随年级增长而呈现阶段性变化。低年级学生以同学间交往为主，但随着年级增长，高年级学生因为受到考研、就业等不同的现实选择影响，出现了明显分流现象，同学间交往呈下降趋势，与父母、亲友、校外人员的交往成为大学生交往活动的主要方面。

（2）从交往形式上看，大学生的现实交往向虚拟交往延伸

新时期，伴随网络技术的快速发展，越来越多的大学生已经表现出依赖网络虚拟的交往来寻求内心满足的发展趋势，大学生的虚拟交往范围逐步扩大，成为现实交往的重要延伸。随着 E-mail（电子邮件）、ICQ（网络寻呼）、TRC（网上聊天室）、BBS（电子公告板）、博客、播客、虚拟社区的发展，学生的交往范围也在逐渐向更为广阔的空间拓展。大学生喜欢网络交往主要是因为网络中的虚拟空间会给他们相对宽松的环境，网络社交帮助学生缓解现实生活的压力、满足好奇心，寻求一种角色转换。与此同时，网络交往通过文字、图像、视频等方式来交流信息、表达情感，其交往方式往往更容易被大学生所接受。

（3）从交往动机上看，大学生交往行为中精神追求和现实需要并重

整体来看，大学生学习发展目标大体相似，大多数学生的交往主要建立在情感需求基础上，但由于近年受到社会多元化思潮的影响，大学生的交往动机也逐渐呈现精神追求与现实需要并重的基本特征。在当前大学生交往活动中，最为主要的交往动机表现为"欣赏他人个性""发展共同爱好""共同学习生活"等方面，从年级差异上看，低年级学生由于尚未形成很好的人际网络，加之相对陌生的生活环境带来的孤独感，促使他们在交往中除了以共同的精神追求为交往基础之外，更侧重"结伴学习生活"这一现实需求。高年级学生已经逐步适应了大学的学习生活方式，独立、自主意识增强，对于人际交往的精神需求加强，他们更注重共同的价值观念和人生理想。但同时，伴随就业、考研等现实性问题，高年级部分学生愈加注重人际关系对自我未来发展的实用性，在注重共同的兴趣基础上，部分大学生的交往动机也明显呈现出实用性倾向。

（二）大学生交往行为的管理与引导

1. 积极引导大学生树立正确的交往观念

当代大学生的交往活动逐渐走出校园、走向社会，交往环境日趋复杂。由于大学生生理、心理处于逐渐成熟阶段，人生阅历和人际交往经验不足，往往因为缺乏科学的交往观念，而造成人际关系紧张。因此在大学生交往行为的管理引导过程中，首先应该帮助大学生确立基本的交往原则、交往规范，帮助其形成正确的交往观念，引导大学生在交往活动中，明确平等尊重、团

结互助、诚实守信等基本行为规范，遵循《高等学校学生行为准则》的基本要求，树立符合社会主义核心价值体系的科学交往观。

具体来说，要从以下几方面开展教育引导。一是将弘扬优良传统与弘扬时代精神相结合，在大学生当中广泛宣传社会主义荣辱观、《公民道德实施纲要》中人际交往的基本规范，树立文明交往典范，鼓励大学生通过民主讨论、辩论演讲等方式，在体验过程中受到熏陶，促进大学生认同接受正确的交往观念。二是从日常生活中入手，坚持将日常行为规范渗透到大学生学习、生活的各个环节，在寝室、班级形成互帮互助、团结友爱、积极向上的交往环境，从而引导大学生共同构建和谐向上的人际交往环境。三是通过典型案例，帮助大学生了解错误交往观带来的危害，有力批评见利忘义、损人利己等背离社会主义核心价值体系的错误言行和丑恶现象，帮助大学生明辨是非，引导他们积极抵制错误的交往观念和交往行为。

2. 积极开展交往训练，在交往实践中有效提升大学生的交往能力

大学生交往训练，就是以提高大学生交往能力为宗旨、促进大学生社会化为目的的一种教育形式。作为教育管理者必须帮助学生树立正确的交往目的，选择正确的交往对象、鼓励学生参加各种交往活动，提高他们人际交往的信心。要强化交往实践训练，引导大学生塑造出个性化的交往技巧，在表达能力、认知能力和控制能力等方面不断加强锻炼，从而提高其对于人际关系的感受、适应、协调和处理能力。一般来说，交往实践的训练可以通过两方面进行：一方面可以通过积极组织丰富多彩的校园文化活动，加强同学之间的交流和沟通，通过丰富多样的学生群团组织让学生体会不同的社会角色，使学生能够有意识地进行交往，引导学生尽可能地扩大自己的交往接触面，有意识地、主动参与交往活动，主动与他人建立社交关系，从而在具体的交往环境中，学习基本的礼仪知识、交往策略，不断在体验中获得交往经验。另一方面可以着力强化班集体、宿舍、社团等学生交往载体建设，营造良好的群体交往环境，通过群体的健康氛围来影响个体学生的交往心理，进而通过群体的整体带动为其创造交往机会，提升其人际交往能力。

3. 建立大学生交往冲突的预防和处理机制

大学生人际交往行为中，预防和处理交往冲突是做好交往教育引导工作的重要一环。由于大学生的人际交往活动具有隐蔽性和不可预测性等特

征，实际工作中必须建立有效的交往冲突预防和解决机制，才能有效保障大学生交往行为的正常进行。

第一，要积极建立预防机制，对于学生人际交往冲突进行针对性预防与引导。首先，应广泛关注大学生的日常思想动态，及时发现存在人际交往困难的学生，对于大学生中容易出现的交往问题进行早期预测预警，通过发现和识别潜在的或现实的不稳定因素，有针对性地采取防范措施。如，针对大学生人际交往及时开展教育引导和案例教育，帮助学生正确认识交往冲突，了解正确处理冲突的方式方法。其次，应充分拓展师生交往渠道，充分发挥辅导员、学生干部、学生党员的力量，建立起网状的学生观测点，对于具有人际交往问题的学生多给予关注，及时进行心理疏导，将日常交往中容易出现的矛盾冲突化解在萌芽状态。

第二，交往冲突发生后，要妥善化解和处理学生的交往矛盾。针对学生的交往冲突，教育管理者应保持理性，迅速找出双方形成交往冲突的内在原因，帮助学生疏导交往中的压力和问题，进而做好交往引导，提供疏导交往冲突的渠道。常见的办法主要包括以下方面：一是当冲突微不足道或双方需要时间恢复情绪时，应针对冲突双方采取冷处理，缓解双方情绪，克制冲突升级；二是针对冲突升级，并造成人身伤害或财产损失时，应依据相关学校管理规定，视情节给予警告、记过直至开除学籍处分，对于造成严重后果的，可报送司法部门依法进行处理。此外，教育管理工作者应及时准确上报冲突双方信息，通过学校相关主管部门采取适当的方式进行教育引导。

大学生管理工作是面对不同地域、不同环境、不同时间的学生展开的，以上所介绍的主要是引导和管理大学生交往活动中一般性的方式方法。作为教育管理工作者在处理学生交往行为的实际工作中，应根据具体情况做出灵活调整，做到因人而异，因时而异，创造性地预防和处理学生交往问题。

第二节 大学生群体组织管理

一、大学生群体组织管理概述

（一）大学生群体组织的内涵

大学生群体组织的产生是大学生内在心理需要和教育目标、教育规律相互作用的结果。大学生内在心理需要主要体现在情感交往的需求、获得认同感的需求和实现自我发展的需求三方面。一是情感交往的需求。大学期间学生的交往需求比较迫切，渴望与他人交流，希望得到同龄人的关注以摆脱初入学时的孤独感，希望通过突破原有的个人生活、学习圈子，扩大视野，丰富自己的生活，因此大部分大学生对于参加集体活动非常积极，这也是大学生群体组织形成的一个重要原因。二是获取认同感的需求。大学生希望能在学习、生活和交往等方面显示自己的才能，发挥自己的作用，得到社会和他人的认可。学生组织通过开展各种比赛、表彰活动等，为学生提供认识并实现自身价值的机会，从而满足学生获取认同感的需要。三是学生自我发展的需求。伴随着社会进程的加快，社会竞争越来越激烈，大学生从入学开始就意识到未来考研、就业的压力，这种危机意识使其自我提高的要求增强。学生组织开展各类培训、竞赛的目的都是为了培养大学生的能力和素质。学生通过参与活动可以锻炼能力、提高素质，实现自我发展。

大学生群体组织有多种分类方式。根据大学生群体组织的组织机构完整性和紧密性，可将大学生群体组织分为正式群体组织和非正式群体组织；根据大学生群体组织存在真实与否，可以把大学生群体组织分为假设群体组织和实际群体组织；根据大学生群体组织的目标和性质，可以把大学生群体组织分为政治型群体组织、学习型群体组织和兴趣爱好型群体组织等。本书中，我们选取正式群体组织、流动群体组织、虚拟群体组织和生活群体组织等四类特定的学生群体组织进行深入探讨。

（二）大学生群体组织的特点

1. 相似性

大学生群体组织一般都是由年龄相仿的学生人群组成，他们在成长环境、思想、心理和目标上都有一定的相似性。首先，大学生群体组织成员接受的教育程度相当，这就决定了他们相同或相似的认知水平和思维方式。其次，大学生群体组织成员处于同一个年龄段，思想、心理特点较为相似，在一些基本问题的认识上存在着相似性。再次，大学生群体组织中的大多数成员有着相近的理想和目标，追求个人专业知识的丰富和综合能力的提高，追求良好的工作和学习、深造机会。最后，大学生群体组织之间虽有不同的组织形式和特定的组织目标，但在最根本的发展方向和成长目标上是相似的。

2. 年轻化

同其他社会组织相比，大学生群体组织的成员大多处于青年期，精力充沛，思维活跃，加上大学生自身逻辑思维、抽象思维能力逐渐提高，个人价值追求和个人能力提升的目的明确，在学习、生活等方面会表现得较为积极和活跃。但与此同时，年轻化也带来了发展过程中的不确定性。大学生正处于世界观、人生观、价值观确立的关键时期，受到社会多元价值观念和社会多种复杂问题的影响，会表现出价值判断和情绪的不稳定性。加上大学生群体组织成员的流动性强，新成员带来新的思想观念和活力，影响和冲击着组织原有的行为体系，因此大学生群体组织又具有不确定性。

3. 互动性

互动是指个人与个人、个人与群体、群体与群体之间通过信息传播而发生的相互依赖的社会交往活动，是指各种因素之间相互影响、相互促进、互为因果的作用和关系。大学生群体组织的一个重要特征就是互动交往。大学生组织成员的互动交往与其他社会组织的互动交往相比，既有相同点，也有不同点。相同点在于如果大学生组织成员之间不发生任何形式的互动，就不能产生关系，也就不可能形成组织；不同点在于大学生群体的交往互动具有全面性、深刻性等特征。大学生处于相对自由的环境中，社会关系比较简单、清晰，他们在学习、实践的过程中逐渐主动地走到一起，交流、讨论，形成互动。大学生之间的接触和交往程度、交流内容涵盖大学生生活的各方面，比如，学习探讨、思想沟通、娱乐休闲、工作交流、生活互助等。与社会其他组织相比，大学生群体组织的互动是更全面的互动。同时，大学生是大学校园活动的主体，是各类学生组织的组织者、管理者和参与者，在参与组织活动和管理团队的过程中，要求大学生彼此信任、详细分工、密切合作，因此交往和互动更为深刻。

4. 文化性

高校的文化建设在社会文化的发展中具有重要的引领作用。在这种背景下形成的大学生组织，其文化特征应是高品位、高知识含量的。大学生组织成员是由高学历成员组成的，他们学习科学知识，掌握科学技术，这从知识层次上体现了大学生组织的高品位文化特征。同时，伴随高校素质教育的推行以及大学生自我价值的实现需求，大学生提高自我素质的自觉性和主动性不断加强，聚合成高素质水平的大学生组织，这也体现了大学生组织的文化特征。

（三）大学生群体组织的管理

大学生群体组织管理是指高等学校的领导及管理人员，为实现高等学校学生群体组织的培养及管理目标，按照国家的教育方针和各项政策法令，科学地、有计划地组织、指挥、协调群体组织内部的各种因素，包括人、物、时间、信息等，并对其进行预测、计划、反馈、监督。

二、大学生正式群体管理

（一）大学生正式群体的内涵及特点

1. 大学生正式群体的内涵

大学生正式群体是大学校园内相对稳定的学生群体组织形式，主要包括学生党组织、学生团组织、班集体、学生会等群体。

学生党组织设立党总支、党支部、党小组等，高校学生党组织是党在高校的基层组织的重要组成部分，是党在高校保持战斗力的重要基础。中共中央国务院《关于进一步加强和改进大学生思想政治教育的意见》中提出"要发挥党的政治优势和组织优势，做好大学生思想政治教育工作"，明确指出了党组织在大学生思想政治教育工作中的重要地位和作用。

学生团组织在学校党委领导下开展工作，主要有团委、分团委、团总支、学生团支部等，学生团组织是联系青年学生的重要纽带和桥梁，是党的助手和后备军，是团员青年学生的忠实代表。团组织的性质决定了其在全面推进大学生素质教育、培养合格人才工作中肩负着责无旁贷的历史责任。

班集体作为学校教育教学的基本单位，是学生共同成长的重要组织，它以健全的组织形式对成员发挥着管理功能。班集体有明确的规章制度、有健全的管理机构，学生在现实生活中的许多问题都是通过班级来解决。班集体作为高校在校学生的基本组成形式，还发挥着教育功能，其凝聚力是一股无形的、强大的力量，对班集体成员起着激励和约束的教育作用。良好的班风对每一位学生的价值观念、行为规范、学习风气等方面都有着潜移默化的引导作用。

高校的学生会组织是在学校党委的领导和学校团委指导下的学生群众性组织，是全校学生利益的代表。学生会是联系和沟通学生与学校党政部门的重要桥梁和纽带，以营造良好的学术氛围、增强校园文化底蕴为工作重点，进行自我教育、自我管理和自我服务。同时，学生会还是学校有效开展校务管理，实现学校育人目标的重要依靠力量。根据《中华全国学生联合会章程》要求，高校学生会要"遵循和贯彻党的教育方针，组织同学开展学习、科技、文体、社会实践、志愿服务等多种活动，促进同学全面发展；维护校规校纪，倡导良好的校风、学风，促进同学之间、同学与教职员工之间的团结，协助学校建设良好的教学秩序和学习、生活环境；组织同学开展勤工助学、校园公益劳动等自我服务活动，协助学校解决同学在学习和生活中遇到的实际问题；沟通学校党政与广大同学的联系，通过学校各种正常渠道，反映同学的建议、意见和要求，参与涉及学生的学校事务的民主管理，维护同学的正当权益"。可见，学生会是大学生正式群体的重要组成部分。

2. 大学生正式群体的特点

大学生正式群体具有健全的组织机构，完备的组织制度，具有很强的凝聚力。正式群体是思想政治教育的重要载体和依靠力量，是沟通学校和学生的桥梁和纽带。大学生正式群体表现为以下几方面的特点：

（1）具有较强的方向性

大学生正式群体是为了完成某一特定功能而建立起来，具有较强的方向性和目标性：例如，学生党团组织是上级党团组织为了实现对于基层党员、团员进行有效管理而建立的组织，它具有很强的政治色彩，承担了传播主流价值观以及党的路线、方针、政策，有效贯彻党的政治主张、基本路线和基本纲领等政治任务，班级是为了完成大学学习功能而形成的群体，其基本功能是接受教育或学习。学生会是为了促进学生自我教育、自我管理、自我服务而统一建立的自治组织。因此，相对于其他群体来讲，正式群体的目标更加明确，方向性更强。

（2）具有较强的规范性

大学生正式群体基本属于"科层制"管理模式，即组织有极其严格的规章制度和等级制度，下级服从上级是基本的组织纪律，具有较强的规范性。学生党团组织要遵循党章团章以及学校基层党组织的相关规定和要求，在学校党委及其职能部门、校团委和院系党团组织的领导和指导下开展工作。班集体作为高校管理的基本单位，有健全的管理制度，规范着班级管理的各个基本环节和学生的基本行为规范。学生会具有一定的自治性，但直接接受党团组织的指导，具有严格的章程、科学的机构设置、明确的工作要求和严格的考核制度。较强的规范性确保了正式群体及时、有效地贯彻落实党的方针政策和学校的制度规范、发展要求。

（3）具有较强的凝聚力

从行为科学角度看，凝聚力是指群体对成员的吸引力和成员之间的相互吸引力，既包括群体对其成员的吸引力，又包括成员对群体的向心力。大学生正式群体和群体成员之间也有着很深的感情和很强的凝聚力。它的凝聚力体现在党员、团员和普通学生对党团组织的忠诚和拥护。班集体主要通过良好的班风和班级文化来凝聚人，其凝聚力体现在学生能够形成很强的集体主义观念。学生会主要通过和谐健康、积极向上的文化氛围和学生自我管理的有效实现凝聚人，其凝聚力体现在学生对学生会组织活动的认可与参与。

（4）具有较强的先进性

与其他组织不同，正式群体在选拔、考核、晋升学生干部时都把学习成绩、工作能力，以及生活、学习作风作为一个必要条件，学生干部的选拔、培养是一种先进模式。这使得正式群体成为优秀学生会聚的组织团体。

（二）大学生正式群体的管理与引导

大学生正式群体是学校教育管理的基本单位，是学生思想政治教育的主要载体，对于正式群体的管理和引导要符合其自身特点，突出其思想政治教育功能，创新其教育管理手段。

1.以思想建设为核心，加强正式群体的先进性建设

加强正式群体的思想建设，主要是在正式群体中普及以社会主义核心价值体系为主要内容的理论思想，加强正式群体对重要时政内容的深入了解，加深对世界局势和国情社情的认识，提升成员的政治理论素养。加强正式群体思想建设的具体实施方法可包括以下几点：一是通过理论学习增强正式群体的先进性。党团组织要定期开展政治理论学习，班级要通过班会等形式定期宣传党和国家的重大时事和政策，学生会组织要通过定期组织讲座、培训增强学生会干部的政治敏感度和政治鉴别力；二是通过制度建设保障正式群体的先进性。在加强正式群体思想建设的过程中，高校的教育管理工作者要强化全程监督和效果反馈，以保证思想建设目标的实现。要建立健全管

理制度，如，班级管理制度、学生会管理制度、财务管理制度、物品管理制度等，规范正式群体学生的基本行为规范和管理的各个基本环节。要建立健全制度运行机制，将正式群体的发展纳入学校教育管理的环节之中。建立健全正式群体的竞争和激励机制，如，优秀学生干部评比、优秀党员、团员评比等。建立健全正式群体的考核和评价机制，如，学生干部量化考核机制、学生干部职务晋升机制等，通过积极推进正式群体的制度建设，提升管理效率，促进正式群体的健康发展。

2. 以学生自我教育为重点，充分发挥正式群体的朋辈效应

"朋辈效应"是指具有相同背景，或是由于某种原因使具有共同语言的人在一起分享信息、观念或行为技能，以实现教育目标的教育方法。朋辈之间鸿沟小，防御性低，共通性大，互助性高，具有先天的优势。由于正式群体中的核心成员大都是学生中的优秀分子，这为朋辈教育活动的开展奠定了坚实的基础。一是重视正式群体中学生骨干人才的培养，强化典型示范作用。学生骨干在正式群体的管理中扮演着重要角色。他们处于大学生管理教育的第一线，是开展各种学生活动的策划者、组织者、实施者和参与者。学生骨干一般具有良好的群众基础，发挥着先锋模范作用，能够通过自身感染同学。高校教育管理工作者要善于发挥骨干群体的示范作用，积极创造普通同学与他们交流的机会。如，组织先进事迹报告会、学习经验交流会、表彰大会等活动。以骨干学生的先进思想和典型事迹引导学生反思，把社会对人才的要求转化为受教育者的自我要求，从而实现学生的自我教育。二是依托互助小组等组织形式，搭建朋辈间交流互助平台。大学生处于同一个年龄段，彼此之间有更多共同语言，容易实现良好的沟通和互动。通过在班集体中设立学生心灵使者、贷款联络员等形式，搭建朋辈间相互影响、彼此帮扶的桥梁，并以此为依托提升群体成员自我认识、自我监督和自我评价的能力。

3. 以活动创新为导向，增强正式群体的生机活力

保持大学生正式群体的生机与活力是其持续发展的前提。开展形式多样、内容丰富的创新性活动能够在激发学生学习和生活热情的同时，增强正式群体的生机与活力。一是创新组织管理模式。注重激发学生的主体意识，培养学生的综合素质能力，引导学生改变以往依赖指导教师组织开展活动的方式，鼓励学生根据专业特征和兴趣，自主选择、创新活动内容和活动形式。

将传统"自上而下"的强行推进，变为"自下而上"共同推进，充分发挥学生的积极性和创造力。二是创新活动内容。开展活动是正式群体的主要行为方式之一，活动内容的创新，有助于改善活动质量，实现活动目标。在开展活动的过程中，既传承经典又紧扣时代主题，选择新形势下的新内容是活动内容创新的重要方向。三是创新活动形式。高校教育管理者要始终坚持理论联系实际的原则，有意识地引导学生改变以往较为枯燥的带有强制性、约束性等特征的活动形式，通过加强学习、广泛调研等方式积极探索、借鉴新型的活动组织形式，增强活动的新颖性，增加对学生的吸引力和感染力。例如，开展学生党支部"社会主义荣辱观"知识竞赛、红歌会等。也要善于组织实践活动，引导学生在实践中长才干，进而带动正式群体的不断成熟和发展。

三、大学生生活群体管理

（一）大学生生活群体的内涵及特点

1. 大学生生活群体的内涵

大学生生活群体，是以生活区域和范围划分的学生群体。生活群体是大学生入学时，根据院系、专业、年级、班级等条件自动生成的，可以按生活园区、公寓楼、楼层、寝室等划分。其中，寝室是生活群体的基本组织形式。目前高校学生大约有一半的时间是在寝室中度过的，有些班级、组织甚至将日常管理教育和娱乐活动也搬到寝室中来开展。学生寝室中的管理教育功能对学生确立正确的人生观、树立远大的理想具有十分重要的作用。

寝室是大学生日常生活和学习的主要场所，也是课堂之外进行学生管理的重要阵地，是学生集生活、休息、学习、能力培养、思想交流和信息沟通等功能为一体的综合性场所。可以说，寝室是大学生的"第一社会、第二家庭、第三课堂"。在寝室，大学生不受外界的约束，思想行为受本真意识的支配，天然情感和真实思想得以充分展示。今天大学生寝室的功能也已经从早期单纯提供住宿服务拓展到更多功能，比如，培养学生良好的生活习惯、养成优秀的思想品质、提高与人交往的能力等。寝室成员之间探讨问题、获取信息、交流思想、开展健康有益的活动，已成为大学生学习生活的重要组成部分。但由于寝室成员交往密切，言谈举止不拘小节，学校的一些管理规章制度往往在寝室成员的相互默认中得不到严格的贯彻实施，甚至出现赌博、酗酒等不良行为，这都需要大学生管理者进一步加强科学管理。

2. 大学生生活群体的特点

（1）以寝室为中心

学生寝室是大学生日常生活的主要区域，以生活园区、公寓楼、楼层等划分的生活群体都是以寝室为基本单位而形成的，并围绕寝室这一中心发挥其功能。一方面，寝室是大学生离开家庭后的新居所，寝室成员成为大学生最初和最基本的共同生活对象。进入大学，青年的生活圈由中学时期以班级或者小组为中心转为以寝室为中心，成员之间的关系由天南地北完全陌生变为同处一室朝夕相处。大学生进入高校后，通过军训期间的生活接触，寝室成员相互熟悉和了解的程度大于任何其他群体成员，再加上对周围环境的相对陌生，寝室成员自然成为大学生最初和最基本的共同生活对象。另一方面，大学生常以寝室为单位进行各种活动和交往。随着大学生活的进行，大学生的生活交际圈不断扩大，由于寝室内部成员的行为保持较高的一致性，使得寝室通常是作为一个单位进行各种活动和与外界交往，这在大一、大二年级表现得更为突出。大学生往往根据自己和寝室其他成员的需要，集体参与大学生活中的活动，比如，"联谊寝室"，文体活动等。

（2）稳定性强

稳定性主要体现在以下三方面：一是群体成员的构成上比较稳定。寝室成员自入学之日起，一般要共同生活到毕业，较少有人员的流动。在大学的学习生活中，寝室同学之间认识最早，接触最多，了解的时间最长，内容也最广泛，成为相对固定的群体。二是群体学习生活状态相对稳定。寝室原则上是根据学生学习和生活的需要所确定的，其成员在大学学习生活过程中，有共同的理想和相对一致的学习目标。寝室同学每天一同去教室上课、去图书馆读书，因此也具有相对一致和稳定的生活状态。三是群体成员关系相对简单。寝室中的组织结构大多是由寝室长负责一些具体的事务，没有复杂的组织机构，也没有复杂的人际关系，不存在"等级""层次"等划分，寝室成员之间的关系一般变化不大。

（3）归属感强

生活在同一寝室的大学生由于朝夕相处，成员之间一般都会建立起一种经常、持续的互动关系，其交往程度更为深刻。寝室成员一般会受寝室文化影响，在无意识中将群体意识通过心理系统与自己固有的思维方式、价值观念和行为模式等发生交互作用，而表现出相对一致的外部特征和行为方式。一般情况下，寝室成员所面对的问题和困难基本一致，能够形成心理上的认同和归宿。群体成员大都互相帮助，在学习和生活中共同进步。

（二）大学生生活群体的管理与引导

大学生生活群体主要以寝室为中心。寝室在大学生养成良好生活习惯、形成优秀思想品质等方面起着重要的作用，需要高校教育管理者进行科学合理的管理和引导，具体来说，主要有以下三个方面。

1. 以归属感提升为重点，提高生活群体的责任意识

一般来说，归属感是指一个个体或集体对一件事物或现象的认同程度，并对这件事物或现象发生关联的密切程度。提升大学生对所处环境的归属感，会有助于其形成良好的人际关系、乐观向上的精神状态和积极的学习态度，要使生活群体成员拥有良好的归属感，一是要培养成员热爱集体，乐于为集体奉献和关心他人的良好品质。有关的心理学研究证明，成员在群体内的社会关系越好，对环境的满意程度越高。在一起居住的时间越长，参与的活动越多，对群体的归属感也就越强。在管理中，引导学生共同参与集体活动，加强学生彼此间的沟通与交流，促进成员间团结协作，关爱互助，激发学生热爱寝室、关注集体、参与建设的热情。二是赋予学生自我管理的权利。鼓励大学生参与相关管理政策的制定与管理过程的监督，激发学生参与管理的积极性，提高其自我管理能力。如，以民主程序决定寝室自治章程、寝室生活规定。

2. 以文化建设为载体，增强生活群体的能力素质

以寝室为主要载体，加强大学生生活群体的文化建设，对于大学生的成长成才，创造积极向上、健康文明、关爱互助、充满生机的学习和生活环境，具有重要的现实意义。一方面，强化文明寝室建设。通过加强学生宿舍管理，规范学生基本行为，引导学生养成文明生活习惯，树立当代大学生的良好风范和形象，营造一个良好的成长成才环境。具体操作中，除硬件设施建设外，还包括软环境建设，如，营造寝室独特的环境氛围，倡导文明健康的言行举止，消除寝室内不文明、不道德的现象等。另一方面，开展文化含量高的课余活动。引导学生在寝室成员间或寝室与寝室间开展以互助交流、文化学习、社会实践等为主要形式的文化、体育、科普、教育、娱乐、互助活动。融思

想性、教育性和娱乐性于一体，培养学生形成认同及发展组织文化的意识。

3. 以制度建设为保障，促进生活群体良好行为习惯的养成

伴随高校学分制教学改革和后勤管理服务社会化发展，科学化、规范化成为学生生活群体管理的发展趋势。在新时期管理工作中，建设系统、科学的管理制度对于促进学生生活群体行为习惯的养成具有重要作用。一是要坚持"以学生为本"的制度建设理念，完善制度建设要以学生为本，在制度制定过程中尊重生活群体学生的需要，鼓励学生全面参与，积极采纳学生意见，科学论证制度的合法性与合理性，保证制度在管理、服务中充分发挥教育功能。在制度执行过程中，尊重学生的各项权利，尊重学生的发展需求，保障学生的合法利益。二是构建教育、管理、服务功能互相配合的制度体系，建立以寝室安全及卫生管理办法、定期查寝制度等体现管理性的制度，建立以寝室文明公约、学生轮流值日制度等体现学校教育和学生自我教育的制度；建立高校学生政工干部入住学生寝室制度，强化服务与管理的有效结合。各高校应结合自身实际，因地制宜，充分发挥制度规范在促进生活群体良好行为习惯养成方面的保障作用。

第三节　大学生安全管理

一、大学生安全管理

（一）大学生安全管理概述

1. 大学生安全管理的内涵

（1）大学生安全管理的含义

大学生安全管理是指管理者根据社会的要求，针对大学生群体特点，有计划、有组织、有目的地对大学生实施安全教育及管理，妥善处理各类安全事故，以保障高校稳定和大学生安全，最终达到引导大学生全面健康成长的目的。大学生安全管理已由以往单纯地强调校园安全管理向以建立教育、管理和事故处理一体化的服务体系转变，逐步成为以培育安全理念，提高安全素养，增强安全技能，促进大学生的全面健康发展为目的的安全管理活动。

（2）大学生安全管理的特点

与其他安全管理相比，大学生安全管理有以下三方面的特点：

第一，青年性。大学生安全管理的对象是青年大学生。因此，大学生安全管理是针对青年大学生特点的安全管理。当代大学生思想活跃，独立性强，有创新精神，对周围的事物，特别是新鲜的事物和知识反应迅速。同时，也应看到，大学生普遍存在着安全意识淡薄、社会经验不足、防范能力较差等特点。大学生安全管理更加注重通过对青年大学生在校期间的日常学习、工作和生活的教育及管理，培养大学生正确的安全意识和良好的安全行为，在发挥青年大学生自身优点和长处的同时，帮助和引导大学生养成良好的安全行为习惯。大学生安全管理的青年性特征也体现在大学生安全管理的内容、形式、方法和途径随着青年大学生在不同时代、时期的特点而不断地创新和发展。

第二，群体性。大学生安全管理是对大学生学校生活这个特殊的群体性生活环境的管理，是对青年大学生这一同质性群体的管理，具有明显的群体性特征。通过加强对寝室、教室、实验室、图书馆等涉及学生学校生活各方面的常规安全管理，保障大学生在校期间的人身财产安全，维护学校正常的教学和生活秩序，有效地排除其他社会生活环境中的不良因素对大学生学校生活的干扰，为大学生创造一个良好的学校生活环境。

第三，教育性。大学生安全管理在对大学生学校生活进行常规安全管理的同时，也在对大学生进行着安全方面的常能训练。少数大学生疏于日常生活安全，缺乏基本的安全常识和技能，这给大学生学校生活以及其他社会生活带来很多的隐患，不利于大学生健康成长。管理本身也是一种教育，大学生安全管理是大学生积累日常生活经验的重要途径，是对大学生进行常能训练的重要内容。大学生安全管理要充分发挥其育人功能，以促进大学生全面健康成长。

大学生安全管理有以下四方面的任务：一是宣传、贯彻国家安全管理工作的有关方针、政策、法律和法规。大力开展宣传教育活动，以校内外活动为有效载体，对大学生开展形式多样的安全政策和法律法规的教育，贯彻和落实国家安全工作精神，使大学生树立起安全意识。二是开展安全教育。利用各种渠道对大学生开展安全常识教育和安全技能培训，使大学生了解日常安全防护知识，具备日常安全防范技能。同时，注重对大学生开展早期的职业安全教育，结合专业特点，对大学生开展有针对性的职业安全教育和培训。三是进行日常安全管理。做好大学生日常安全管理工作，加强安全防范，维护正常的教学和生活秩序，保障大学生人身和财产的安全，维护校园安全稳定。四是安全事故的处理。建立健全规章制度，严格管理，明确责任，对出现的大学生安全事故进行及时、有效的调查和处理，做好应急预案，提高应急反应能力，控制事态发展，减轻伤害和损失。

2. 大学生安全管理的意义

大学生安全管理对大学生、高校和社会都有十分重要的意义。做好大学生安全管理工作，关系到大学生自身的发展，关系到新时期高校的改革和发展，关系到社会的安定与和谐。

（1）大学生安全管理有利于大学生自身安全素质的提高

安全素质是人们完成某种任务所必需的基本条件和能力。良好的安全素质既包括掌握基本的安全知识和安全技能，又包括在安全知识和安全技能基础上建立起来的安全意识和安全观念。大学生安全管理是提高大学生自身安全素质的有效途径。大学生安全管理是对大学生在校生活的管理，与大学生学习、生活紧密相连。通过各种管理活动，对大学生开展安全教育和管理，有意识地培养良好的安全行为规范，能够使大学生在参与活动中掌握相应的安全知识和技能，进而内化为自身的安全意识和观念，指导行为实践。

（2）大学生安全管理有利于新时期高校改革和发展

近年来，随着高校办学规模的不断扩大，招生人数的不断增多，多校区办学模式的形成，高校安全管理工作面临着很多的挑战。相对开放式的校区如何有效地管理，学生住宿相对分散如何及时排查安全隐患，学生交通安全如何保障等安全问题需要大学生安全管理工作积极主动地做出反应。因此，作为高校安全工作的一项重要内容，大学生安全管理是随着高校改革和发展而不断发展的，已成为新时期高校改革和发展的重要内容之一。因此，只有正确地对待和处理好大学生安全管理问题，才能保障高校改革和发展的顺利进行，才能及时解决高校改革和发展中出现的大学生安全管理方面的新情况和新问题，才能形成合力，不断提高服务学生的能力和水平，促进大学生健康成长。总之，大学生安全管理是新时期高校改革和发展的必然要求，有着重要的理论和现实意义。

（3）大学生安全管理有利于社会的安定与和谐

学校的健康发展和稳定对经济社会的稳定和发展有重要的影响。在当前加快改革开放，全面建设小康社会的形势下，学校安全工作更显得尤为重要。大学生安全管理作为高校安全工作的重要组成部分，承载着管理和育人的功能。加强大学生学校生活的管理，为大学生在校学习和生活提供一个良好的生活环境，有利于维护学校正常的教学生活秩序。对大学生安全事故的处理，特别是对涉及大学生的突发公共事件，如，突发公共卫生事件、突发自然灾害、突发恐怖袭击等事件的应急管理和处理，有利于充分保障大学生人身财产安全，有利于高校稳定与发展，有利于社会的安定与和谐。

二、大学生安全管理的内容

（一）大学生安全管理的基本内容

大学生安全管理的基本内容主要包括：大学生安全教育、大学生日常安全管理和大学生安全事故处理三方面。

1.大学生安全教育

安全教育作为安全管理的基本内容之一，是事故预防与控制的重要手段。安全教育是通过各种形式的教育和培训，努力提高人们的安全意识和安全技能，使人们学会从安全的视角观察问题和审视问题，用所学到的安全技能去处理问题的教育活动。安全教育的内容非常广泛，一般而言，大学生安全教育包括安全知识教育和安全技能培训两个部分。安全知识教育包括法律法规的教育、安全常识教育、早期职业安全教育，以及心理健康教育。安全技能培训包括日常安全防范技能培训和早期职业安全技能培训两个部分。与系统的安全理论知识教育相比，安全技能培训针对性较强，注重实践教学环节，着眼于培养大学生的实际动手能力，它的主要目的是使大学生具备在某种特定的环境或条件下安全顺利地完成任务的能力。

2.大学生日常安全管理

大学生日常安全管理是指对大学生在校期间的学习和生活过程中所涉及的安全问题进行的管理，主要包括人身安全管理、财产安全管理、消防安全管理、交通安全管理、社交安全管理、网络安全管理和卫生安全管理等。

（1）人身安全是大学生日常安全管理工作中最重要的安全问题

大学生在校期间，威胁大学生人身安全，容易对大学生构成人身伤害的因素主要来自三方面：一是人为因素造成的不法侵害，如打架斗殴、寻衅滋事、聚众闹事等；二是因不可抗力造成的人身伤害，主要指自然灾害，如地震、雷击、山体滑坡、泥石流等；三是因意外事故造成的伤害，如摔伤、溺水、撞伤等。在大学生日常安全管理工作中，主要从以上三方面着手开展大学生安全管理工作，规范大学生日常行为，防止诸如滋扰事件、伤害事件、人身侵害事件的发生，做好安全事故的预防工作。同时，在大学生受到人身安全威胁时，做到及时对大学生进行帮助和处理，并如实向主管部门和领导汇报，以有效保护大学生人身安全。

（2）财产安全是大学生日常安全管理的一项基本工作

财产保护一般分为自力的保护和他力的保护。自力保护是指通过自己的力量，依靠所具备的安全防范知识和技能，对自己所拥有的合法财产采取措施进行保护。他力的保护是指根据国家法律的规定，依靠国家执法机关实现对个人财产的保护。随着科技的普及，信息时代的到来，大学生中拥有手机、笔记本计算机的人数不断增多，在带来更好的交互性和可移动性的同时，校园手机、计算机丢失，特别是手提计算机被盗的现象明显增加。近年来，随着高校实行的校园一卡通制度，即图书卡、饭卡、超市购物卡功能于一体的校园卡的使用，以及高校为大学生统一办理的银行信用透支卡业务的普及，在给大学生带来便利的同时，因大学生自身保管不慎而丢失、被盗的现象也相应增多，往往给大学生带来不小的财产损失。因此，在财产安全管理过程中，应充分利用安全管理活动，开展宣传和教育活动，引导和培养大学生增强自身财产安全保护的意识和能力。同时，着力从加强校园治安秩序、宿舍安全、公共场所安全等方面防止诸如抢劫、盗窃、诈骗等危害大学生财产安全的事件发生，加大打击力度，保障学生财产安全。

（3）消防安全是高校安全工作的重中之重，任何部门和个人都有预防火灾，维护消防安全的义务

校园是大学生活动的主要场所，保护大学生的人身和财产安全，在大学生安全管理工作中，必须做好校园安全防火工作。公共场所，诸如图书馆、教学楼、体育馆、食堂、实验室等的防火安全管理是大学生安全管理的重要场所。对这些校园公共场所的管理主要包括建立健全规章制度和硬件配套措施，实行定期检查、报告和评估制度，重点检查消防设施、指示标志、应急照明、安全出口、疏散通道是否符合国家有关标准，做到严防火灾的发生。在防火工作中，对大学生集中住宿的公寓、宿舍楼进行安全排查和管理是大

学生安全管理的重中之重。在管理中，必须坚决制止违章用电、用火等行为，在教育的基础上，对违反消防安全规定的行为进行严肃处理。

（4）交通安全问题在保护学生安全的工作中处于越来越重要的地位

随着高校办学规模扩大，校区面积的增大，校区和在校学生人数的增多，城市交通发展，以及后勤服务社会化的因素影响，大学生校内外交通安全事故呈现上升的态势。这就需对大学生进行交通安全知识的宣传、教育和培训，明确责任和义务，帮助和引导大学生从关爱校园交通、关爱自身和他人生命出发，遵守交通规则，避免和减少校园安全事故的发生。同时，高校安全管理部门根据学校实际情况，制定切实可行的安全管理条例，严格执行规章制度，规范交通安全行为，从严管理校园交通秩序。

（5）社交安全问题越来越受到人们的关注

随着科学技术的不断发展，信息化时代的到来，大学生社会交往活动不断增多，影响大学生社会交往安全的因素也在不断增加。近年来，由于缺乏必要的社交安全知识，以在高校应届毕业生求职择业中出现的社交安全问题为代表的大学生社交安全问题越来越受到人们的关注。这就要求管理者在大学生日常安全管理工作中，加强对大学生社交活动的规范和管理，在勤工助学、求职择业、社团活动、异性交往等社交活动中加强管理，规范和引导大学生社交行为，使其养成良好的社会交往习惯。

（6）随着互联网技术在我国的发展，注意网络安全

信息化、网络时代的到来，给人们的生活带来了很多的便利。相应地，网络安全、网络行为问题也给人们以无尽的烦恼。作为紧跟时代步伐的大学生群体，是我国网民的重要组成部分。他们利用网络搜集信息，学习知识，交流沟通，促进自身更好地完成学业。在大学生日常安全管理工作中，必须高度地重视大学生网络安全问题，加强网络监管，规范大学生的网络语言和网络行为。加强宣传教育，引导网络良好道德氛围的形成，坚决打击网络犯罪，维护高校网络安全。

（7）卫生安全管理主要是指关系大学生学习生活的校园公共卫生安全，以及突发公共卫生事件的防控工作

形成和完善应急机制和体系、搞好校园卫生环境、严防事故的发生是卫生安全管理工作的目标和方向。卫生安全管理工作主要包括宣传、贯彻相

关法律法规，对学校的公共卫生设施、餐饮设施、日常饮用水设施进行定期检查，保障校园公共卫生安全。同时，做好应急突发公共卫生事件的预防和控制工作。

3. 大学生安全事故处理

化解矛盾冲突，参与处理有关突发事件，维护好校园安全和稳定，是辅导员的主要工作职责之一。大学生安全事故处理主要是针对在学校实施的教育教学活动或者学校组织的校内外实习实践活动中，以及在学校负有管理责任的校舍、场地及其他教育教学设施和生活设施内发生的，造成在校学生人身伤害、财产损害等后果的安全事故的处理。安全事故发生后，保护学生和学校的合法权益是大学生安全事故处理的主要目的和原则。大学生安全事故处理主要包括事故的调查取证、事故责任的认定、事故损害的赔偿和对事故责任者的处理四方面的工作。

第一，事故的调查取证工作是事故处理中十分重要的一个环节，它是弄清事故发生的经过、查找事故原因、有效控制事故的重要步骤，学生人身和财产发生一般伤害、损失后，通过及时调查处理，开展相应的调查取证工作，以获取事故发生的一手资料，找出事故发生的根本原因。在校园内，发生诸如学生非正常死亡、重伤或被窃、失火等突发公共事件造成人身和财产重大损失时，辅导员应保持沉着冷静，迅速采取措施进行抢救和保护现场，并及时通知学生家长。同时，加强思想政治教育工作，稳定学生情绪，恢复正常的教学和生活秩序，协同有关部门妥善处理。在调查取证的基础上，形成调查报告及时向学院、学校，以及相关主管部门汇报。

第二，安全事故责任的认定是在事故调查取证后，对各种证据资料汇总和分析的基础上，进行相应事故责任的判定。在安全事故责任认定的过程当中，主要依据相关法律法规及有关规定，对学校、学生或其他相关当事人进行责任认定工作。安全事故责任的认定，主要是根据事故相关当事人的行为与损害后果之间的因果关系依法确定。由于学校、学生或者其他相关当事人的过错所造成的安全事故，依据相关当事人在事故中行为过错程度及其与事故损害后果之间的因果关系认定其承担相应的责任。当事人的行为是事故损害后果发生的主要原因，应当认定其承担主要责任。当事人的行为是事故损害后果发生的非主要原因，应当根据实际情况认定其承担相应的责任。

第三，对所发生的事故负有责任的组织或个人，按照法律法规的有关规定，确定其承担相应的损害赔偿责任。在赔偿的范围与标准上，按照有关行政法规、地方性法规，或者依照最高人民法院司法解释中的有关规定执行。对于参加了学校集体组织的意外伤害保险、责任保险等险种的学生，积极主动帮助学生做好保险的受理和赔偿工作。在事故发生后，根据投保险种和投保公司的不同规定，帮助学生及其家长做好相应的报案工作、报销凭证的准备工作，以及相关证明的开具工作等。

第四，对事故责任者的处理，根据责任主体在事故中的具体情况，对事故责任者进行相应的责任追究。对造成安全事故负有责任的学生，依据事故实际的情况，以及对事故责任的认定进行相应的处理。因违反学校纪律而应对事故的发生负有责任的学生，根据学校相应的管理规定，诸如学生违纪管理规定、公寓管理规定、校园治安秩序管理规定等给予相应的纪律处分。因触犯刑律而对事故的发生负有责任的学生，交由司法机关依法处理。在对学生责任主体进行处理时，本着教育为主、处罚为辅的原则，使负有责任的学生通过事故教训受到安全教育，从而改正自身不良思想倾向和行为习惯，充分认识到安全对自身和他人的重要性。

（二）大学生安全管理的重点工作

高等学校学生安全教育及管理，应以预防为主。在对各类安全事故的预防工作中，尤其要防范涉及教育系统突发公共事件的发生。因此，对校园突发公共事件的预防与控制是大学生安全管理的重点工作。

随着高等教育的发展，影响高校安全的因素增多，各类突发公共事件时有发生。从高校安全工作的角度来说，突发公共事件，是指突然发生，造成或可能造成重大人员伤亡和财产损失，影响高校稳定和大学生安全的突发公共安全紧急事件。与其他安全事件相比，突发公共事件具有涉及范围广、影响时间长、损失程度大的特点，严重地影响着高校的稳定和大学生的安全。因此，预防和控制校园突发公共事件是大学生安全管理的重点工作，做好校园突发公共事件的防控工作，争取达到重心突出，以点带面，有效地保障大学生的安全，促进其全面健康成长。

第四节 大学生管理理念的创新

一、大学生管理理念创新的现实必要性

随着我国高等教育的大众化及其高等教育改革的不断深化，使高校学生管理工作面临许多新情况：

（一）学生素质状况的多样性

近年来的高校扩招，使得越来越多的不同年龄层次、不同社会阅历、不同价值追求的人都有机会进入高等学府进修、学习，在校生数量的急剧增长、学生年龄的多层次性，使得大学生的素质状况呈现多样性，这给学生管理加大了工作量，增强了工作难度。

（二）学生价值观念的多元性

当前的高等教育在强调国家需要的同时，更趋向于人的个体需求与发展。随着改革开放的不断深入，学生对各种思想、文化的接受和选择有了更广阔的空间，社会上的各种思想和价值观念必然对当代大学生产生巨大影响，当代大学生价值观念呈现出多元性。

（三）大学生个体需求的务实性

随着高校收费制度的改革，学生原有的那种受教育者的观念正在逐步淡化，他们在接受学校教育的过程中主体意识进一步增强，在一定程度上将自己视为高等教育的投资者和消费者，将自己视为与学校处于平等地位的法律主体。他们不仅追求高等教育在未来社会生活中的价值和高等教育的学术价值，而且重视高等教育的直接消费价值和高等教育的条件与环境价值。大学生的需求以及与高校关系的变化，更加说明了他们已不再是精英教育阶段那种单纯受教育者，其个体需求呈现务实性。

（四）现代大学的多校区性

自 20 世纪末期以来，国家对高等学校的结构、布局及管理体制进行了调整，许多高校都有两个以上的校区，办学地点较为分散。多校区办学已成为我国现代大学发展的重要形式。

学生工作面临的这些新情况，对传统的学生管理理念形成了挑战。显然，

精英教育阶段那种过分追求意志统一和学生绝对服从而导致的重教育轻指导、重管理轻服务，只把学生视为接受教育和管理的对象而不把学生当作服务主体，只强调学校权利而忽视学生权利的管理理念，制约了学生个性的发展，影响了学生综合素质的提高。同时，我国多校区大学的管理现状，还存在着许多不适应之处，突出表现在许多教育管理人员仍沿袭传统的单一模式和习惯，这给高校的学生管理工作带来了困难。因此，21世纪的高校学生管理首先必须对管理理念进行创新，并把这种理念创新既当作是高等教育大众化条件下学校管理现代化的内容，又当作学校管理现代化的逻辑起点。

二、高校学生管理理念创新的主要内容

针对学生管理出现的新情况，学生工作者要迎难而上，认真探索，奋力作为，努力对学生管理工作进行创新。

（一）坚持"以人为本"，确立学生至上理念

1. 做到为师爱生，树立学生主体的办学思想

学校以学生为本，没有学生就没有学校的一切。高校的学生工作不能仅仅停留在"管学生"上，也不能仅停留在维持秩序上，而应以学生为主体，把学生的需要当作第一需要，把学生的情绪当作第一信号，把学生是否满意当作检验学生工作的第一标准，本着对学生高度负责的精神，努力探索高校学生管理工作新思路、新制度、新举措，既对学生做到严格要求，又要做到善于引导，潜移默化。

2. 适应新的形势，加强学生管理制度建设

在学生管理实践中，学生工作者越来越感觉到当前的学生管理制度与国家法律之间存在着明显冲突，学生的正当权益得不到保障。随着我国依法治国战略的实施，高校依法治校已成为高等教育改革与发展的根本要求。因此，高校要及时清理不合时宜的规章制度，做到学校内部管理规定与国家的法律、法规相统一。要依据国家宪法、高等教育法等法律，结合学校自身特点对学生管理制度进行全面修订。修订过程中要坚持"以人为本"，为促进学生的全面发展和个性发展营造宽松的环境和空间。管理方法上要以教育为主，处罚为辅，以学生利益为根本。管理制度建设将极大推动高校学生工作的改革和发展，加快管理工作的制度化、规范化和科学化建设步伐。

3.转变思想观念，坚持"育人为本"的管理理念

学生管理工作作为人才培养的重要环节，高校应当确立"以人为本"的理念。"以人为本"就是坚持人的自然属性、社会属性和精神属性的辩证统一，这是学生工作者应树立的一种哲学理念。"育人为本"，是"以人为本"思想在学生管理工作中的具体化，是学生工作的根本出发点，这一理念是当前学生工作的必然选择。育人是教育的第一使命，提高学生的综合素质，是学生工作的终极目标。因此，高校学生工作者要把学生管理工作切实放到培养高素质人才这一价值目标上来，从学生的内在需要出发，引导学生树立远大的理想，养成良好的生活习惯，培养科学的学习方法，掌握过硬的专业技能，激发学生的内在动力，努力帮助学生形成正确的需要层次与结构。

（二）加强学风建设，确立质量至上理念

加强学风建设既是推进素质教育的客观要求，也是保证教育质量的重要前提。学风建设不仅仅是一个教学问题，它还是一项系统工程，需要思想教育工作、教学工作和管理工作等方面密切配合，齐抓共管。加强学风建设是一项长期任务，只有坚持不懈地抓紧抓实，才能收到实效。

1.加强学风建设，激励学生成才

学风的好坏，与一个学校学生管理水平的高低有直接的关系。加强学风建设必须通过对学生的思想教育和管理来实现，要采用各种教育管理形式、方法，引导学生明确学习的目的，端正学习态度，改进学习方法，提高学习效果，增强成才意识，树立献身科学、爱国成才、报效祖国的远大理想。可从新生入学开始，就强化学生的思想教育和严格学生管理，并通过扎实有效的活动、科学规范的管理，逐步提高学生的学习成绩与综合素质。

2.重视教风建设，深化教书育人

优良的教风是促进学风建设的前提和保证，师德建设是优良教风的基础。高校要加强师德教育，注重对青年教师的培养。教师是教学活动的组织者、学生管理活动的实施者、提高学生综合素质的引导者，所有教师都应做到为人师表，以自己的人格力量和科学精神感染熏陶学生。广大教师应牢记教书育人的宗旨，自觉成为学风建设的指导者和实践者，在讲授专业知识的同时，更要引导学生树立科学的世界观和方法论，掌握科学的学习方法。学校可建立学生公开评议、评选最满意教师制度，加大奖励和宣传力度。通过

重视教风建设，带动学风建设，确保学生培养的质量。

3. 规范教学秩序，严格学生管理

规范的教学秩序是保障人才培养质量的重要环节。高校要强化学生考勤制度，既可通过任课教师严抓课堂教学纪律、严格考勤和作业检查，也可由班级指定学生专职考勤员进行考勤，同时还可以通过对学生住宿情况的检查进行考勤，以此确保学校正常的教学、管理秩序。系部要根据检查结果，及时进行综合分析处理，防止意外事件的发生。此外，还要重点关注个别因迷恋上网、玩游戏、谈恋爱等荒废学业的学生，建立和完善谈话预警制度，定期与学生家长取得联系，让家长及时了解学生信息。通过建立规范的教学秩序，通过对学生的严格管理，来确保学生的培养质量。

（三）落实三大主题，确立服务至上理念

教育、管理、服务是学生工作的三大主题。传统的学生工作大多以管理为主，教育、服务功能较弱化，学生工作一直停留在较低水平。新形势下，高校需对三者之间的结合方式和它们各自的内涵重新审视和定位。为此，学生工作者要转变思想观念，转换工作职能，加强服务实践，自觉为学生做好服务工作，确立服务至上的理念。

1. 发挥教育在学生管理中的作用

教育是一个系统工程，不仅要加强对学生的文化知识教育，而且要切实加强对学生的思想政治教育、品德教育、纪律教育、法制教育等。这就对教育的内涵作了比较全面的界定。而对于高校学生教育内涵来说，就是要进行以创新教育为核心、思想政治教育为基础的全面成才教育。强化教育，一方面要突出学生的主体地位，尊重学生个性的张扬与优化，同时也要打破统一思想、统一标准、统一布局的模式，注重教育的针对性和层次性。结合这一目标，学校可开展如新生入学教育、"基础文明月"教育、"诚信教育"等系列主题活动。教育的内容、形式、方法要能很好地适应形势发展和学生成才的需要。

2. 提高学生管理的科学化水平

学生管理必须从传统的依靠本本上的制度和手中的权力来管理的模式中解脱出来，在"以人为本"理念的指引下，健全管理制度，改进工作方法，注重人性化管理。管理制度不仅是管理的基础和依据，同时从文化的高度来看它也是一种导向。在科学管理的内涵中，制度作为一种文化其导向作用应该得到充分发挥。学生管理制度建设，就是要发挥制度本身的正面引导和反面惩戒作用，通过动机激励、过程磨砺和利益驱使来激发学生成才的内在动力，从而使学生明确是非，权衡利弊，正确规范自身行为，正确选择、调整自身在学习和生活中的需要结构。此外，科学管理还包括管理的内容要从点上的管理到全面的深层次管理；管理的手段要变直接管理为主到宏观与导向管理为主；管理的主体从学生工作人员为主到以学生自我管理与约束为主。

3. 突出服务在学生工作中的地位

从当前高等教育的发展形势来看，学生工作中必须突出服务的地位，构建起全方位的学生成才服务体系，为学生的成长成才创造各种有利条件。市场经济的建立和高等教育大众化的发展，使高等教育成为一种消费，大学生越来越成为特殊的教育消费者。作为消费者，学生有权利要求高质量的教育，学校也更加有义务为学生提供优质服务。因此，能否为学生提供优质服务，最大限度地促进受教育者的身心素质的发展，已经成为高等学校学生管理理念创新的鲜明特点之一。高校要坚持服务至上的学生工作理念，建立符合市场经济发展要求的学生工作服务机制，为学生提供全方位的服务，可根据学生的不同需要、不同情况而采取不同的服务方式和方法。

三、高校学生管理创新理念的落实途径

（一）树立全员育人意识，构建"以人为本"的管理模式

随着教育现代化的发展和教育改革的不断深入，"以人为本"的学生管理将最终取代传统的学生管理，学生至上、质量至上和服务至上的理念将深入人心，这是学生管理改革和发展的必然趋势。在深化教育改革中，最重要的就是真正确立学生的主体地位。只有真正做到把学生作为教育、教学和管理的主体，充分尊重学生的主体性，"以人为本"的学生管理体制的构建才会水到渠成。此外，学生管理工作是全方位的，涉及方方面面，不能将这项工作单纯看成是学生工作者的任务。教育创新要求全员育人，学生管理工作不仅是学生工作者的责任，也是全校教职员工的责任。当前学生工作管理职能的发挥应把对学生的管理与全员育人的职能的发挥联系起来，要在全校教职工中树立"全员育人"的思想观念，形成全员育人的良好局面，并牢固树立"没有学生，就没有高校的一切"的思想认识，真正将"一切为了学生，

为了一切学生，为了学生的一切"落到实处。

（二）加强学工管理队伍建设，改进大学生管理工作

一支精干、稳定的专业化的学生工作队伍，是做好学生管理工作的关键。学生管理工作的教育属性决定了高校学生工作专业化的需要，从目前我国高校学生工作人员的组成结构来看，多数是本校各个专业的毕业生改行从事学生工作的，对学生管理工作积极性不高，而且大多数没有进行过专业的训练，专业化程度较低。因此，高校要结合教学、人事制度等改革，对学工队伍加强培训和培养，从人员编制、专业培训、职称待遇等方面入手，主动关心学工队伍的建设，提高他们的待遇，从而切实解决学生工作人员不安心、非专业的问题，让学生工作人员安居乐业，守岗敬业，乐于奉献，把学生教育和管理作为自己潜心研究的学问、立志从事的职业和为之奉献的事业，自觉把学生管理创新理念与学生管理工作相结合，做到理论联系实际。可以说，加强学工队伍建设是实现学生管理创新理念落实的根本。此外，高校还应重视党员、学生干部以及班主任队伍建设等。高校在加强队伍建设的同时，还应不断改进工作方法，要充分发挥学生的自我教育、自我管理和自我服务的"三自"功能，充分发挥学生骨干和学生党员的先锋模范作用，充分发挥学生的主体性和创造性。

（三）结合全面素质教育阶段目标，落实学生管理创新理念

高校的教育任务是为培养人才和提高劳动者素质打好基础。实施学生素质教育工程以培养学生的思想政治素质为核心，以培养创新精神和实践能力为重点，普遍提高学生的人文素养和科学素质。它有利于形成学生自觉参与全面素质教育的积极导向，有利于动员全校师生员工服务于学生全面素质教育，有利于增强学生就业和自主创业的意识和能力。各年级学生在不同阶段有不同的教育目标：一年级对新生重点抓基础教育、适应性教育、品德行为教育和养成教育；二年级对学生重点进行文化素质教育和专业教育和成才教育；三四年级对学生进行职业道德、就业与创业教育。在不同的阶段对学生的教育培养过程中，学生管理工作者要牢固确立学生至上、质量至上和服务至上理念，并把学生管理创新理念自觉运用到学生教育活动中去，发挥学生主体作用，提高学工队伍的管理、服务水平，全面提高学生综合素质，为学生成人成才创造良好的条件，确保高校学生的最终培养质量。

第四章 教学管理理念与方法

第一节 "以人为本"理念下的教学管理

一、"以人为本"的概述

（一）"以人为本"的含义

对于"以人为本"中"人"的含义的理解，当前主要有两种观点：一种观点认为，"以人为本"中的"人"就是指人民，"以人为本"，就是以"人民为本"。另一种观点认为，"以人为本"中的"人"是指社会全体人员或所有个人，"以人为本"就是以"人人"为本。实际上这两种观点各自都有合理的因素，但都失之片面。按照历史唯物主义的基本观点，正确反映客观现实的"人"的概念是个集合名词，它是包含所有个人、群体和整个人类在内的广泛的社会范畴。科学发展观中"以人为本"所讲的"人"，就是生活在现实社会之中、与他人结成各种社会关系、从事着各种社会实践活动的人。

对"以人为本"中"本"的科学内涵，当前学术理论界也有不同认识。具有代表性的也有两种观点：一种观点认为，"本"只是一种价值观，主要涉及人的利益和价值标准，并不回答世界观问题；另一种观点则认为，它不只是一种价值观，同时还具有世界观、社会历史观的意义。胡锦涛同志指出，科学发展观"是指导发展的世界观和方法论的集中体现"。作为科学发展观的本质和核心，"以人为本"的内涵当然不应局限于价值观，何况价值观本来就和世界观、社会历史观有着内在的不可分割的联系。我们应从世界观、社会历史观和价值观的统一上，从世界观和方法论的统一上去把握"以人为本"的"本"的内涵。

如上所述，"以人为本"中的"人"是指全体社会成员，其中，人民是"人"

的主体和核心。"以人为本"中的"本",是指以人为根本、本位或者主体。概括地讲,"以人为本"具有三层基本含义:其一,它作为一种世界观,是一种对人在社会发展中的主体作用与地位的肯定,它既强调人在社会发展中的主体地位和目的地位,又强调人在社会发展中的主体作用。其二,它作为一种价值观,强调尊重人、解放人、依靠人、为了人和塑造人。尊重人,就是尊重人类的价值、社会价值和个性价值,尊重人的独立人格、需求、能力差异、人的平等、创造个性和权利,尊重人性发展的要求。解放人,就是不断冲破一切束缚人的潜能和能力充分发挥的体制、机制。塑造人,是说既要把人塑造成权利的主体,也要把人塑造成责任的主体。其三,它作为方法论,也是一种思维方式。就是要求我们在分析、思考和解决一切问题时,都应围绕"人"来思考和运作,既要坚持运用历史的尺度,也要确立并运用人的尺度,要关注人的生活世界,要对人的生存和发展的命运确立起终极关怀,要关注人的共性、人的普遍性、共同人性与人的个性,要树立起人的自主意识并同时承担责任。

（二）"以人为本"的高校教学管理含义

"以人为本"的教学管理实际上就是人本原理在学校教学管理中的运用,它是指在高等学校教学管理中如何看待人以及如何按照人的本性及其发展规律去实施的管理,是以关心人、尊重人、激励人、解放人、发展人为根本指导思想来进行的教学管理,是一种把人作为管理的主体,充分利用和开发学校各种资源,更好地服务于师生,从而为实现学校目标和师生个人目标而进行的管理。"以人为本"的教学管理的含义主要包括以下两点:

第一,所谓"以人为本"的教学管理,就是在教学管理中以学生和教师的成长、发展为本。在学校教学管理系统中,人既是管理的主体,又是管理的对象,还是管理的产品,因此,人的因素在学校教学管理中占有重要地位。教学管理中"以人为本",首先就是要尊重师生的意愿,尊重他们成长和发展的规律,按教育教学规律办事。学校人力资源的显著特点是知识性、智力型、教育性,它要求学校教学管理不仅要尊重人、激活人、调动人的积极性和创造力,更要塑造人、发展人。不是停留在表面意义上的尊重,实行简单的人文关怀,而是统领学校大学精神,引导价值追求,在深层意义上即观念层面上,对管理对象中的人施以潜在的、无形的、隐性的再造,就是对人施以理性关注、价值观引领和精神锻造；用学校目标影响教师价值选择、转变生存观念、提升人文境界、培育现代教养，进而达到学校目标与个体价值追求的理性整合，使组织和个体进入自为状态，实现组织的持续发展和个人的自由全面发展。

第二，"以人为本"是高校教学管理的根本指导思想。"以人为本"，应当统领并渗透到各种不同类型的教学管理中去，否则，具体的管理模式就可能发生异化。例如，科学管理如果不"以人为本"，就可能异化为科学主义指导下的机械式管理，这将大大挫伤人的积极性；法制管理如果不"以人为本"，就会发生异化，限制人的能动性，甚至转化为专制。所以，"以人为本"是教学管理的根本指导思想。"以人为本"的教学思想应该贯穿于学校教学管理的各个环节、各个行为之中。如，教育目标的制定、教学环境的建设、教学任务的分配、教学管理决策的制定与执行、教学内容的选择、教学过程的实施、教学方法的选择，以及教学评价等都要体现出对人的尊重、理解、信任，并能有效为促进人的发展服务。

二、"以人为本"教学管理的内容

高校教学管理的出发点和归宿是学生，高校教学管理的动力和核心是教师，高校教学管理的成功与失败的标志是学生和教师素质与能力的高低。因此，高校教学管理必须以学生和教师为根本。

（一）以学生为本

高校之所以要以学生为本，主要是基于以下四个方面的原因。首先，学生是大学存在的客观依据，是学校的生存之本。大学是为大学生而设，办大学就是为了培养大学生，没有大学生，就不需要大学教师，不需要各种设备与设施，不需要各种管理和服务，大学也就失去了存在价值。教师是履行教育教学职责的专业人员，应该以教学和培养人才为中心，做好本职工作。高校首先是人才培养机构，以学生为本，培养高质量人才，这是高校的基本使命，也是高校教师的首要职责。其次，高等教育的交易性要求高校以学生为本。众所周知，学生进入大学接受高等教育，既可以获得有含金量的毕业证、学位证，又为个人提供了可用来获取更高收入以及使事业取得更大成功的技能。因而人们愿意为高等教育买单，当学生接受高等教育服务时，理所当然要缴纳学习费用，这样，知识的获得就有了交易性。学生作为消费者在交纳学费的同时也就享有了作为消费者的权利，高校在接受并消耗了学生学费的同时也就负有了作为教育服务提供者应该向学生提供优质服务的义务。因此高校应该以学生为本，满足学生的教育需求。

再次，人们对学校教育的选择促使高校以学生为本。随着教育买方市场的逐渐形成，高校间竞争的日益激烈和求学者主体意识的不断增强，学生及其家长携带教育投资或钞票进入高等教育服务市场时，就可以在众多的教育服务提供者中进行选择，就可以依据自己对高校的观察、了解、比较和判断，做出选择哪些高校和将教育投资或钞票投向哪些高校的决策。显然，那些将学生利益放在首位、考虑学生的需求和实际、努力优化人才培养过程的高校就能受到学生的青睐，赢得学生的选择，这自然促使高校以学生为本。

最后，学生是学校的发展之本。学生是高等学校发展的基础要素，是与外界公众联系的最重要途径，高校知名度提高首要传播者是学生，让学生充当信息传递的中介人具有战略意义，而且学生也是提高教学质量的关键因素之一。良好的学生关系既是提高学生学习效果的重要因素，也可以使学生理解高校，自觉维护高校形象。把学生看成学校的发展之本，那是因为大学要发展，关键在于学生是否有质量、有特色，而学生的质量与特色又取决于学生的发展水平。所以，高校应该坚持以学生为本，全力提高人才培养质量，促进学生全面发展。

（二）以教师为本

高校教学管理必须以教师为本，主要基于以下三个方面的原因。

第一，教师是高校的核心教育教学资源。大学是教师和学者集中的地方，在很大程度上等同于教师。一个学校之所以成为大学，全在于有没有好教授。教师是学校变迁的核心力量，是大学的心脏和灵魂，对大学的健康至关重要。教师是大学服务学生的重要资源。没有教师，不可能有完全意义上的大学；没有大学教师对学生的优质服务，就不可能有高质量的大学教育。

第二，教师是高校任务的主要实施者。高等学校应当以培养人才为中心，开展教学、科学研究和社会服务，保证教育教学质量达到国家规定的标准，无论是教学工作，还是科学研究以及社会服务，其主要实施者都是教师，必须由教师来履行和完成，高校理所当然必须以教师为本。

第三，调动教师积极性是使学生享受优秀教育服务的前提。如果我们把大学看成教育服务组织，那么让消费者或顾客、学生满意则是大学赖以生存、发展的基础，也是大学应该坚持的原则，而学生满意主要是通过教师的教育教学工作实现的，奠基于教师的优质服务。大学只有通过实施"以人为本"的满意管理，才能调动教师的积极性，使他们热爱和献身培养人才的工作，有效开展教育教学，提升求学者——学生对大学的满意度。教育的质量和学生的学习成绩在很大程度上取决于教师的能力、人品和献身精神。当然，学校应该处理好以学生为本与教师为本的关系。学校既要坚持以学生为本也要坚持以教师为本，二者不可偏废，以学生为本，建立新型的师生关系，是现代教育的根本要求。教育工作的本质是培养人才，育人是学校各项任务的核心，也是教师最重要的职责。形成平等的师生关系，实质上是教育现代化的重要组成部分。当然，师生关系的平等，并不是要否定教师的主导地位，而是要求教师尊重学生、关爱学生。以教师为本，首先教师自爱、自尊、自重、自律，做到学为人师、行为示范、人为师表。以教师为本，还包括对教师的尊重与关爱。学校要在代表教师的根本利益基础上，引导教师担负起教师育人的崇高使命，把以学生为本和以教师为本有机结合起来，我们的教育教学管理工作才能做好，教育教学改革才能不断向前推进。

三、"以人为本"教学管理改革对策

（一）贯彻"以人为本"的校长理念

1. 树立"以人为本"的校长理念

校长是学校的法人代表，是学校管理的主要领导者，是学校教学管理的第一责任人，校长理念直接影响和决定着学校其他人的理念。因此，校长本人要不断追求自我完善，使自身既应有健康的身体和优异的心理、优秀的品德、卓越的领导才能、良好的行为规范、充足的自信心，又必须具有新颖的思想观念。校长应该用自己先进的理念和规范的行为去影响、教育、熏陶、帮助、管理师生员工，并获得最大范围、最高强度和最有深度的辐射，使之成为教师、学生成长的力量源泉、行动的指南、行为的准则，使之成为学校教学管理的推进器。校长"以人为本"的理念真正地树立起来了，行动到位了，影响力加大了，以校长为代表的学校领导的观念必然会比较新颖，教学管理人员作为学校教学管理改革的具体实施者就会在新的理念指导下，坚持以学生为本、以教师为本。在工作理念、工作方案、制度建设、制度实施、日常管理工作中发挥主观能动性和创造性，始终贯彻尊重人、解放人、依靠人、为了人和塑造人的"以人为本"的思想，从而将"以人为本"的教学管理落到实处。

2. 加强教学资源建设

树立"以人为本"的理念是先导，教学资源建设是基础，没有足够的教学资源，是不可能做到"以人为本"的，因此，以校长为代表的学校领导必须发挥"千方百计""千山万水""千辛万苦""千言万语"精神，广泛筹措经费，吸纳人才，不断加强师资队伍、专业、课程、教学设施等教学基本建设工作，为贯彻实施"以人为本"的教学管理打下坚实的基础。

（二）贯彻以教师发展为本的理念

1. 尊重信任教师，促进教师专业化发展

教师是高校的主体，是学生成长道路上的领航员，是实施教学活动的关键力量。高校应该通过各种方法使教师得到全面而充分的发展，并充分调动他们在教育教学工作中的主观能动性、创造性和智慧，使他们主动积极地去完成各项任务，从而为"以人为本"的教学管理改革奠定良好基础。

（1）尊重信任教师，树立教师的主体地位

教师是有知识、有修养、有文化的特殊群体，对尊重的需要、自我实现的需要表现得尤为突出。学校的管理者必须尊重教师，尊重他们在学校教学管理工作中的主体地位，正确估计他们的作用，知人善任，发挥所长；尊重教职工当家作主的神圣权利，对教师中所蕴藏的无穷无尽的智慧和才能充满信心，发动和吸收教职工参与学校教学管理工作，激发教师的主人翁意识和工作动机，调动其积极性，使其全身心地投入教育教学工作中去。

（2）创造条件，提升教师业务水平

学校既是学生发展的摇篮，也是教师发展的摇篮。没有教师的发展，就没有学生素质的提高和人格的健全发展。教师是渴望追求人生价值得以实现的一个群体，是需要不断汲取新的营养，丰富、提高自己的，只有教师提高了，才能更好地为学生服务。因此，学校必须创造条件，提升教师业务水平，使教师得到全面发展。教师的全面发展是学校发展的前提和保证。学校要鼓励教师探索创新，形成自己独特的教学风格和工作作风，创造性地运用教育教学规律，发挥主观能动性。学校应尽力把学校建设成学习型组织，引导教师确立终身学习、全员学习、全过程学习、团体学习的观念，创设良好的学习氛围，淡化学校政治化的气氛，竭力营造开放式的管理氛围，让教师真正参与学校管理，形成一种共同的价值观，把学校的意志内化为个人的意志，激发学习动力。学校应实施科研兴师战略，"引导每一位教师走上从事研究这条幸福的道路"，使教师成为教育科研的主力。同时学校应注重教师的在职培训，为他们提供各方面的条件，采取鼓励措施，及时地、有针对性地对教师提出发展要求，使更多的教师能顺利进行培训，不断促进教师进步、提高和发展。

2. 树立四个管理理念，促进教师全面发展

"以人为本"的教学管理既强调尊重人、信任人、关心人、依靠人、发展人，也强调塑造人，既重视自主管理，也重视参与管理，既重视情感管理，也不忽视理性的制度管理。

（1）树立"情感管理"理念，为教师营造良好的心理和生活空间

高校教学管理活动的重要任务之一是调动和激发师生员工的工作积极性，消除各种消极情感的影响。因此，高校的管理者必须重视教师的情感、情绪、体验等因素。高校应该营造起融洽、和谐的校园环境，尽量减少相互间的误解和摩擦，使师生情感得以合理表达，情绪保持稳定，在轻松、愉快、舒适的环境和氛围中学习、生活、工作。尤其随着大众化高等教育的到来和社会对人才培养质量与适应性的不断提高，教师和学生面临更多的竞争和压力，如，学历提升、职称评聘、自由选课、超工作量运转、就业困难等。在诸多的压力面前，师生自我调节能力难免会下降；非常容易出现心理失衡。这些问题如果得不到及时调整和解决，就会严重地影响他们的社会适应性，进而影响他们的身心健康。因此，关注教师和学生的身心健康，为他们营造一个良好的心理环境和生活空间，是新时期高校管理的重要任务。

（2）树立"制度管理"理念，使教师养成良好的工作习惯

"以人为本"的情感管理虽然强调人的主体性，但并不是排斥任何理性。学校是教育培养学生的地方，应该保证教育教学工作正常开展，有序运转，稳定高效，必须用制度加以规范。当然，对于教学管理制度的制定，既要符合法律法规和有关政策规定，又要遵循教育教学的规律、师生健康成长的规律，同时要发扬民主、集思广益，广泛征求意见，使之有利于调动绝大多数

人的积极性、主动性和创造性，并得到绝大多数教职工的支持和拥护。对于制度的执行，一是应不论亲疏，奖罚分明；二是要以导为主，以德为辅，寓理于情，做好引导工作，不以制度压人，要使所有具体工作的管理都充满着人情，使外在的规章制度在执行过程中逐步产生教育、认同的作用，最后习惯成自然，内化为人的自觉观念及良好品德和个性。

（3）树立"民主管理"理念，充分发挥教师的主人翁责任感

"以人为本"的教学管理的重要内容之一是培养师生的主人翁责任感，让他们积极参与到教学管理活动中来，使教师在参与教学管理活动的过程中，能够逐渐实现自我价值，获得自我实现需要的满足。所以，高校教学管理者在做出决策之前，应通过各种民主管理渠道，真诚听取教师对学校教学管理的意见与建议，使每一个教师都有主人翁的责任感和义务感，从而提高决策的科学性，增强教师的士气。同时，教师在参与教学管理活动的过程中，也应该根据高校发展目标，自主制订计划、实施控制、实现目标，把参与教学管理活动发展成为自觉实施管理，进而达到更高层次的自主管理。

（4）树立"成功管理"理念，满足教师自我实现的需要

人人都希望取得成功，作为有创造力的教师更希望取得成功。学校应搭建各种成功平台，让教师在成功中实现自身价值。作为管理者，既应帮助教师确定发展目标，给教师压力和前进的动力，又应为教师的成功创造条件，鼓励提高，同时建立各种激励制度，给予相应的表彰和奖励，使教师享受成功的快乐，满足自我实现的需要。

（三）树立以学生发展为本的理念

以学生发展为本，是"以人为本"理念在教学管理中的具体运用，它强调对学生的管理要尊重学生的独立人格，保护每个学生的自尊心，帮助每个学生充分挖掘潜能、发展个性和实现自身的价值，从而促进学生全面发展。

1. 尊重学生的身心发展基本规律与需要

让学生身心得到健康全面发展，按学生身心发展规律开展教育教学和教学管理工作，是素质教育的基本要求。因此，我们必须尊重学生身心发展规律，尊重学生的人格，尊重学生的需要，创造人性化的良好学习条件，努力培养学生广泛的学习兴趣，使他们积极地、主动地去学习、去研究，让他们在成长的道路上自觉自愿地去探索未知领域。在人才培养方案的制定与修订

工作中，应根据学生知识水平、智能结构和接受能力，设置课程类别、课程学习先后顺序，并随客观情况变化而调整，以适应学生。在教学过程管理中，应充分体现以"教师为主导，学生为主体"的观念，适时根据学生学习情况，选择适当的教学方法、教学方式，以调动学生的学习兴趣，兴趣是学习的起点，是学生走向成功的基础。在教学基本建设中，如教室、实验室、实习场所、体育设施建设等，应充分考虑是否有利于学生的身心健康发展和需要。在日常工作中，应仔细关注学生的学业，适时予以指导；要尽力关注学生的品质，使学生的智力与非智力因素协调发展；要耐心关注学生的心理问题，适时咨询与疏导，确保学生心理健康，全身心投入学习之中。在工作细节上，要根据学生的需要而设计，如，为帮助学生尽快熟悉学校，新生入学拿到的《学生手册》除了有各种规章制度和注意事项以外，还附有校园平面示意图、日历和课程表，有学校领导、各有关职能部门领导、各学科带头人和名教师的照片和情况介绍；学生毕业时请家长参加毕业典礼；校长亲自给学生颁发毕业证并与毕业生照相，毕业后还进行学生就业情况的反馈和调研，等等。总之，要通过各种方式方法，为学生学习、为学生发展、为学生生活服好务。真正做到尊重、关爱一切学生和尊重、关爱学生的一切。

2. 尊重学生的自主选择权利

大学生身心发展已经基本成熟，普遍比较理性，有自己的理想与追求，有甄别能力，有选择能力，我们要充分尊重学生的意愿。每一个学生的知识水平、智能结构不完全一样，学生的兴趣爱好也各不相同，理想也不尽一致，显然其选择也有差异，没有兴趣的东西，与学生理想、奋斗目标不一致的事情，学生是不会去选择的；我们应该充分信任学生。所以，教学管理各个方面均要充分尊重学生的自主选择、学生的兴趣、学生的意愿，要尽可能地创造条件，满足学生选择专业、选择课程、选择教师、选择学习进度、选择学习方式等方面的合理需求，以利于他们健康成长。当然，必要的引导是不可缺少的，但绝不是决定性的。

3. 尊重学生发展的个性差异

人是一个特殊的个体，并且正是他的特殊性使他成为个体。传统教学管理强调共性，忽视个性，以学生为本的教学管理强调要尊重学生的差异。尊重差异包括以下三方面的内容，一是承认学生的发展存在着差异性，教学就是要找到每个学生发展的起点，使学生在原有的基础上、不同的发展起点上获得最优的发展；二是承认学生发展的独特性，根据多元智力理论，人的智力是多维度的，包括言语、操作、音乐、身体动觉、知人能力、人际交往能力。教师要尽可能发展每个学生的聪明才智和发展潜能，尽力捕捉他们身上表现出来的创造力的火花，不追求每个学生各方面的平均发展，让每个学生形成自己的特色和鲜明的个性。教师要热爱学生、了解学生，根据学生的年龄特征和生理、心理差异进行教育教学。在教育教学活动中要处理好全面发展与个性发展、统一性与灵活性、共同性与个别性的三个关系。找到每个学生发展的起点和发展的潜能，区别指导，分层教学，而不是按统一模式去培养学生，使每个学生在原有的基础上都能得到发展。

4. 重视学生的全面发展

学校的目的不应该是单一的传授知识，而应该是最大限度地促进学生的发展。因此，学校应该成为学生发现自己潜能的地方，成为学生获得最大帮助的地方。在教学计划的制订、课程的设置、教学过程的管理、教学建设的实施、教学质量的评价等方面，应考虑对学生个体全面发展需要的适应和促进。在教学评价方面，不仅要关注学生的学业成绩，更要关注学生多方面的潜能，了解学生发展中的需求，帮助学生正确认识自我，建立自信。在教学过程中，要改变课程过于注重知识传授的倾向，强调形成积极主动的学习态度，使获得基础知识与基本技能的同时成为学会学习和形成正确价值观的过程。在课程结构方面，要适应不同地区和学生发展的需求，体现课程结构的均衡性、综合性和选择性。在教学内容与方式上，要加强课程内容与学生生活实际的联系，关注学生的学习兴趣和经验，倡导学生主动参与、乐于探究、勤于动手，增强课程对学生的适应性。总之，要通过教学管理促进学生的全面发展。

5. 建立民主平等的师生关系

教学是师生双方共同进行的双边活动，学生的发展是在师生双方相互影响、相互作用的过程中实现的，不同类型的师生关系对学生人格发展的影响是不同的。"以人为本"的教学管理提倡建立民主、平等、和谐的人际关系。教师在教学过程中应与学生积极互动、共同发展，处理好传授知识与培养能力的关系，注重培养学生的独立性和自主性，引导学生质疑、调查、探究，促进学生在教师指导下主动地、富有个性地学习。教师应尊重学生的人格，关注个体差异，满足不同学生的学习需要，创设能引导学生主动参与的教学环境，激发学生的学习积极性，培养学生掌握和运用知识的态度和能力，使每个学生都能得到充分的发展。

6. 开通学生参与教学管理的渠道

学生是学校的主人，是教学与管理的参与者、合作者，为发扬学生的主人翁精神，强化其主体意识，学校应充分尊重他们的权利，开通学生参与教学管理的通道，如，面向学生设立"校长信箱""教务处长信箱"，学生可通过信箱等渠道就教学管理、教学建设、教学改革建言献策。校长、处长每周都应拿出专门时间阅读学生信件，对学生提出的问题，能解决的立说立行，一时不能解决的，通过相关部门和学生会向学生做出解释；校长、处长还应经常抽出时间会见提出合理化意见和建议的学生。所有这些，都会使学生感受到自我价值的实现，极大地调动学生参与学校管理的积极性、主动性和创造性。

7. 使每个学生获得赏识、感受成功

学生学习的成功体验，不仅可以为学生积极主动的行为提供强有力的学习动机，而且能够促进学生形成良好的学习态度，稳定其情绪情感，有助于学生远大的理想和信念以及良好的人格形成。传统的以教师视点为核心的教学，忽视学生个人的感受以及情感体验。反复频繁的考试压力，使一些学生积累的是学业失败的体验，这种失败的心态导致学生厌学和弃学。而"以人为本"的教学管理既强调要充分发挥学生的主动性，积极主动的参与教学过程，又强调要让学生获得成功的体验，形成具有乐观向上、体现强烈主体意识的积极心态。为此，学校的教学就是要根据学生的差异，采用不同的教学方式，让不同层次的学生都能体验成功。尤其对那些挫折多于成功、沮丧多于快乐的学生，对于那些受到训斥、责骂、冷落的学生，为他们提供更多的机会和条件，使他们学会听，学会交流，学会表达，学会协作，学会学习，体验成功。教师是教学活动的主要实施者，"只有不会教的老师，没有教不好的学生"。应试一试"一把钥匙开一把锁"，帮助学生成功，使学生感受和体会成功的喜悦和快乐。当每一个学生把成功看成一件非常平常的事情时，就已经在成功的路上了，而这正是每个老师都希望学生达到的状态。

相信每一个学生可以成功，因为我们是老师；帮助每一个学生走向成功，因为我们是老师；创造条件，建立激励制度，使每一个学生走向成功，因为我们是教育者和管理者。

（四）营造"以人为本"的学校文化

文化管理是"以人为本"管理的最高层次，是管理的最高境界。学校文化是指学校全体师生员工在长期的办学过程中培育形成并共同遵循的最高目标、价值标准、基本信念和行为规范，它是一种管理文化、教育文化和组织文化。良好的学校文化对于师生员工的成长具有潜移默化的影响，起着"润物细无声"的作用。所以，依靠学校文化而非制度的管理，能够使师生员工形成共同的价值观和共同的行为规范，在学校和师生员工间建立起富有意义的合作伙伴关系。促进高校"以人为本"的教学管理，学校文化所起的管理作用是"润物细无声"的，是持久的。与刚性的制度化管理不同的是，学校文化管理更多地强调价值观、理念和道德的力量，强调内在的自觉与自律，是一种更高境界的管理。随着社会文化生活的多样化，人们的思想观念发生了很大的变化，靠原来的刚性制度约束和管理者个人智慧行使管理的职能，已很难取得满意的管理绩效，而特定的文化氛围所起的作用已凸显出来。

所以，在高校教学管理活动中，通过构建具有自身特色的、积极健康的突出特色的独立性、自主性的学校文化，形成内化于全体师生员工心目中而共有的一套观念、信念、价值观和行为准则，从而影响师生员工的行为，最终达到满足个性的需求，使师生的智慧、积极性得到发挥。

按照由内到外、由深层到表层的变化过程，学校文化的结构应该包括学校精神文化、学校制度文化、学校行为文化和学校物质文化四个方面。其中，学校精神文化是学校文化的深层表现形式，是学校文化的集中体现；学校制度文化、学校行为文化和学校物质文化则是学校精神文化的基础和载体，并对学校精神文化起反作用。

1.学校精神文化

学校精神文化是指学校在长期的教育实践过程中，受一定的社会文化背景、意识形态影响而形成的为全部或部分师生员工所认同和遵循的精神成果与文化观念，表现为学校风气、学校传统以及学校教职员工的思维方式等，可以说是学校整体精神面貌的集中体现。具体来看，学校精神文化主要包括学校价值观、学校精神、学校形象三方面的内容。

　　学校价值观是指学校师生员工在教育实践过程中所推崇的基本信念和奉行的目标，是学校领导和师生员工判断事物的标准。学校价值观一经确立并成为学校全体成员的共识，就成为学校生存与发展方向的精神支撑力量，并对师生员工的行为具有导向和规范作用，使学校领导和师生员工的行为规范，并在具体问题上容易达成共识。学校领导按照学校价值观，启发、引导师生员工的言行并时时反省自身，就会使自己的决策易于被师生员工所理解，并自觉按照学校整体目标调整自己的个人目标和行为；师生员工按照学校价值观反省自身，规范自己的行为，就可形成教育合力，从而大大提高学校的教育教学效率。因此，学校领导应当尽可能地发动全体师生员工共同参与讨论，集思广益，以对学校的整体、群体和个体价值观做出详细定义，并制定学校的价值观。讨论得越充分，价值观的内容就能定义得越细致，师生员工就能准确把握学校领导以及学校对他们的要求和他们需要努力的方向。在这样一个讨论的过程中，不仅可以提升全校师生员工对学校价值观的认同感，并且在很多情况下可以较好地协调学校整体价值观和学校群体价值观、学校个体价值观之间的关系，使之达到尽可能的和谐状态。

　　学校精神是学校在长期的办学实践过程中，为谋求发展而精心培育并与学校个性相结合而形成的一种学校主导意识。它通常借助简洁而富有哲理的语言加以概括，如"特立西南，学行天下"，并常常借助校歌、校训、校徽等形式加以形象地表达。学校精神一旦形成，就可作为一种强大的"文化效应场"，影响和熏陶着广大师生员工，从而使个体行为自觉或不自觉地适应学校精神的要求，规范自己的行为，养成良好的素养。学校形象是指社会、家长等对学校的总体印象，是学校整体素质与文明程度的综合表现，也是学校文化最直接的外在体现方式。良好的学校形象是学校无价的无形资产，可获得良好的社会效应、较高的社会认同，最终会收到由社会效应转化而来的"无形"高回报。良好的学校形象还可以产生强烈的学校向心力，赋予学校师生员工的是崇高的荣誉感，可以使他们在社会上深切地感受到由于学校形象而给自己带来的荣誉，在获得心理满足的同时进一步增强对学校的向心力，同时也成为学校吸引人才的有利条件。从学校自身分析，学校形象的构成要素包括校风和校貌两个方面。校风是指学校的风气，包括校长的领导作风、教师的教风、学生的学风和学校的服务风格。校貌是一所学校外在的特征和风格，是学校形象的"硬件"部分，包括学校的办学实力（如，师资状况、科研功力、管理水准、硬件设施、学校在同类学校中的地位等），办学环境（校园环境绿化与美化、建筑物布局结构、教学用房装饰等），学校标志（校旗、校徽、校歌、校服情况，独特的色彩、标志与用品等）和行为规范。校貌作为学校的外在特征，非常鲜明、直观，是学校给外界的"第一印象"，能够使公众迅速了解自己的特色，产生直接的感性认识，但这种认识往往是肤浅的，对公众的影响主要限于知觉的层面，影响力有限。校风作为学校内在的特征和风格，则比较含蓄，对公众的影响力比较缓慢，但它是学校外在特征与风格的依据，决定着其走向，并能深层次地影响公众的情感和态度，影响力是十分深远的，因此，塑造学校形象时，二者不可偏废，尤其应把重点放在"软件"建设——良好校风的塑造上。

2. 学校制度文化

学校制度文化是学校精神文化的产物，主要包括学校组织结构和学校管理制度。学校组织结构是学校为了实现学校目标而构建的内部各组成部分及其关系的形式。这种形式将确立学校各成员之间的沟通方式、工作规范、工作范围、工作程序、行为标准，以及学校管理部门与人员的权利及责任的范畴。适应学校发展要求的科学合理的组织结构，对于学校的生存与发展、学校目标的实现、学校教学质量的提高、"以人为本"教学管理的实施具有极其重要的意义。因此，学校应该根据发展目标、任务以及内部条件和外部环境，搞好学校的职能分析与设计以及组织结构的框架，合理确立承担各项管理职能和业务的管理层次、部门、岗位及其职责，明确各管理层次之间和部门之间的协调方式和控制手段，明确各项管理业务的工作程序、工作标准与管理方法，合理配备人员，搞好运行制度设计，并通过不断反馈修改，逐步完善。学校管理制度是学校在教育教学实践过程中所制定的、起规范保证作用的各项规章或条例。学校管理制度按照管理层级可划分为国家制定的管理制度、地方教育行政部门制定的管理制度和学校制定的管理制度等。前两者比较宏观，具有较强的普遍性和适应性，后者具有现实的针对性，既能保证师生员工个人活动的合理开展，又能成为维护师生员工共同利益的一种强制手段。从学校精神的塑造要求来看待，制度必须赋予精神文化的色彩，尤其要突出学校发展目标的追求、价值观念、素质要求、作风态度等精神文化方面的条款，赋予制度以灵魂，让规章制度的制定与执行更加人性化，让学校规章制度的影响深入到师生员工的心理层面并发挥作用。

3. 学校行为文化

学校行为文化是学校师生员工在教育实践过程中产生的活动文化，是学校精神、学校作风、学校面貌、人际关系的动态体现。良好的学校行为文化，对于学校教学管理改革的影响是长期的、显著的和普遍的。学校应提倡相互协作，发挥团队精神；鼓励教师与管理人员尝试新的思想与技巧，充分信任教师，帮助教师树立自信心，适时提供恰当的时间、资源支持，使之不断追求卓越；要赞誉与鼓励教师的良好表现，要关怀师生员工，不定期举办庆祝会，营造和谐的氛围；要鼓励师生员工参与学校决策，维护学校的教学科研生活秩序；要建立诚实、开放性的沟通渠道，使师生员工坦诚相见，彼此诚恳地表达意见，避免无谓的猜疑。

4. 学校物质文化

学校物质文化是一种以物质形态体现的表层学校文化，主要通过学校标志、学校环境、学校文化设施等物质形式表现出来。学校标志既应突出教育的特点，更要反映本校特色，著名的高校均有自己的学校标志，如，加利福尼亚大学伯克利分校的 Sproull 大广场、哈佛大学的庭院等都是学校的典型标志。而校训、校徽、校旗等是达到此目的的最直接的手段。学校环境是师生员工工作、学习和生活的主要场所，舒适幽雅、空气清新的校园可以稳定情绪、启迪思想、陶冶情操。理想的校园绿化，合理的步行小道，人人向往的活动、集会"中心"，人性化的建筑布局，是必不可少的。学校的文化设施，主要包括图书馆、校园网络建设、人文景观等，图书馆可以为师生员工提供丰富的精神食粮，不断丰富图书资料并及时更新，切实提高图书资料的使用效率和效益，在学校文化建设中具有十分重要的作用。校园网络建设是教育现代化、信息化的需要，良好的校园网络，便于师生进行网络资源的检索与查寻，开展基于网络的学生人性化自主学习、通信、研讨、交流，使广大师生加入网络文化的创作和发展中去。人文景观是学校校园的重要组成部分，挖掘体现学校文化的人文景观，可以丰富学校物质文化，对于师生员工的成长具有潜移默化的影响，起着"润物细无声"的作用。

第二节 素质教育理念下的教学管理

一、素质教育理念的内涵

（一）素质

从生理学角度来讲，素质是指个体先天具有的解剖生理特点，是指神经系统脑的特性以及感觉器官的特点。从心理学角度来讲，素质是指主体未来发展的可能性，也即发展潜力或发展潜能。从综合的角度分析，素质泛指整个主体现实性，即在先天与后天共同作用下形成的人的身心发展基本品质和功能水平，包括并且特别重视主体未来发展可能性部分。人的素质既是人们天生具有解剖生理特性，也包含人们在实践活动中形成的基本品质及个体未来发展潜能。

（二）素质教育

"素质教育"一词是中国教育工作者的创造物。不同的时代对人才素质有不同的要求，研讨素质教育必须倾听时代呼声，体现时代精神。实施素质教育就是全面贯彻党的教育方针，以提高国民素质为根本宗旨，以培养学生创新精神和实践能力为重点，造就有理想、有道德、有文化、有纪律的德智体美等全面发展的社会主义事业建设者和接班人。全面推进素质教育，要坚持面向全体学生，为学生的全面发展创造相应的条件，依法保障适龄儿童和青少年学习的基本权利，尊重学生身心发展特点和教育规律，使学生生动活泼、积极主动地得到发展。素质教育是以提高国民素质为根本宗旨，以面向全体学生，培养学生的实践能力、创新能力为重点，使学生在德智体美等方面获得全面、充分、和谐发展的教育。

二、素质教育实施对教学管理的挑战

（一）素质教育对高校教学管理提出新要求

1. 对教学管理模式提出了新的要求

所谓模式，就是某种事物的标准形式或者是可以照着做的标准样式。现代教学管理模式是一个广义的概念，它是在一定的办学思想指导下，围绕人才培养目标，形成相对稳定的、系统化和理论化的教学管理范型。我国高校传统的教学管理模式是"制度淡化、管理老化、手段老化"。素质教育要求改变传统的教学管理模式，构建大学教学管理制度的新模式，应当以实施素质教育为主线，充分体现教学管理的多样性、灵活性、有效性、法制性和目的性，注重教学管理的改革，充分调动广大教师和学生参与管理的积极性、主动性和创造性。加强学生综合素质的提高与完善，使学生在思想道德素质、文化素质、业务素质、身体和心理素质诸方面得到健康和谐的发展。

2. 对教学管理人员素质提出新的要求

教学管理队伍亟待加强。没有一支过硬的教学管理队伍，不可能有一流的教学水平与教学质量。教学管理能否从经验管理转向科学管理及实现管理现代化，关键在于教学管理人员素质的提高。建立一支高质量的教学管理队伍，是高等学校加强教学质量管理，完成人才培养任务的根本保证。培养一支素质高、能力强、懂管理、讲原则、爱岗敬业的管理干部队伍，是素质教育对教学管理人员提出的新要求。素质教育下的教学管理尤其应当是有思想的管理、有目标的管理、有深度的管理、充满改革精神的管理。要达到这样的管理，就要有一支高素质教学管理队伍作保障。首先要提高管理人员的教育理论素质。高校管理人员要遵循教育规律，运用现代管理理论和方法，分析教与学的规律，不能把教学管理看作简单的行政管理，而目前在高校教学管理人员中仍有很多人在教育理论方面欠缺。因此，首先要提高高校教学管理人员的教育理论和管理理论素质。其次，建立相应的培训机制，提高管理人员的素质。随着科学技术的发展，特别是网络技术的普及，管理手段、管理技术在不断创新，新的管理理论不断涌现。面对管理环境的不断变化，教学管理人员也要通过学习增强自己运用新知识解决问题的能力。因此，管理人员也要不断学习，以提高管理水平和管理能力。再次，就是管理人员还要善于运用现代化的管理工具，用系统论的方法研究分析新时期教学管理过程中出现的新问题，开展高等教育理论研究，在工作中将理论与实践相结合，创造性地开展工作。最后，教学管理人员在新的环境下还要具有创新精神和开拓能力以及服务意识。

3. 对教学管理的方法和手段提出了新的要求

高质量的教育需要高效的管理。高校的教务管理部门承担繁重的教学管理工作，随着信息产业的飞速发展，特别是计算机及网络技术的广泛应用，给传统的教学管理工作带来了新的革命，尤其随着高校扩招和办学规模的扩大，教学管理工作日趋繁重，管理人员的工作强度已不堪重负，单靠传统的手工管理模式效率很低，已经不能适应高校发展的需要，应充分利用计算机和校园网络进行教学管理，提高管理效率和管理水平，引进或自主开发功能先进运行可靠的教务管理软件，实现教务管理工作的计算机化和网络化管理，如，学籍管理、学生成绩管理、教学计划管理、教师管理、教材管理、教室管理以及教学的日常调度和教务安排，等等。随着学分制的推行，可以实现学生在计算机网络上选课，学生可以在校园网络的任何位置选择自己喜欢的课程和任课教师。教师进行学生成绩的计算机录入以及方便学生在网上对成绩、教师、课程设置及上课信息等查询；利用排课软件进行计算机排课，可以对教师、教室等相对紧张的资源进行合理分配，同时又兼顾了其他诸多因素的影响，实现了排课工作的科学化和规范化，提高了课程编排的准确性和排课效率。借助于计算机和网络技术进行教学管理，既是深化教学改革，推进素质教育的要求，又提高了管理效率，实现了教学管理的科学化、规范化、制度化，也避免了管理中的人为因素影响，有利于建立一个公平、公正的教学环境。

4. 对教学管理评价体系提出了新的要求

传统的教学评价观是以知识的传授为衡量尺度的，素质教育则着重要求教师评价在引导学生独立思考，启发学生的创造性思维，培养学生的创新潜质，提升学生的综合素质和人文素养方面的成效。新的教学评价观是发展性教师教学评价观，它尊重教师的教学权，鼓励教师在教学实践中的创新活动，提倡教师个人的教学风格和艺术，这种教学评价是民主性、商讨性的，结论是分析性而不是概括性的，它主要不在于监控教师教学活动，而是旨在促进教师教学成长，让教师在教学活动中焕发创新的冲动和生命的活力，进而使全体学生受到启迪和激发。另外，还要求教师充分尊重学生学习的主体地位，爱护和培养学生的好奇心、求知欲，激发学生学习积极性和责任感，激励学生的探索精神。因此，要对教师的教学建立科学的评价体系，既要从评价内容上优化指标设置，也要从操作环节上强化评估实施的严格性和公正性，更要引进校外评估，扩大评估参与的广泛性，通过评估引导教学管理工作和教师教学工作改进的方向，并激发其投入的积极性。

对学生的评价从两个方面予以关注：一是学生的综合素质的总体评价，思想政治素质、文化素质、业务素质、身心素质，创新精神、创新意识和实践能力；二是对在某一方面非常突出的偏才、怪才、奇才，应不拘一格，鼓励其成长，为他们成才创造有利环境。掌握综合应用能力的检验及创新意识与实践能力的检验。综合测评、评优、评奖都要充分考虑学生个人的技能表现和特长贡献，培养学生的竞争意识，鼓励学生个性发展。

（二）素质教育下高校教学管理的特点

素质教育是一种发展的教育观，不是对教育分类，也不是一种固定教育模式，而是一种教育指导思想，是一种教育理念。素质教育下的教学管理以体现"以人为本"的原则，注重柔性管理，以个性发展为目标，培养人的创造性。在素质教育背景下高校的教学管理具有如下新特点：

1.教学管理的人本化管理更突出

学校是一个"人—人—人"的系统，它的管理主体、客体和目的都是人，它通过主体人，对既是管理客体也是主体的人的管理，来达到培养、发展人的目的，人的因素是管理的首要因素和本质因素。素质教育的要旨是创新人才的培养，而人是知识创新与发展的生命之源。教育的最终目的不是传授已有的东西，而是要把人的创造力量诱导出来，将生命感、价值感唤醒。

素质教育高扬人在教育中的主体地位，在教育过程中发展人的个性。高校教学管理制度改革和建设着力体现"以人为本"的现代教学管理理念，要以教师和学生的需求为导向，以学生的发展为目标和根本，一切为了学生，为学生的一切，为了一切学生，确立学生的主体地位，充分尊重学生的选择。教学管理中的人本思想，确立人在管理过程的主导地位，使教师和学生在工作、学习过程中，在参与管理活动的过程中，素质、身心、能力和知识方面得到发展，调动了人的主动性、积极性和创造性，使教师和学生的创造潜能得到极大的发挥。

2.教学管理的开放性更强

素质教育下的教学管理更多注重学生的选择权，给学生自主学习发展提供更加自由的选择空间，这样使高校教学管理开放性更强。学分制的课程互选、学分互认、互聘教师和互相推荐研究生，等等，使得学生有更多的选择机会，这样实现学生跨校选课，攻读辅修专业、第二专业、双学位。学生在进校后学习什么专业和选修什么课程，可以在相关教师的指导下由学生自主选择，并可根据一定的规章制度变换。这样灵活开放的管理运行机制为学生营造良好、宽松的学习环境和氛围，进一步激励学生的上进心和创造性，为学生的多方面发展提供条件。让学生拥有更多的选择、更多的时间、更多的发展机会，真正体现"以人为本"的教学管理理念。

3. 教学管理的学术性管理职能更明显

素质教育、创新教育使教学管理的学术管理职能更明显。学术管理融入行政管理之中，才能推进教育教学改革的进程和素质教育的实施。大学为传递学术而产生，大学为发展学术而生存，大学以传递和繁荣学术为己任。学术是学者的生命，学术是大学的灵魂。大学的生命在于学术上的进取，学术发展是大学欣欣向荣的源泉，学术管理应保证学者、教师的学术活动充分有效地发展，以便充分发挥他们的智慧，推陈出新，发展新学科，构成新观念，形成新事物。学术管理的职能贯穿在大学的教学、学科建设、科研和师资管理等工作中，如，专业设置、课程的建设、对申请学位的研究、制定科研成果评价与奖励政策、学术梯队的组织等。

提高管理水平，实施素质教育和教育创新，就必须重视教学管理的学术功能，防止陷入繁重的日常事务而削弱了学术功能，学校的教学管理部门把工作的重点放在强化学术管理上，认真抓好人才培养模式改革、专业设置调整及相应的培养方案的修订、教学方式、考试方法与课程体系内容改革、新的教学评价制度的建立等。集中精力研究教学管理工作，提高管理水平，保证人才培养的质量，在转变教育观念、深化教学改革的同时，要充分发挥校学术委员会、教学指导委员会和教学督导组的作用，加强对学校人才培养的宏观指导。建立"专家治校""专家治学"的管理模式，在教学管理中把教务管理与学术管理有机结合，使专家、学者通过民主的方式行使学术权利，为正确决策提供理论依据，使行政权力服务于学术权利，使教务管理符合学术权利的要求。

4. 教学管理的民主性更强

自由是学术生存和发展的空气，民主是学术兴旺和发达的土壤。素质教育强调学生创新精神的培养，是弘扬人的个性和主体性的教育，强调教育要尊重和发展学生的主体意识和主动精神，培养和形成学生的健全个性和精神力量，使学生活泼成长。只有在民主管理的氛围之中、只有在不断创新之中才会有大批创造性人才的成长，才会有利于学生健康成长，有利于学生的个性发展。健全和完善教学管理和学籍管理制度，要吸收学生参与教学管理和制度建设，让学生参与教学管理和制度建设是教学管理制度的创新，是当前高等教育教学管理改革深入发展的需要，是今后一段时期内高等教育教学管理改革研究的新课题。要搞好高等学校的管理，必须依靠教师发挥能动作用，一切与教师教学、生活和学生学习、生活有关的决策，还要注意听取教师和学生的意见。这就要求各高校在制定教学管理制度和出台教学管理改革举措时，应首先认真调查和研究学生需要什么，选择什么，并建立与广大学生经常性的、及时的、制度化的联系，最大范围地收集学生的需求信息，用以研究学生学习、研究学生生活。例如，一些高校设立的教务处长学生助理岗位和学生教学质量信息员制度就不失为一种好办法。通过学生助理和学生教学质量信息员制度让学生参与教学管理，参与教改方案的修订，让学生了解学校教改举措，反馈其他学生对教学建设与改革的意见和建议，了解教学一线的情况，使学生助理和学生教学质量信息员成为学生与学校教学管理者之间的桥梁和纽带。

5.教学管理的服务意识更强

高等学校的教学管理是管理，也是服务，即服务于教学和人才培养工作。教师和学生既是管理对象，也是服务对象，教学管理工作者所做的一切工作说到底就是为了教师教好和学生学好，从这个意义上说，教学管理更多的含义是服务，而且是主动服务。素质教育强化教学管理制度的服务内涵，要为教师和学生提供越来越满意和高质量的服务，把以往让学生、社会适应大学现有的管理制度转变成大学管理模式必须适应学生的意愿和社会需要。在管理过程中，要了解教师和学生有哪些需要和要求，尽可能为教师的教和学生的学提供完善便利的服务，以利于教师和学生全身心投入到教学中，投入提高素质、培育人才的活动中。那种只讲管理，不讲服务的管理模式，很容易挫伤教师教学与学生学习的积极性和主动性。在管理体制和机构设置上进行尝试，可建立一些直接面向全校师生的服务性功能中心，如注册中心、考试中心、学务指导中心、教学信息中心、教学评价与教师培训中心、实践教学中心，等等。

6. 教学管理趋向柔性化

柔性管理是相对于刚性管理而言的。柔性管理主要是依靠激励、感召、启发、诱导等方法进行管理，是一种人本化的管理。素质教育是"以人为本"教育理念，要求教学管理是一种以柔性化管理为主的管理方法。教师管理和学生管理的柔性化是指在研究教师和学生心理和行为规律基础上采用的非强制性方式，在教师和学生心目中产生潜在的说服力，从而把组织的意志变成教师和学生的自觉行为。

对高校学生来说，柔性化管理主要表现在以下几个方面：一是人才培养规格的柔性化。素质教育需要多样性的创造性人才，对高校来说，需要培养多层次和多样化的创造性人才以适应时代的需要。二是教学计划的柔性化。要制订柔性化的教学计划，注重培养学生的能力，给予学生更多的选择机会。如，学生可以选择专业入学，先在学校学习一定的通识课程后，再根据学生的兴趣和爱好选择专业。三是人才评价柔性化，素质教育要求尊重学生发展的个性化和多样化，要求每个学生都得到发展，都有一技之长。这样就对不同学生有不同的评价标准，有多样化的评价方法。

（三）高校素质教育与高校教学管理的关系研究

素质教育与教学管理有着十分密切的关系，二者相互依存，互相促进。

1. 教学管理创新是素质教育实施的前提条件

素质教育的最终目的是培养创新人才，要求教学管理必须创新。传统的教学管理基本上是学校向学生单向要求型，对教师的教学也基本上是条框约束型。反映在教学管理实践中，则是对学生不放心，不放手，认为学生缺乏经验，自控能力差，一旦放开便会出乱子。在教学方面片面遵守多少年不变的教学规范与教学模式，单纯强调知识的传承，对学生以单向灌输为主。素质教育注重的是学生个性的发展，要求教学管理贯彻"以人为本"的思想，积极营造有利于学生自主学习，鼓励学生发现问题、提出问题、平等讨论问题的宽松的学习环境，要为学生发展自己的个性，潜力与爱好，让优秀的学生脱颖而出提供有利的条件。在教与学的评价标准上，要从以往着重评价教师传授知识和学生接受知识的效果，转向着重对学生进行创新能力和实践能力培养的效果。不改变束缚学生学习和教师教学传统管理思想观念，不进行教学管理的创新，素质教育很难有生存的土壤。这就要求改变传统的教学管理思想，进行管理方式、方法、管理制度上的创新才能使素质教育得以真正的实施。所以，营造新的教学管理环境是实施素质教育的重要前提，谨守传统的教学管理模式，就会束缚创新的手脚。

2. 素质教育推动着教学管理的创新

21 世纪是一个创新的社会，素质教育既是社会发展对大学教育的外在要求，又是大学提高自身竞争力的内在需要，培养高质量的新型人才日益成为大学教育最重要的工作。教育在培养民族创新精神和创造型的人才方面，肩负着特殊的使命。必须转变那种妨碍学生创新精神和创新能力发展的教育观念、教育模式，特别是由教师单向灌输知识，以考试分数作为衡量教育成果的唯一标准，以及过于单一呆板的教育教学制度。在这样一个教育背景下，面临着这样紧迫的发展形势，高等学校的教学管理如果墨守成规就会落后于高等教育发展的需要，成为人才培养的阻碍。从这个意义上说，素质教育是在推动高校教学管理的创新，促使教学管理适应素质教育的需要。

3. 教学管理水平的高低影响着素质教育实施的成效

素质教育与教学管理在某种意义上是互为因果、相互影响的。素质教育对教学管理的要求不是降低了，而是更高了。素质教育要求教学管理者具有全新的教育观念和多方面的知识与能力，素质教育还要求教学管理者在管理的实践中辩证地对待严格与宽松、原则与灵活、继承与创新的关系，做到这些本身就反映出了教学管理水平。一所高校，教学管理水平高，素质教育肯定会好一些；教学管理混乱，势必影响素质教育的顺利进行。

第三节 创新理念下的教学管理

一、教学管理改革的指导思想

第一，教学管理改革必须坚决贯彻党和国家的教育方针和政策，根据高校教学特点和规律性开展工作，一切措施必须符合教学规律。

我国的高等教育以培养"四化建设"有用的人才为目的，高校的所有工作都是在这个大前提下开展。我国高等学校教学管理的一切工作和措施都必须坚决贯彻教育要面向现代化，面向世界，面向未来的战略思想和国家的教育方针和政策，注重培养学生能坚持四项基本原则，具有改革开放的意识，具有为国家富强和人民富裕而艰苦奋斗的献身精神，具有实事求是，独立思考，勇于创造的科学精神，使他们成为德智体全面发展的、有理想、有道德、有文化、有纪律的合格的社会主义建设的高级专门人才。作为高校管理工作重要内容的教学管理改革也必须在这个大原则下进行，并按照教学规律办事，一切措施必须符合教学规律。

第二，高校教学管理改革必须坚持以教学为中心的原则，教学管理应该导向教学、服务教学。

教学工作是学校的中心工作。学校的办学宗旨或根本任务是培育人才，它最主要、最直接、最基本的目标是通过教学这一途径来实现的。因此，高校教学管理改革应紧紧围绕教学工作展开，以提高教学的质量和效益为目的，以最大限度满足教学改革的需要为最高原则，凡是教学改革需要配套管理措施和要求，教学管理改革都应全力从管理的技术上找突破口予以解决。

第三，教学管理改革必须以保持教学工作的稳定为前提，适应教学发展的要求，并推动教学改革的深化。

教学的稳定是高校生存和发展的基础，一切的教学管理改革工作都应在保持教学稳定的基础上有计划、有步骤地逐步展开。教学管理改革的思路和措施只有在广泛地得到了教师、学生、学校各部门的理解和支持的前提下才有可能顺利进行并最终取得成功。

第四，高校教学管理改革的一系列措施必须是衔接有序的高效操作系统，并且必须以是否有利于人才的培养为标准。

教学系统作为一个培养人才的高效系统，是否能够培养出高素质的社会有用的人才是衡量这一系统效能的重要的标准。高校的各种教学和教学管理改革都是为实现这一人才培养过程而做出的努力。高校的教学管理改革是为教学改革服务的，教学管理有序的可操作改革措施可推动教学改革进程。

第五，教学管理改革的目标是提高教师教学和学生学习的有效性。

宏观上看，教学管理改革的途径之一就是创建一种环境，包括科学的管理体制和管理机制，也就是说，要建立有效的激励机制、竞争机制，以达到培养高素质的创新人才的目的。微观上看，就是要形成一系列科学合理的、具体的管理制度和管理方法，最大限度地为教师和学生的发展创造最优的环境，调动与发挥教与学两方面的积极性。

二、教学管理改革的理论基础

教学管理活动作为一项庞大的系统工程，仅有丰富的实践经验是远远不足的，在面对日益突出的教学资源短缺、对人才素质的要求和学校培养目标之间的差距等诸多矛盾时，教学管理工作者应该借助系统论的理论和方法，把人本管理理念放在首位，努力提高管理的水平，提高教学的质量和学生的素质，并逐步适应新的教学管理规律。

（一）教学管理系统理论

系统科学与管理有着极为紧密的联系，任何一个有组织的管理单位，任何一件事物，都是一个系统，管理实际上就是对某一系统的管理。高校是一个社会功能系统，由主系统（直接担负培养人才任务而进行教学工作的系统）、支持系统（从人力、物力、财力等方面保证教学工作这个主系统进行工作的系统）和控制系统（管理、指挥、调节主系统和支持系统的系统）三个子系统组成。其中，控制系统即为教学管理系统。教学管理的本身也是一个复杂的系统工程，由自己的主系统、控制系统和支持系统组成。教学管理系统是指在高校党委和主管校长的领导下，以教务处为主形成运转灵活、上通下达、有权威、高效率的管理体系。完善的系统化的教学管理体系又是由若干个子系统构成，如计划管理、课程管理、考务管理、学籍管理、成绩管理、信息管理等。

（二）教学质量的 PDCA 循环

PDCA 循环方法是美国质量管理专家戴明首先提出的，又称作"戴明环"。在质量管理中，要求把各项工作按照做出计划、计划实施、检查实施效果，然后将成功的纳入标准，不成功的留待下一循环去解决的工作方法进行，这就是质量管理的基本方法，这一工作方法简称 PDCA 循环，其中，P（Plan）是计划阶段；D（Do）是实施阶段；C（Check）是检查阶段；A（Action）是处理阶段。

PDCA 工作方法的四个阶段，在具体工作中又进一步划分为以下八个步骤。

P（Plan）计划阶段，有以下四个步骤：①发现问题，分析现状，找出教学工作中的质量问题。②分析问题。③找出原因（影响因素中的主要原因）。④制订计划措施。根据上面的分析，制订计划，采取措施。计划措施的制订，要明确采取该措施的原因（Why），执行措施预期达到的目的（What），何时开始执行和何时完成（When），以及如何执行（How）。

D（Do）执行阶段，有一个步骤：按制订的计划和措施组织实施。实行目标管理，把任务目标层层分解到人，落实目标责任。提供实施所需要的资源和必要的帮助，确保计划实现。

C（Check）检查阶段，有一个步骤：对照计划。检查实际执行情况和执行效果。

A（Action）处理阶段，有以下两个步骤：①总结经验教训，巩固成绩，处理差错。②把没有解决的遗留问题转入下一管理循环，作为下一阶段的计划目标。

PDCA循环方法是质量管理的基本方法，也是一种十分有效的方法，这种有效性源于PDCA循环的下述特点：

第一，PDCA循环不是到A阶段就算完结，而是又回到P阶段开始新的循环，按阶段不停地转，使教学管理者不断主动分析现状，主动解决问题，使教学质量不断提高。

第二，PDCA循环中大环套小环。PDCA循环作为一种科学的方法，适用于教学管理和各方面工作，因此整个教学管理工作是一个大的PDCA循环，各部门都有各自的PDCA循环，直至具体落实到个人。大环指导和推动着小环，小环又促进着大环，使各部门、个人的活动都与教学质量管理的目标统一。

第三，PDCA循环是在循环中上升的，属螺旋式上升。PDCA循环的循环不是在原地转动，而是每转一圈都达到一个新的水平，下一轮循环又在这个新水平上向更高的水平转动。

三、高校教学管理改革的思路与举措

现行的高校教学管理有合理的成分，是进行教学管理改革和创新的历史基点，要改革或转变的是其弊病和消极因素。即在继承的基础上有所创新、有所前进。未来社会千变万化，新知识、新事物、新问题层出不穷，无论从事何种工作，必须具有创新精神，创造性地解决问题。俄国文学家托尔斯泰说，如果学生在校学习的结果是使自己什么也不会创造，那他的一生将永远是模仿和抄袭。

（一）转变教学管理思想、更新教育观念

高等学校领导对教学工作的重视程度是影响教学质量的重要因素，也是教学管理体系有效运转的前提。只有在高等学校发展中产生强烈的责任感、紧迫感，在理论研究中提高对高等学校教学质量保障理论的认识，才能提高教学质量意识，培养高素质创新人才。

当前，在教学管理工作中应结合高等教育改革精神，围绕学科专业建设、人才培养模式设计、日常教学运行、教学质量评价等教学管理的重点难点问题，抓住机遇，厘清思路，乘势而上，进一步广泛深入地进行转变教育思想、更新教育观念的学习和讨论，提高对教学管理工作的认识。

1. 学科建设方面

在学科建设方面需要转变和更新的观念是：特色是学科发展的生命，发展学科特色，打造学科品牌，是建设高水平大学的突破口；学科专业设置要充分体现学校的办学定位和综合优势，突出特色，转变片面追求专业数量、规模和层次的观念；要根据学科和社会发展的需要，适时进行专业设置和学科方向的调整，增强专业的适应性。良好的硬件环境是学科发展的物质基础，是学科建设上水平先行条件；科学规范的管理是建设高水平学科专业保证。

2. 人才培养模式方面

在人才培养模式方面需要转变和更新的观念是：把素质教育、创新教育贯穿于人才培养的全过程，坚持通识教育与专业教育并重，学问修养与人格修养并重，知识、能力与素质并重，做到人文素质教育不断线；针对不同培训对象坚持因材施教，实现人才培养模式多样化，人才培养模式改革必须落实到课程体系、教学方式和管理方法等方面。

3. 学生日常教学管理方面

在学生的日常管理方面需要转变和更新的观念是：宽松的环境是学生个性发展和创新的前提；尊重管理对象身心发展规律，坚持"以人为本"的管理思想，为培养高素质创新人才创造合理的机制和良好的环境；任何一项教学管理制度、措施都要有利于充分调动学生的积极性和创造性，有利于培养学生的创新精神和实践能力；转变教学管理职能，摒弃保姆式、封闭式管理方式，实行刚柔相济、宽严适度的弹性管理；正确认识和处理统一要求与个性发展的关系，严格管理与营造宽松学习氛围的关系，行政管理与学术管理的关系，确立"大管理"观念，把教书育人、科研育人、管理育人、服务育人、环境育人有机结合起来。

4.强化质量管理方面

在强化质量管理方面需要强化的观念是：观念的转变与创新是教学质量管理创新的先导。此外，学校还要进一步明确办学指导思想，不断强化质量意识，大学教育最根本的任务是培养具有创新精神和创新能力的高素质人才。在大学教育所涵盖的教育层次中，本科教育是基础，本科教育的质量是构筑一所大学的学术地位和学术信誉的基石。为提高本科教学质量，首先要增强质量意识，将人才培养质量作为衡量学校办学水平的根本标准，高校领导和教职工都应该取得共识。首先，学校要定期召开全校教学工作会议（研讨会），并通过专家讲座、编印教育研究资料等多种形式，在全校上下广泛深入地开展新时期教育思想观念的宣传、学习与研讨，帮助广大师生员工树立融知识、能力、素质于一体、通识教育与专业教育相统一、全面发展与个性发展相结合的全面素质教育质量观。其次，要在全校牢固树立"高等学校的根本任务是培养人才，教学工作始终是学校的中心工作""人才培养的质量是高等学校的生命线""加强本科教学是提高整个高等教育质量的重点和关键""深化教育教学改革是高等教育发展的动力"等意识，切实把加强教学管理看作是学校各项工作的重点之一。再者，学校党政一把手作为教学质量第一责任人要亲自抓教学质量，定期召开教学工作会议，及时研究解决本科教学工作中的新情况、新问题，不断推进学校的观念创新、制度创新和工作创新，将学校的本科教育质量提高到一个新水平。

5.教学资金投入方面

为了提高本科教学质量，确保规模与质量协调发展，学校必须采取多种措施，加大教学经费的投入，优化教学资源配置，从硬件和软件上努力改善教学条件。因为管理的优劣、条件的好坏直接关系到教学质量的高低。这主要体现在两个方面，一方面是加大硬件的投入，需要学校积极开发创收或筹措资金的渠道，不能单靠政府的拨款；教学的硬件条件要保证经费的集中投入，使资源得到了优化配置，避免重复购置现象，可集中资金投向重点项目，确保资金用在刀刃上，提高仪器设备的现代化水平和使用效率。而且要跟上信息时代的步伐，尽全力配备现代化的设备。另一方面就是对教学软件条件的改善。这一点往往容易被忽视。软件的建设则要求学校紧抓管理，提高管理水平。结合实际情况制定相关的管理条例、奖惩细则。管理人员自身要恪守职责，努力做好自己的工作，保证管理的科学、规范和有效。首先，学校要对陈旧的教学方法和手段进行改革。落后的教学手段，既限制了课堂的信息量，又限制了学生的思维空间，不利于调动学生学习的积极性。因此，要加快教学手段的现代化，加快计算机辅助教学软件的开发和推广使用，改革多媒体管理办法，要提高多媒体教室的利用率。要改革"灌输式"以及在教学过程中偏重讲授的教学方法，积极运用启发式、讨论式、研究式等方式进行教学，推广使用案例教学法、参与式教学法、课程设计式教学法等教学方法，要灵活运用讲授法、评论法、调查法、练习法，培养学生的实践能力和自学能力，最终引导学生学会学习。其次，学校以增加数量、提高素质、优化用人机制为重点，要着力加强教学师资队伍建设。要大力推进教授上讲台、加强教师和管理人员在职培训、鼓励教师开展教学研究、开展教学名师评选和青年教师讲课比赛等活动，以此提高教师的综合素质。硬件和软件两手齐抓，只有两方面都抓紧了落实了，教师的教学科研、学生的学习生活有一个优越的环境，教师的教和学生的学才能有业绩。

（二）建立健全教学管理制度

加强制度建设，完善和严格执行教学管理制度是保障教学质量的有效措施，是提高教学质量监控水平，并使教学管理制度科学化、规范化的基础性工作。

1.教学管理制度既是组织实施教学活动的依据，又对教学活动具有重要的导向作用

教学管理创新的核心是教学管理制度的创新。推进教学管理现代化，教学管理制度创新是关键。首先，建立健全教学管理制度，必须以高等教育学、教育心理学、管理科学等学科理论为依据，充分体现教学管理制度的科学性。教学管理是一项复杂的涉及多学科、多领域的实践活动，创新教学管理制度，必须通过纷繁复杂的教学管理现象，揭示教学管理活动的本质，使教学管理规章制度具有可靠的科学依据。高等教育学是研究高等教育现象及其规律的科学，对高等教育的性质、目的、内容、特点都作了理论性的阐述。在创新教学管理制度时，必须遵循高等教育学的基本原理，反映高等教育的

特点规律；遵循教育心理学的基本原理，反映教学过程和学生身心成长基本规律；遵循管理学的基本原理，灵活运用管理学的有关原则，提高教学管理的效率和效益。

其次，建立健全教学管理制度，必须加强院校教学立法进程，建立配套完善的教学管理法规体系，充分体现教学管理制度的完整性。江泽民同志曾经指出：健全的法律法规是现代教育管理的基础。坚持依法治教，使普通高校教学管理有法可依、有法必依，是教学管理现代化的重要特征。从高等教育改革开展以来，各大院校教学管理法规制度建设取得了重大进展，根据各自的办学特色，专门制定了很多重要的法规制度。这些法规制度充分体现了教育教学改革的一系列思想，是教学管理制度创新的重要成果。但是，从总体上看，高等学校教学管理法规制度建设仍然滞后于推进现代化教学的客观要求，主要是教学管理规章制度体系不够完善，部分领域法规制度存在空白；一些已有的规章制度没有及时进行修改，部分规章制度之间不够和谐统一；微观教学管理规章制度建设滞后于宏观教学管理规章制度建设。因此，推进教学管理现代化，必须高度重视教学管理法规制度建设，科学规划，突出重点，注重质量，尽快建立完备的教学管理法规体系。

再次，建立健全教学管理制度，必须着眼培养全面发展的人才，把近年来高等学校教学改革的成功经验上升到制度层面，充分体现教学管理制度的先进性。近年来，围绕培养全面发展人才，各高校在教学管理制度改革方面进行了大胆的探索，建立了适合不同院校、学科专业及培养对象特点的各具特色的教学管理模式。

最后，建立健全教学管理制度，必须立足院校实际，开阔视野，广泛吸收借鉴各高校教学管理制度改革的成功经验，制定科学合理的适合各高校实际情况的教学管理规章制度。如，在培养制度方面，积极实行学分制、创新学分制、重修制、导师制、辅修专业、第二学士学位、弹性学制等制度，减少必修课，增加选修课的数量，建立大学生创新教育基地；对拔尖人才，在条件允许的情况下，实行跨年级、跨专业、跨院校培养和本硕、硕博连读制度；在考核制度方面，实行教考分离、学生综合素质考评制度；在教学质量监控方面，实行教学督导制度、教学信息员制度，形成学生、教师、管理部门共同参与的教学质量评价和监控体系；在教师管理方面，实行教师资格认定、任期考评、学科专业首席教授、特聘岗位、挂牌上课、教学质量一票否决等制度，建立教学改革立项制度，鼓励教师进行教学改革和创新；在校内教学管理体制方面，形成权利、责任和利益相互制约的格局，建立分层负责的教学管理机制；等等，只有把上述制度建立起来，高校教学管理体系的构建才有制度保证。

教学管理制度是教学管理体系的基础。教学决策和教学计划都是通过教学质量管理制度来进行的，所以一套正确的、合适的教学管理制度对学校各方面工作均有一定的规划指导作用。

2. 在实践中重点做好以下几方面的工作

第一，在构建教学管理体系过程中，要实行学校、学院、系（教研室）三级教学管理体制。学校成立教学委员会，在校长领导下，对全校的教学改革、教学建设及教学管理等工作中的重大问题进行决策、咨询、审议和监督；教务处作为职能部门，是学校实施教学宏观管理、目标管理的管理机构，重点实施教学质量的宏观评价、监督和检查工作。各学院成立教学指导委员会，定期研究教学工作中的重大问题，提出加强教学管理、提高教学质量的建议；建立院长负责下的教学"三干"制度，即由教学院长、教学秘书、教学干事全面管理教学工作。系（教研室）根据专业教学计划，制订本系（教研室）的教学工作计划，组织教师制定和实施教学大纲、选用或编写教材、实验实习指导书和教学参考书，开展教学研究和教学改革，积极进行教学建设，加强教学质量管理和系（教研室）人员的考评工作，实施和监督教学过程。

第二，加强基层教学组织建设，如，在教务处新设立教学质量和实践教学科，并倡导建立学术型教学管理组织；各教学单位是教学实体，全面负责本单位的教学、科研和社会服务等计划的制订与实施，具体负责课程建设、专业建设、学科建设、师资队伍建设、实习基地建设、教材建设、教学质量监控与评估、教风学风建设、院系教学管理队伍建设，以及学生的学籍管理和教学秩序的管理与监督。

第三，推进学分制管理改革，制定一系列学分制教学管理制度。这样既能给学生创造宽松的学习环境，又能提高学生学习的积极性和主动性，以满足学生的个性发展需要。

第四，引入激励竞争机制，充分调动全员参与教学管理的积极性，激发教、学、管三方面的活力。

第五，规范和完善教学计划的质量管理。一是专业培养计划制订须遵循德智体全面发展的原则，注重学生知识、能力、素质的协调发展，体现知识结构和课程体系的整体优化，控制总学时，放活选修课。二是课程教学大纲根据培养目标的要求以及课程结构与教学安排的整体需要，组织教师编写课程教学大纲。三是各专业制定的实践教学大纲要充分体现培养大学生创新能力、实践能力和创业精神等要求，坚持高起点、有突破的基本方针，体现科学性、前瞻性和可操作性，把产学研结合作为主线贯穿实践教学体系中。

第六，制定一整套的教学管理文件，如，教学管理、学籍管理、教材建设和管理、有关教学计划和课程管理、理论教学的管理、实践教学的管理、教学改革和教学研究的管理。此外，教学工作的管理还应当关注教师管理、教学资金管理、实验室建设、教学仪器设备管理、图书馆管理、体育场地管理、学生课外活动管理等方面。

实践证明，教学管理工作的现代化能否顺利推进，主要取决于教学管理主体能否能动地把现代化教学管理理念转化为教学管理行为，能否始终站在高校教育改革的前列，密切关注和把握高等教育改革发展的时代脉搏，完善科学的教学管理制度。所以，没有教学管理制度的建立健全，没有强烈的变革现实的要求，没有勇于改革的胆略，就谈不上教学管理现代化。只有教学管理主体对传统的教学管理理念、教学管理模式进行深刻反思，对过去长久不变的教学管理制度进行调整，勇于从不合时宜的观念、做法中解放出来，根据培养全面发展的人才的要求，充分吸收借鉴国内外各大院校教学管理改革的有益经验，探索与创新教育相适应的教学管理新路子，建立健全教学管理制度，就能促进教学管理工作的科学化、规范化和现代化。

（三）改进教学管理的方法和手段

1.要加强教学管理队伍素质建设

教学管理人员作为参与学校教学管理政策的制定者和执行者，必须具有良好的思想政治素质和较高的业务素质，才能对提高教学质量起到促进作用。每一个教学管理者都要树立全新的质量意识，明确管理就是服务，在自身的工作中，按照教学规律要求，把每个教学活动中各种要素尽可能优化组合，充分利用学校现有的教学资源，尽可能为师生的教学活动提供合理的安排和有利的条件。应对教学管理人员进行经常性的业务培训，提供进修和攻读高一层次的学历的机会，以完善知识结构，提高理论水平和业务能力，要定期开展教学管理的学术交流活动，研讨教学管理理论及教学改革趋势，关注和把握人才培养的新情况、新问题，不失时机地开展教学改革。教学管理队伍要有一个合理的结构才能使教学管理工作高效、合理地正常运行，才能提高教学质量，才能够在新形势下不断改善教学管理模式。

2. 在教学管理队伍中建立竞争机制

通过竞争，激发教学管理工作的活力。使整个教学管理队伍显得生机勃勃。要建立健全教学管理岗位责任制，进行严格的定编、定岗、定职责，将职责落实到每一个教学管理人员。通过每一位人员尽职尽责的工作，来保证整个教学管理的质量；要健全竞争上岗机制，为教学管理人员创造公平、公正、公开的竞争舞台和发展机会，通过竞争体现优胜劣汰，提高整体素质；要采取有力措施切实解决教学管理人员的工作条件、工作环境、职称地位和待遇问题，使他们安心做好教学管理工作。

3. 要树立教学研究与科学研究并重的意识

优秀教师首先必须是一位教学研究型教师，积极开展教学研究是每一位教师的基本职责和任务。要强化教研室在教学研究、教学改革中的目标和责任。精品课程、特色专业等要有相应的教学研究项目和教学成果作为支撑，各学院要组织力量对专业、课程、教材、教法开展专门、系列研究，鼓励教师对学生、学法、学风、学生能力素质开展深入、系统研究，同时要加强科研工作，树立科研与教学并重的观念，以科研促进教学，提高教学质量。

4. 规范教学管理

教学管理的规范化是要通过动员各方面的力量，制定出切实可行、行之有效的规章制度，并严格按章办事，以法治校，以法治学。在"教"方面，就是要建立科学的教学质量考核等各类教学评价制度；公正的教学成果等各类优秀评定奖励办法；严格的教学检查等各类常规的监控，甚至惩罚的措施。在"学"方面，要建立起一套严而不死板的学籍管理制度，科学合理的综合测评办法，灵活而富有激励性的学习奖励措施等。

5. 加强教学管理信息化和网络化建设

建立一个符合校情的完善的教学管理信息系统，可使学校管理实现宏观调控和微观处理，使统计、评估和决策建立在更科学的基础上，有利于学生根据自己的情况和不同的教学环境选择课程、网上答疑、成绩查询等，从而充分发挥学分制的优点。另外，信息网络的使用可使教学管理信息资源达到共享的目的，提高管理的效益和质量。信息技术、网络技术等高新技术的飞速发展，及其在教育领域的广泛应用，为教学管理手段的创新发展带来了机遇和挑战。从发展趋势看，信息网络技术已经开始广泛渗透到教育和教学的全过程，并将进一步推动教育思想观念、教学模式、教学管理手段的全面变革。以计算机网络为物质技术基础构建教学管理信息化平台，实现教学管理网络化信息化，是教学管理走向现代化的重要标志。

教学手段的现代化也正在对高等学校教学质量的提高起到毋庸置疑的重要作用。多媒体教学的采用，使课堂教学的密度极大增加，直观性更强，教学效果明显提高，应该大力推广使用。在教学管理方面，如招生管理、学生成绩管理、学籍管理、课程管理、信息查询等方面，都应实现网上运行管理，这样就可极大地提高工作效率。学生撰写论文，上网查询资料，会极大地增加信息量。因此，努力实现教学与教学管理手段的现代化，开通可以使用的各种网络和建立校园网络，是现代化高等学校的一项紧迫任务。

6.运用现代教育技术手段提升教学水平

要加强对现代教育技术和手段的学习、研究和应用，加快计算机辅助教学软件的研制、开发和推广应用。大力开发校园网的教学与教学管理功能，教务处通过校园网公布专业人才培养方案和课程教学大纲，充分利用校园网上丰富的教学资源，开展网上教学，以提升教学水平。

（四）建立目标管理与过程管理相结合的教学管理模式

当前，我国的高等教育模式多限于传授学科、专业的基本知识和技能，发展学生的语言与逻辑思维能力，以培养社会需求的、从事简单技术操作和技术应用的劳动者。这样的教育模式远不能适应21世纪高科技、多元文化和知识经济发展的需要。高等教育的教学应该注意其社会性、先进性、发展性、创造性和实用性，并以此为指导，转变教育思想，深化教育教学改革，重新审视和改革专业设置、培养目标、课程内容、教育教学方法和教学设施。教师是教学过程的实施者、组织者和主导者，在教学改革中占主体地位。教师的教学改革不是简单追求形式、手段的翻新，而是要突出学生的个体和主体作用，培养和养成他们的独立自主意识、开拓创新精神、自主学习、实践、研究和创新的能力。所以，深化教学改革，学生的参与是很重要的，无视教育对象的教学改革是不能成功的。

此外，要建立目标管理与过程管理相结合的教学管理模式。为了使目标管理在教学管理工作中有效运作，我们应从以下几个方面着手：

1. 深入调查研究，确定工作目标

要实施目标管理，首先要确定教学管理工作目标。我国高校教学管理工作的总体目标是非常明确的，但各级各类不同层次、不同类型高校的工作目标是有差异的，每一所学校的目标既要体现自身特色、符合本校实际又能体现总体目标的工作目标。如何确定自身的工作目标，是一个非常重要的工作。为了有的放矢，必须进行深入的调查研究，主要围绕学校目前的教学管理工作进行调查。

2. 贯彻落实教学管理工作目标

工作目标一经确定，贵在实施贯彻，否则，再好的蓝图和设计也不过是一纸空文。目标管理强调的是全员参与互动。任何的单向行为都会导致管理的失败。目前，高等学校的教育教学质量整体滑坡，这种令人担忧的状况，在很大程度上是由于没有调动全体师生员工参与其中。高等教育管理的本质是调动教师、管理人员、学生三个方面的积极性。因此，我们关键是要"以人为本"，充分调动各方面的工作积极性，使教学管理工作的总体目标得以有效实现。

（五）建立健全教学管理的质量监控和信息反馈系统

建立健全高等教育教学质量监督保障体系是保证高等教育教学质量的关键。建立学校内部教学质量保证和监控体系，是高校主动强化自身评价，提高教学质量和整体办学水平，促使教学管理走向成熟和规范的具体体现。实践证明，建立健全科学、完善、有效的教学质量保证和监控体系，对于促进教学质量的提高，保证人才的培养质量有重要作用。

在建立全方位教学质量监控体系方面，主要做好以下几方面工作：一要注重管理制度建设，这是实现规范化、科学化管理的关键。制度建设应包含制度创新，以实现创新人才的培养。二要全过程监控，如建立贯穿期初、期中、期末的教学检查制度。三要实现网络化监控，包括以校、院教学管理部门为主的教学监控链，以学生信息员、教学督导员等为主的信息反馈链，以学生管理部门为主的学生管理链。四要多渠道监控，如评教评学、毕业生调查、学情调查、教学工作例会制度等。五要多形式监控，如考试监控、考核监控、制度监控等。六要健全质量管理队伍。学校要健全教学质量管理的队伍，包括来自教师、学生、管理人员以及社会几方面的质量管理队伍与监督队伍。七要加强教学质量检查，对包含影响教学质量的各个环节和方方面面的检查与控制。八要完善各类教学评价。九要设立校内外监督体制。校内督导组、校外政府（包括教育行政部门）的监控作用被教学管理者所重视，但学生家长和用人单位的监督评价作用则往往被教学管理人员所忽视。我们应制定家长调查问卷和用人单位跟踪制，让社会定期反馈信息。这些信息往往是最前沿的、最直接的，是决策者制定方案的直接依据。完善的监督体制会促进教学质量不断提高。

另外，要建立多渠道的教学质量信息反馈网络，采集包括教师的教学效果信息、学生的学习质量信息、管理者的管理效能信息以及用人单位对毕业生质量的反馈信息。一是建立各种信息反馈制度，由各职能部门定期汇总、汇报教学质量信息；二是通过学期初、学期中、学期末的教学检查，教学管理部门和校、院两级领导干部听课以及教学督导组收集有关教学质量信息；三是建立学生信息反馈网；四是建立教师信息反馈网；五是建立毕业生信息反馈网，通过这些信息反馈网的建立，及时收集各方面的信息，进行分析和反馈。

（六）创新教学管理机制

要做到真正意义上的教授治校，充分发挥教代会民主监督作用，要严格监督学校领导及管理者对管理法规制度的制定和贯彻执行。将学术管理与行政管理分流，探索新的教学管理体制。特别要强调废除名目繁多的评奖与选拔，还高校以安静的治学环境。真正的学术创新，既需积累，也讲机遇，往往不能以常理推测。建立规章制度，加强学术管理。大学的管理工作，应包含对"人"的尊重，以及对"创造性劳动"的理解。健全的管理体制离不开完善的管理理论研究支持。开展高校教学管理体系研究：一是立足于社会主义办学方向和人才培养目标，认真研究创新教学管理的基本理论、体系、方法和原则；二是在分析高校与政府、社会中介组织之间相互关系基础上，研究新形势下我国高等教育管理体系的主体、目标、结构、功能和特征等；三是在高等教育改革与实践以及全面实施素质教育基础上，建立科学合理、符合实际、具有前瞻性和导向性的分类教学质量标准和评价体系。

第四节 后现代教育理念下的教学管理

一、后现代教育理念的基本思想

（一）后现代教育目的观

各种形态的后现代主义者分别从不同的角度对现代完人教育进行了批判和解构，主要从价值取向、内容规定、类型要求三个方面，对后现代主义的教育目的观进行了勾画。

1. 价值取向

后现代教育目的的价值取向集中在对人的理解上。后现代主义提出了"人的死亡"，但这并不是说实际存在着的人不再死亡了，而是指现代意义上那个"具有普遍、永恒、凝固的本质的人不再存在了"。在人们面前表现出来的是"后现代个体是松散而灵活的，以感情、情绪内在化过程为旨归的并持有一种成为你自己的态度；他（她）建造着自己的社会现实，追求着对意义的自我解答，但他（她）不对结果做出真理性的断言；他耽于幻想，喜欢幽默，醉心于欲念文化，向往即时的满足"。后现代主义的教育目的就是培养这种人，"在后现代教育目的中，没有真善美化身的人，没有柏拉图式的哲学王的形象，没有高大全；只有多层面的、复杂的、活生生的、自相矛盾的、自由的特殊个体，他没有任何限定性，不断地自我构建，创造出自己的本质"。

后现代教育目的观对现代人才培养观念进行批判，认为在现代社会中，知识分子往往是"普遍性代表""榜样"，是理性的代表，真理的代言人；他们垄断着知识，给人们高层次上的指导，是我们社会的精英。然而，信息技术、科学文化的发展使得现代知识分子的地位发生了危机。利奥塔指出："知识的传递似乎不是为了在解放之路上引导民族的精英，而是为了向系统提供能在体制所需的语用学岗位上的恰如其分地担当角色的游戏者。"后现代教育者倡导生态教育学，主张人、自然、社会三者达到和谐统一的发展状态。包尔斯提出教育目的在于建立一种文化与社会环境和睦相处的社会文化背景，培养学生的生态意识。马丁认为教育目的应该在于求得一种内部平和，这种目的的确立不是从个人的自我发展角度而言的，而是从社会角度出发考虑社会问题、社会的整体发展。诺丁斯主张教育目的是培养能力、关爱和具有爱的能力的可爱的人：他们是关心自己、关心他人、关心全世界、关心植物动物、关心环境、关心人为的世界的人。

2. 内容规定

后现代教育学者所提出的教育目的各有不同的观点，但他们都有着一个共同的基础，这就是他们都是在反思现代教育目的观的基础上提出来的。他们所主张的内容也大都围绕如何克服现代西方资本主义的危机，培养具有批判能力的、认可多元文化的社会公民这些方面。后现代主义者吉鲁结合批判和后现代主义理论的一些观点和方法，创立了"边界教育学"，认为教育目的应该从由优势文化决定的解释中解放出来，来肯定个人的经验及其文化的特殊。通过教育培养一批具有批判能力的公民，这种公民能够认清优势文化具有的独霸性及文本的集权性，向它们挑战。在学习的过程中，能通过对多元文化的认识跨越文化的边界，既肯定自己的个体经验和所代表文化的特殊性，又逐渐深入了解自己与他人之间的关系，认同不同文化背景下具有不同价值观的他人。福柯的知识—权力理论也认为，"教育最重要的目标就是促进学生对社会的认识和了解，建立各种社会责任感"。

3. 类型要求

后现代主义教育学者看来，学习和建筑一样，可以是各种各样的：可以综合，也可以分科，可以开办以两门学科或活动为主的特色学校，也可以遵循各种不同的传统来进行。教育仍然可以注重学生各方面发展，但并不强求每个受教育者都得到"全面发展"；教育目标也可以培养片面发展的人，即符合学生自己的特质和他生活中的特殊性的人。后现代主义的教育目的并没有完全摒弃现代教育目的的各种类型，而是认为，如果某些现代教育目的的类型仍然是符合某些人的需要，而这些教育目的又不标榜以培养完人为己任的话，那么它们依然可以存在，不过只能作为众多教育目的类型中的小部分而存在。在崇尚差异性、偶然性和多元化的思维指导下，吉鲁、罗蒂提出了注重他者和边缘性话语的教育目的，后现代批判理论提出了培养"崇高感"

的教育目的，诺丁斯的后现代女性主义、建设性后现代主义倡导培养对世界的关爱感的教育目的，包尔斯主张培养生态意识的教育目的，等等。

后现代主义教育目的本着差异性、偶然性以及文化多元主义原则，力图打破现代教育中"完人"这一概念对人的发展的限制及其中所隐含的权威话语，并将教育目的置于千变万化的生活世界、置于开放的教育过程之中，使教育目的具有生成性、动态性和开放性。

（二）后现代课程观

在后现代主义看来，现代教育是以课程与教学分离为特征的，课程与教学二者是一种二元对立的关系，认知活动是整个教学的中心地位。与此不同，后现代主义认为，课程与教学不是分离的，是同一过程的两个方面。也就是说，内容与方法、目的与手段之间具有内在的连续性。美国学者韦迪用"课程教学"这一术语来体现这种课程和教学的统一与整合的新理念及相符的实践形态。课程与教学过程的进行不仅包含着对内容的某种方式的变革，更包含着我们在这一过程中的转变，即教师和学生在具体的教育情景中不断变革和创造着内容，从而不断建构着自己的意义、转变着自身。

课程作为教学的框架，学习和理解来自对话和反思。"当我们与他人对话并对我们和他们所说的进行反思时——当我们在我们和他们之间，我们与课本之间'协商交流'时——学习和反思被创造出来（而不是被传递下来）了。"课程作为教学事件的作用在于帮助我们调和这些交流，为达到这一目的，它应该是丰富的、回归的、关联的和严密的，即多尔所称的"四 R"：Rich（丰富的）；Recursive（回归性的）；Relation（关联性的）；Rigorous（严密的）。"四 R"既是设计后现代课程的标准，又是评价后现代课程质量的标准。后现代课程在多尔看来，是"一种形成性的而不是预先界定的，不确定的但却有界限的课程，一种探索'产生于上帝笑声回音的迷人的想象王国'并由不断扩展的'局部普遍性'网络所构成的课程。"

1.丰富性

丰富性指课程的深度、意义的层次、多种可能性或多重解释。每一学科都有其自己形成的历史背景和自己的解释方式。为了促使学生与教师产生转变和被转变，课程应当具有"适量"的异常性、不确定性、无效性、模糊性、不平衡性、耗散性与生动的经验，对课程而言，怎样才能达到既激发创造性，同时又不会失去形式或形态的"适量"，这是无法事先确定的。需要不断在学生、教师和文本之间予以协调，但课程需要干扰因素是一定的，这些干扰因素形成了生活本身的疑问性。

2. 回归性

回归性并不是数学意义上的重复，它是一个人通过环境与他人、与文化的反思性相互作用形成自我感的方式。这种关于思考的环形运动，体现了人类的自觉性，是我们创造意义的方式。回归和重复是截然不同的两种思维方式：重复是现代主义方式的重要因素，旨在促进预定的表现，其框架是封闭性的，反思在其中发挥消极作用；回归旨在发展能力——组织、组合、探究、启发性地运用某物的能力，其框架是开放性的，反思在其中发挥积极作用，思想要返回到自身。在提倡、支持、利用回归性的课程中，没有固定的起点和终点。

3. 关联性

关联性对后现代转变性课程具有两个方面的意义：教育与文化。前者可称之为教育联系，指课程中的联系——赋予课程以丰富的模式和网络。后者可称之为文化联系，指课程之外的文化或宇宙观联系，这些联系形成了课程赖以生存的大的模体。两种关系都是重要的，且相互补充。我们所有的解释都和地方文化相关，而且与其他文化及其通过全球模体而进行的解释相互联系。在这种双层文化框架中论述（描述和对话）发挥作用；远远比现代主义所提出的基础主义、抽象的和有特权的框架中发挥的作用要大，而意识到论述的背景特点有助于我们了解对话参与者的思维以及所有教学行为，作为教师，我们不能，的确不能直接传递信息；相反，当我们帮助他人在他们和我们的思维成果以及我们和其他人的思维成果之间进行协调之时，我们的教学行为才发生作用。批评现代主义没有采用这种关联性观点，其视课程是超越地方性、情景性而走向普遍性和抽象性的标准，也正是利奥塔所抨击的元描述。

4. 严密性

从某种程度上讲，严密性是四个标准中最重要的，它防止转变性课程落入"蔓延的相对主义"或"感情用事的唯我论"。现代主义关于严密性概念往往包含逻辑、科学观察和数学精确性，因此，"也可以从组合的角度界定严密性——不确定性和解释性的组合，解释的特性及其自身的丰富性依赖于我们如何完善地发展不确定性所呈现的各种选择方案"。在处理不确定性时，我们必须不断探索、寻求新的组合、解释与模式，严密性在这里意味着有目的地寻找不同的选择方案、关系和联系。"严密地对待解释需要意识到所有的评价有赖于假设。随框架的不同，问题、程序和评价结果也有所不同。"这要求我们自觉地寻找我们或他人所持的这些假设，以及这些假设之间的协调通道，促使对话成为有意义的和转变性的对话。后现代主义主张的课程与教学的统一化，即"课程教学"，不是一种对现代课程与教学的颠覆，它只是表明了课程与教学发展的一种可能性，或者说，一种可能的方向，要将这种可能性转化为现实，则要求教育者和受教育者做出系统的调整，包括对个人习惯、行为方式、学习环境等等进行重新认识。

（三）后现代师生观

后现代主义思维方式启发教师们开始关注学生的主体性、丰富性、独特性，使他们意识到正是以往"追求同一、关注同一"的学生观导致学生的平白与单一，进而促发他们开始以着手建立尊重个性的新学生观。后现代思想家认为，在知识传输的方式发生了变化的时代，教师已不再是知识的唯一信息源，教师的地位尽管不会由计算机完全取代，但教师发挥作用的重点和方向已不同于传统的教师了，"教授时代"已成为历史。而且，随着学习化社会的到来，终身教育、闲暇教育观念逐渐深入人心，制度化教育将受到非制度化教育和非正式教育的挑战，从而出现正规教育、非正规教育以及非正式教育共处的复式模式。如此一来，教师的权威性和神圣性也就失去了存在的根基，这就意味着教师和教师所拥有的知识不再成为决定学生发展的决定因素和"中心"，也意味着不能再称只有教师对学生才拥有进行教育的专利权。后现代主义的师生观体现在以下几个方面：

1. "我你式"师生关系

一个人的发展取决于他直接和间接进行交往的一切人的发展，人不能以一种自己与自己的单一关系来存在和发展，没有与"你"的交往和关系，"我"也就从根本上失去了依据，更谈不上价值的升华和超越了。后现代主义者认为，"不仅所有的存在在结构上通过宇宙之链联系在一起，而且所有的存在内在地是由与他人的关系构成的"。师生关系作为一种特殊的人与人之间的关系，很显然也应当是一种纯粹的、十足的"我—你"关系。这一方面是指二者作为两个主体在交往中发生相互作用，相对于对方，谁也不是主体，谁也不是客体，谁也不是对象，谁也不能控制谁操纵谁，或者强行把自己的意志加到另一方身上。另一方面是指二者在交往活动中表现出"交互主体"为中心的和谐一致性，即师生关系成为教育活动的表现形式，也就是说，师生关系是教育本身表现的方式，它不仅仅是教育发生的背景，它本身就是有意义的教育活动，具有教育性、精神的陶冶性和培育性。"在完满的师生关系中，教师和学生双方在精神的理解和沟通中获得了新的经验，获得精神的扩展，在交往中，各自都接纳了对方，构成了双方之间的精神交流。教师才能真正成为学生发展的引路人。在教育性的师生关系中，教育才是完整的教育。"

2."对话交往式"师生关系

人只有通过与他人的交往才能形成人的精神。后现代主义者认为对话是开放性的，是师生在相互尊重、信任与平等的立场上通过言谈和倾听而进行双向沟通的方式。师生对话的核心，是作为两个主体之间平等的"会晤"；师生的对话关系，即意味着师生双方都参加，不仅有言语上的你来我往，而且有知识、思想、经验和情感等多方面、深层次的相互交流。在师生对话关系中，教师不作为知识的占有者和给予者，而是通过对话启导学生的精神，学生获得了自己的生活经验，获得主观精神的发展。这是"一种在灵魂深处的激动、不安和压制的对话"。在对话交往关系中，教师与学生都在自由地思考、想象和创造，双方并没有固定和僵硬的学习模式和交流模式。只有不断发问、解说和回答，没有预定的真理或意见，经验在交往关系中传递给对方，在对话的回答中，真理、经验、知识、思想、价值、意义、情感、态度都在对话中始终显现。对话过程本身"揭示"了真理，它使真理"显现"出来，从而使学生接受。在对话的过程中，师生共同关心的问题总是人类生活中的经验、事实、知识。对话不仅形成了师生交往性的关系，也使知识转变成学生个人的认识，使学生的精神受到对话的启蒙和引导。对话的过程就是思想、真理、意义、情感潜移默化的过程，使一个人精神发生变革的过程。

对话的唯一目标便是对真理的本然之思。其过程首先是解放被理性限定的、但有着无限发展的和终极状况的自明性，然后是对纯理智判断力的怀疑，最后则是通过构造完备的高层次的智慧所把握的绝对真实，以整个身心去体会和接受真理的内核和指引。

3. "互助式"师生关系

在师生交往中，教师和学生之间不再是现代传授式和控制式逻辑衍生的教学关系，而是一种共同学习、相互影响的互助式关系。这种关系将更少地体现为有知识的教师教导无知的学生，而更多地体现为一群个体在共同探究有关课题的过程中相互影响。在这种框架中，学生可能对教师的权威延缓不信任，相反，通过行动和交互作用向教师随之产生的能力开放。相应地，教师将乐于面对学生，与学生一起探索师生所达成的共识。这种互助式的师生关系，要求师生共同发展，都以求知的参与者身份进行交往。教师是好的倾听者和探讨者，而非仅仅是好的讲解人，倾听学生，重视学生的内心世界，让学生有话敢说，能消除师生间的心理紧张气氛，有利于发挥学生好学、爱探究的天性。教师积极倾听的目的，不在于证实某种立场和想法的正确性，不在于充当"裁判"，而是要将学生不同的观点联系起来，积极地与学生的想法"共舞"，既让学生从自己的经验里悟得知识，也使自己从中汲取发展的营养。因此，在教育过程中，我们一方面要着眼于发挥学生的积极性，让学生充分发展，消解"教师中心"；另一方面又要注意教师自觉性的发挥，通过教师自身各方面的发展促进学生的发展，消解"学生中心"。在后现代主义下教师与学生是一种持续的平等对话关系，教师与学生围绕具体的问题情景从各自不同的立场给出自己的思考，时而是作为一个教师，时而是作为与学生无异的聆听者。

后现代主义的师生观是一种主体间与主体性融合的关系：不断反思，保持清醒认识；平等对话将心比心，理解宽容；消解"中心"，关注边缘人，师生共同发展。

二、后现代教育理念观下的教师个体专业化发展

正是因为任何教育理念都具有导向性、规范性特征。后现代教育理念这一建立在对教育规律上的深刻认识，更是反映了教育的本质和时代特征，蕴含着教育发展的思想，表现出其国际性、前瞻性特点。后现代教育理念迫使人们以新的眼光重新审视和认识教育现象，重新看待教师，并以新的思想观念来认识教师个体。后现代教育理念的理论内涵主要在体现教师个体上的是育人目标、对课程与教学的认识以及对师生关系的处理上。而教师所执的育人目标、对教学的认识以及师生观点都是教师个体专业化的核心内容。

（一）后现代教育目的观下教师的认知结构取向

教师对知识的不同看法是隐藏在学习与教学理念后面的重要基础，制约着教师对学习、教学的认识以及学校教育的发展。教师作为教育要素之一对知识的认识对外界的影响十分重大。试想，一个有不正确的僵化知识观的教师可能培养出合格的学生吗？

后现代教育理念中的教育目的观要求我们能够培养出多层面的、复杂的、活生生的、自由的特殊个体，能不断地自我构建生活意义，能够创造出自己本质的并具有批判意识的公民。这一新型的教育目的下要求我们的教师在对知识的认识和把握上有新的观念、新的方法和新的发展。具体来说，主要有以下几个方面：

1.从知识本质看，知识增长应以主观建构性为导向

后现代教育理念的主要核心是反客观主义、反绝对主义的，它为知识观做出了新的解释。要达到培养多层面的、活生生的、自由的特殊个体这一育人目的，教师的知识增长则应该是着重建构的能动性。

教师吸取知识决不能只是简单的"吞食"。即便读书再多，听闻再多，但若教师没有进入头脑中的知识任凭建构性"同化""顺应"或改选，从而形成属于自己的独特性知识系统并不断使其增长，再多的知识也只是机械的、零散的、无创新性和生命力的"死物"而已。以知识的主观建构性为导向，教师在教学过程中时，则应带着知识具有主观性来进行教学，不能将教学视为简单的"填灌"，要考虑到每个学生所认识的世界是各个不同的，要重视学生自己对各种现象的主观理解，倾听他们此时的看法，要思考他们这些想法的由来，并能依据这些来引导学生丰富或调整自己的解释。只有这样才有可能接近或体现新的育人目标。

2.从知识效用看，知识是以丰富内心世界为追求

后现代教育目的观从不同的角度对现代完人教育进行了批判和解构。认为在科学主义大行其道下，培养的人"被异化了"，他们提出人更需要精神的自由，反对现代科学使人沦为技术和物质享受的奴仆。物质资料的丰富

能满足人的生理需求，但更为重要的是，人的主体性决定了人还具有信念、理想、抱负等精神品质。人会对价值问题提出追问，而这些问题是科学所不能回答的。旨在探讨物质世界规律的科学能有限地回答"是什么"的问题，但"并不能打开直接通向应当是什么的大门""不能导出我们人类所向往的目标是什么"，后现代教育目的观下的教师则应该认为具有丰富精神生活的人才是真正幸福和充实的人，知识的效用是以丰富人们内心世界为主旨的。

3. 从知识形态看，知识具有动态演进性

在实证主义时代，人们信奉绝对主义的知识观，认为知识是真理或无限接近真理的人类经验，科学凭借实验数据与分析赢得了极高的声望，人们寄希望于科学能解决一切人类面临的难题。科学哲学的历史主义学派对科学合理性提出了质疑，认为科学是历史地发展着的，是从一个"范式"到另一个"范式"的转换，是主流知识和非主流知识不断角逐的演进过程，因此，科学的合理性只能是相对的。范式的不断更替使知识不再是那么确定的了，知识并不能代表最后真理，只是个人与环境互动过程中所建构的可能经验世界，是暂时性的结果。知识成为一种相对的存在，人类对知识的总结是一个永不停息的探索过程，知识的形态不是固定不变的，而是动态变化的。

4. 从知识发展看，知识呈现多元化趋势

后现代教育者对教育目的观有着不少的提法，但有一个基点是同样的，那就是为了解决现代西方资本主义出现的危机，培养具有批判、辨别能力的、能够认可多元文化的社会公民。因此，教师应能清楚地认识到知识呈多元化发展的趋势。应具有一种相对主义的知识观，反对将知识绝对化、统一化。知识是人类所有文化的具体表现形式，文化的多元化决定了知识的多元化。与个人建构知识的机制相类似，群体对知识的获取也是建构性质的，比如不同年龄、不同性别、不同职业、不同种族、不同国家的群体，所建构起来的知识也是不同的。虽然也有一些知识特别是科学知识上升为了人类知识，但从知识的发展方向上讲，知识呈多元化趋势，而不会在所有方面都趋同。有碰撞才会有火花，保存知识和文化的多样性，使多元化的知识互动、交流，使之成为促进人类社会发展的动力。

在教学过程中时，教师注意偏重个人建构和群体协商，允许差异性存在，同时强调个性基础上的共性，注重不同知识体系之间的沟通与交流。这样才有可能培养出具有文化识别能力的公民。

（二）后现代课程观下教师的教学技能取向

后现代课程观认为课程与教学是同一个过程中的两个方面，是统一的不可分开的。也就是说，在教学的内容、目的与手段之间具有内在的连续性。也就是表明，教师在课程与教学过程的进行时包含着对内容的一些形式上的变化，同时，课程与教学这一过程也在其中不停地发生转变。在这样一种偶然性框架中，课程成为一种过程不是传递所（绝对）知道的而是探索不知道的知识的过程，而且通过探索，师生共同清扫疆界，从而既转变疆界也转变自己。要在教学过程中，能够将课程与教学能很好地融合在一体，对教师的教学能力要求也出现新的取向。具体表现在：

1.在教学目标上，强调学生个体的"意义的建构"

从多尔"四 R"后现代课程的第一个特征"丰富性"可以看出课程具有深度和意义的层次，具有多种可能性和解释性。因此，在教学目标上，教师教学不是教学内容的传授，而是帮助学生建构起对教学内容的认识。

要使学生能够进行意义的建构，教学内容必须是支持个人在教育中的建构，并证明在他的环境中是有用的技能和知识。对于学生在很少的情况下才会遇到的学习内容，教师还要相应地予以保留并对其进行加工处理。乔纳森认为，教学"并不是试图为学习者勾画出一个外部现实的结构，建构主义者们建议，我们要帮助学生建构出他们自己的对外部世界的有意义的、概念的、功能的描述"。把学生视为一个认识者，那么，他在生存过程和感知过程中所要做就是建构对自己有用的概念。教学的基本目标就是尽可能地激励和支持这种个体的意义建构过程。在教师的促进下，学生积极主动地建构自己的理解过程。在这个过程中，学习始于学生已有的知识、态度和兴趣，学习是通过学生已有的知识、态度和兴趣与新的经验相互作用而发生的，这是一个学生从其自身内部建构其自己的理解的过程。建构主义更多关注的是教学过程，并不关心在教学过程中学生获得了多少知识，而强调教学最重要的任务和目标是促进学生的建构能力和解决问题的能力。它的追求使学生具有一种高质量的探究世界的个人能力。

2.在教学原则上，不再是简单地"填灌"

从学习者的经验出发，教师在传授知识之前，应该认真考虑学习者先前的知识背景，以及现有的认知概念，所呈现的教学内容应在学生可能的认知范围，因为新的知识必须依靠学生原有的知识才能稳固地成为学生知识的一部分，只有与学生的经验紧密结合才能引发学习者有意义的学习。教学不能无视学习者已有的知识经验，简单强硬地从外部对学习者实施知识的"填灌"，而是应当把学习者原有的知识经验作为新知识的生长点，引导学习者从原有的知识经验中，生长新的知识经验。教学不是知识的传递，而是知识的处理和转换。教师不但是知识的呈现者，也是知识权威的象征。

3. 在教学活动中，注重创建良好的学习情境

教师的下列做法将受到肯定：促进和接受学习者的自主精神和首创精神；把创设一个学生能够自我发挥的良好的学习环境放在重要的位置；总是能够重新影响和改变学习者的学习过程；不是按照自己的观念世界、经验世界和认知结构来组织教学活动，而是按学生的观念世界、经验世界和认知结构来组织教学活动；促进学生的相互对话并与学生对话，放弃教给学生现成答案的教学行为；在教学中设法使学生对错误和矛盾进行讨论、对假设进行批判、并对真理提出疑问。

4. 在教学过程中，强调反思型的教师形象

后现代教育理解中的教师应该是形成解释性话语的"阐释者"而不是构建权威性话语的"立法者"。我们从后现代课程论可以看出，教师无疑是一个领导者，但仅仅是作为学习者团体中的一个平等成员，即"平等者中的首席"。"平等者中的首席，界定了后现代课程中教师的作用。作为平等者中的首席，教师的作用没有被抛弃，而是得以重新构建，从外在于学生情境转变为与这一情境共存。权威也转入情境之中……教师是内在于情境的领导者，而不是外在的专制者。""专家型教师"已不再让人满意，需要新型的教师形象取而代之，这就是"反思型教师"。反思型教师教学形象可以概括为以下几个方面。

（1）学习者

反思型教师首先是一个学习者。这是因为具有一定的学习意识和学习能力，从而能够不断了解先进的学科知识、教育教学理论及他人实践经验，是教师从"经验型"向"反思型"转变的基础和前提。就教师而言，一方面学科知识及教育教学的理念、策略、方法需要不断更新，只有这样才能科学、

合理地反思自身的教育教学实践，而不至于在反思的过程误入歧途；另一方面，在教育教学过程中，教师遇到的困惑、迷茫及一时难以解决的问题，在很大程度上也需要通过学习理论知识及他人经验来帮助解决。在这里需要指出的是，反思型教师作为一个学习者，其学习活动必须与自己的教育教学实践活动紧密结合起来，即出于实践需要而进行学习。这与以往脱离教师实践需要的教师培训有着本质的区别。

（2）观察者

反思型教师必须具备敏锐的观察能力。"处处留心皆学问"，反思型教师要及时关注日常教学活动中的各种经历和体验，如，教师对课堂突发事件的处理，教学活动中的喜悦、困惑或迷茫，学生学习的感受、体会，等等。这就要求教师成为教学活动中的"有心人"，能够敏锐地体察、捕捉教学过程中值得反思的事件及师生内心的各种感受，并及时予以解释、分析和研究。

（3）批判者

每一所学校都存在着一种或更多地视作理所当然的现实定义或收集法则（collective code），在这种模式里，现实就是以一种无问题的方式构成，并成为认知和体验其他观点的障碍。那些非反思型的教师往往会不加批判地接受一切学校现实，主动接受人们所共同接受的观念和实践。

而批判是指在基于某种标准的基础上，充分运用自身的识别能力所做出的判断。反思型教师作为批判者，就是不迷信权威、不盲从他人、不固守传统的观念和经验，以审慎的心态质疑、洞察、分析和评判教育教学理念及实践中的各种不合理因素。

（4）协作者

协作、交流是有效促进教师反思的途径。因此，反思型教师还必须是一个协作者。它要求教师具有开放的心态和强烈的责任感，勇于开放自己的课堂，积极地与学生、同事、学校管理者、家长及校外专家进行的合作、交流。在此基础上，不断反思自身的教育教学观念和实践，不断提升专业水平。

第五章 大数据环境下的高校教育管理思维创新

第一节 基于教学大数据的教学管理系统

一、大数据时代对学校教学管理系统的影响

随着科技的进步和高校教育的发展，教学的信息管理手段在教务网络管理系统上也由单一向综合过渡，这一发展不仅有利于综合教学管理水平的提高，而且能够促进综合教学管理效率的提升。大数据、云计算、智能化等概念的普及与应用，促使师生、教务管理人员对教务系统有了更高的要求。使用大数据的意义在于，对用户所要调查的一个事件能够进行多方面调查，并形成综合数据，对于用户的决策提供依据，促使工作更加高效，决策结果更加科学。目前，全国大部分高校都在采用数据化的方式提高教学水平，需要思考的问题是，如何利用大数据的有效性等变现，从而提高高校综合教学管理系统的质量水平和效率，进而促使高等教育人才培养目标更好地实现。

当下及未来高校的教学管理系统，肯定是离不开大数据的支持的，也必定会以大数据作为依靠。大数据技术的不断发展，也影响着学校教学管理系统的各个方面。

（一）大数据时代对教学管理系统决策的影响

现阶段，大部分高校还是采用传统的教学模式，教师在课堂上占据主导地位，教师和学生的角色内涵单一。教师要做的就是站在讲台上不停地讲授知识，学生则是坐在座位上单一地听。在这种教学环境中，学生学习到的知识完全取决于教师，这对教师的综合素质要求较高，教师扮演的是一个领导者角色，学生则是依附教师的存在，基本上没有自主思考和学习的机会。这种教学方式比较封闭，容易引起教师和学生之间的摩擦和矛盾，也不能做

到因材施教，不利于学生的综合发展。

将大数据引入学校教学管理系统，具体可以体现在对教学的支持上。教师利用大数据对每个学生的个性状况和学习进度进行数据收集和分析，根据学生的差异性为他们做出合理正确的学习方案，从而促进学生的全面发展，真正做到因材施教。大数据的优势还在于，收集的数据不同于教师以往凭借自己的感觉对学生的情况进行的主观评价，而是有着客观科学的数据，从这些数据出发做出的决策更有利于教学管理的发展，能够提高教学管理系统决策的科学性和有效性，从而实现对学生的个性化管理。

（二）大数据时代对教学管理系统业务的影响

一般来说，各个高校的教学管理业务包括人才培养方案、教学执行计划、质量监察、学生的学籍学位管理，教学过程资料管理、教师的课程安排、学生的课表、学生的学业信息等，这些业务中都蕴含大量信息，并且繁多且复杂。如果对这些信息没有进行科学有效的管理，那么就会导致教学管理业务不到位，甚至出现无法预估的严重后果。因此，现阶段各大高校应该考虑的是如何正确利用大数据，提高教学管理系统业务的科学性和有效性。

高校在新时代看到了新技术给学校教育教学带来的新形式，比如，移动学习、在线学习、虚拟学校、云课堂、VR/AR教育等。这些变化带来了数据的积累，利用数据可以提升教育质量。学习者利用数据进行深层次学习，学习提供者利用数据对学习内容和学生的学习情况进行分析，进而更好地改善教学方式，教学管理者则是关注教育教学整体的数据价值。举例来说，利用指纹、移动App记录考勤，这样可以更直观地看到学生的考勤情况。还可以利用大数据对课堂进行实时监控，教师可以课后对课堂视频进行观看，对自己的教学状况能够有一个更直观的了解，并且了解学生的课堂情况，以便在下次课堂做出适当的调整。教学管理系统业务通过大数据对行政流程进行优化，从而能够提高教学效率，并且节约成本，最终促进教学管理系统业务水平的提高。

（三）教学管理系统的可预测性增强

利用大数据可以对教学过程的各个数据进行分析，比如，教室和实验室使用率、培养方案执行情况、专业之间的关联分析、教学质量分析(优良率、升学率等)课程考核成绩分析等。通过大数据对教学全过程的信息进行收集，利用收集的信息促进学校教学管理系统的优化，还可以对学校发展的各环节进行评估，对优点进行发扬，对缺点进行改善，进一步改进学校的教学工作。除此之外，收集的信息还能为学校管理层的决策提供理论依据，促使决策更加科学化，从而增强教学管理的可预测性，提高学校的教学水平。

二、综合教学管理系统建设与发展的价值

（一）系统建设与发展使教学管理工作更加科学和精准

没有根据实际数据做出的决策，往往会出现不能实际操作、确定目标太高或太低的情况。其原因在于，决策者在做决策时并没有对实际情况有一个全面的认知，只是根据有限的信息量凭借空想、经验等个体感觉来制定政策。为了防止这种"拍脑袋"决策的出现，管理者可以借助大数据。大数据在决策中发挥的作用是，对实际情况有一个数据记录，并且可以对这些数据进行分析和预测，促使决策科学化，具有可行性。除此之外，大数据还能对教育教学中隐藏的信息进行深度挖掘，让教师能够根据学生的实际情况对教学方法和教学策略进行调整，对自己的不足进行改善，让教育管理者发现在教育管理过程中的问题和不足，提高决策水平来优化教育管理。

（二）融合大数据技术的教学管理模式的转变

传统的教育模式，形式是非常单一的，融合大数据技术有利于促进教学管理模式的转变。大数据的特点不在于数据的数量多，而在于给学生、教师、管理者能够带来什么，教学管理模式的主体就是这三者，因此大数据在教学管理模式上起了很大作用。大数据促使教学管理模式由单一转为多元。

在传统的教学模式中，大部分学生学习知识依赖于课堂，但在融合大数据技术后，学生学习的渠道更加多样。比如，有很多开放的精品课程可以通过线上学习平台进行学习，这些平台的课程涉及各个领域，能够满足不同群体的需求。除了学生学习渠道的拓展，大数据还能帮助教师课堂进行改善。教师在教学过程中可以利用数据进行数字化教学，促使课堂更加高效、开放和多元。解决问题不再是依靠经验，而是以教育数据为支撑。

（三）更科学合理的教务管理实现

高校的教务管理工作内容多样，包括学校、教师、学生的各项事务，处理起来相对复杂，有时可能会遗漏重要信息。在遗漏信息后，需要大量的人力和时间对信息重新检查和管理，这就会造成资源的浪费。融入大数据后，

可以促使教务管理向智能化和科学化转变，让个性化教育成为可能，教育的评价方法也更加公平。例如，近年来一直倡导要推进素质教育，改变"唯成绩论"的评价学生方法，但是用传统手段对学生进行多方面评价比较烦琐，利用大数据则会更高效、更简洁，主客观结合，过程结果评价结合，既重结果也重过程。

三、综合教学管理系统建设的主要任务

（一）重塑规则、标准化建设与顶层设计

万事万物的发展都有一个规则和标准，大数据也不例外。目前在高校的教育数据信息中，还存在没有和大数据进行融合和发展的部分，其中，涉及的不是技术问题，而是学校的相关规则和标准的限制。对于数据的分类，学校方面要制定相应的标准，从而避免数据分类过杂过乱，还需要制定大数据共享的规则，促进高校数据的系统化发展。

（二）优化重组布局，对现有业务系统的调整

随着学校教学管理中各类应用的不断深入发展，教学管理工作的业务要求也越来越多。目前很多业务系统存在开发框架，技术线路老旧的问题，没有扩展业务功能的设备支撑，更加满足不了高校特色化、多样化、个性化的教学管理需要。通过建立流程化管理机制，基于具有自定义流程，能够对流程进行跟踪和监控的工作流引擎，实现业务的流程化控制，简化操作透明化过程管理，对现有业务系统进行调整，达到条理化、层次化、智能化的目的。

（三）建立可靠的数据管理和保护机制

在学校引入大数据技术的同时，还要注意大数据能够共享这一特点。学校的大数据涉及师生，学校的各类信息，一旦被非法分子盗用，将会产生无法估量的后果。因此，要对学校的综合教学管理系统建立可靠的数据管理和保护机制，从而保护学校和师生的数据安全。

第二节 基于大数据的高校学生综合测评系统设计与实现

一、学生综合测评系统设计

（一）系统设计原则

在建设系统与设计技术方案时，项目组成员遵循如下设计原则，确保

系统建设的可行与未来可更新。

1. 统一设计原则

对系统结构统筹规划和统一设计，从全局和长远的角度来考虑应用系统建设的方法、数据模型、数据存储体系以及系统功能扩充等内容。

2. 先进性原则

采用当前已经大规模使用且在国内处于领先地位，并在国际上符合未来发展方向的技术、软件和硬件设备来构建系统。不同于采用三层体系结构的软件系统设计方法，系统采用当前流行的 Hadoop 和 Spark 开源系统处理数据，上述开源软件性能稳定，拥有成熟的社区和文档资料。

3. 高可靠和高安全性原则

在系统和数据架构设计过程中，应全面考虑系统的可靠性和安全性。在设计安全性时，应提供各种检查和隐患处理手段，确保数据的准确性、安全一致，保证系统正常运行与安全可靠。系统为保护和隔离信息，充分共享信息资源，需控制各个层次的访问，对操作权限严格设置。

4. 可扩展性原则

设计信息系统时，要使各功能模块耦合度不太高，确保设计得简明，这样便于系统的扩展，满足业务未来发展的需要。同时，兼容原有的数据库系统，整个系统应该可以根据实际需要，随时、任意升级到新系统，实现系统之间的平滑过渡。

5. 用户操作方便的原则

系统界面的风格应统一、美观和易于用户操作，同时针对各个用户群，提供个性化定制的操作界面。

（二）系统总体架构设计

新信息技术时代高校学生测评系统的构建，需要以云计算作为平台支撑，以大数据为核心，以物联网为主干网络，以智能感知作为主要信息来源，实现对学生信息的智能处理。

1. 物理感知层

学生在校期间，通过校园网和无线网络登录慕课与各种在线学习系统进行日常学习，弥补传统课堂教学的不足，学生在线学习点击的过程中，留下了大量的行为操作日志。通过校园一卡通刷卡，学生留下消费记录和行为习惯，同时学生使用微博、QQ 空间等发布图片、文字和位置等信息。通过采用物联网技术实现的校园一卡通和各种感应技术，全面感知学生在校的行为信息，实现数据的实时采集，为大数据分析提供数据源保证。这些海量的学生信息为通过数据挖掘手段，获得学生在校的生活规律提供可能，感知层建立了现实世界与物理世界连接的桥梁。

2. 网络通信层

智慧校园建设过程中，信息传输必不可少，其决定信息的流动，保证系统之间的信息交换。近年来，有线网络不断发展的同时，移动通信技术快速发展，并逐渐起主导作用，人们进入 5G 时代，当前的网络具有传输速度高、安全性能高、运行稳定性强、覆盖面广等特点，为实现设备之间的彻底互联互通提供保证。学生通过有线网络和无线网络，随时随地地实现高速互联，保证数据及时传输，当前建立学生测评系统的网络方面的基础条件已经具备。

3. 云计算与大数据层

在学生测评系统建设中，云计算与大数据层是核心，利用云存储保存采集的学生相关海量数据信息，采用大数据技术合理分析学生数据，构建数据挖掘模型，利用已有模型评测和预测学生的行为。同时，学生测评过程中，应强调个性化的服务理念，对每个学生提取已有的过去学习数据和行为数据，采用协同过滤、关联规则，基于内容的推荐算法等机器学习方法，分析学生的习惯和爱好，提供便捷化、个性化的服务，使分析结果能千人千面，满足每个学生的特有自我测评分析。

4. 可视化层

将学生数据分析处理的结果通过网页设计技术可视化显示，用户通过各种智能终端查看结果，与系统进行交互。学生测评的结果进行可视化展示时，应简洁美观，多采用图表等形式，直观地显示学生测评的情况，同时应考虑移动端的显示，使用户无论所处任何环境，都可以查看，以贴心的服务提升使用体验。

（三）系统功能模块设计

1. 系统基础平台模块设计

高校教育信息化程度在不断加深，业务繁多，各种系统被大量部署，产生与学生相关的海量数据，类型多样化。过去以单机服务器处理数据，采用关系数据库保存数据的方式，已不能满足当前学生数据处理的需求。新的学生综合测评系统基础平台模块设计时，要考虑采用云计算技术。

海量学生数据在存储时，在传统的磁盘冗余阵列基础上，引入分布式网络存储技术，在云计算平台上部署 Hadoop 系统，打造大数据处理生态圈，利用 Hadoop 系统中的 HDFS 分布式文件系统存储学生日积月累产生的大量数据。同时，为进一步提升数据分析的能力，应用当前流行的 Spark 平台分析处理数据，相对于 Hadoop 的 MapReduce 平行计算处理框架，Spark 在内存中运行，速度更快，Spark SQL 允许开发人员采用类似 SQL 语句的方式分析数据，Spark Streaming 保证系统可以实时处理学生数据，MLib 保证系统可以采用调用库的形式利用机器学习算法处理数据。

2. 数据中心管理库设计

信息化时代，学生从被录取到毕业，四年的大学生活产生了很多的数据信息，高校在学生被录取后，添加学生信息进入迎新系统，学生处建立学生档案，教务处录入学生人才培养方案中需学习的课程信息，后勤处办理学生的一卡通，网络中心提供学生上网账号，宿管中心安排学生的床位，图书馆办理学生的借阅证，这些工作需学校各部门的系统来完成，学生入校后的整个信息被记录在这些系统中。过去学生在校期间产生的大多为数字信息，数据量较少，现在学生人数增多且上网过程中在网络中心留下大量上网行为日志信息，校园内的各种监控设备记录的视频信息等，学生数据的形式多样化，从数字为主发展到未来的文字、图像和视频等形式并存的情况，大量的半结构化和非结构化数据的出现，使数据的存储量大幅度增加，高校学生数据进入大数据时代，针对海量学生数据的存储与处理是未来的新挑战。

为了将分散在各部门系统中的学生数据整合到一个中心数据库中，数据中心管理库的设计模块，要采用当前流行的 ETL 数据预处理工具，将项目中需要的数据从各部门系统抽取出来，建立数据仓库，保存抽取和清洗过的数据；需采用 Java 语言编写代码设计针对 Hadoop 系统的 HDFS 模块操作的数据，实现数据到 HDFS 模块的管理；为提高数据中心库建立的速度，增强操作的方便性，可以采用开源的 Sqoop 子项目，辅助中心管理库的建立。

3. 数据分析模块设计

针对学生在校产生数据进行分析的模块，设计过程分两部分实现：①针对学生总体信息统计、一卡通消费、进出宿舍和图书馆等方面的分析，采用java 语言编写程序调用 Mysql 数据库接口，利用 SQL 语言中的命令和函数实现数据的统计与计算，该部分属于系统功能性的实现，因学生数据量庞大，故采用 Hadoop 中的 Hive 与 Spark 平台中的 Spark SQL 结合实现，计算结果可以利用相关工具画出图形进行可视化展示；②针对学生在校情况综合测评模块，采用数据挖掘和机器学习的方法，从学生的个人信息、一卡通消费、课程成绩，进出宿舍和图书馆等方面提取影响测评结果的特征，采用 Apriori 关联规则算法、逻辑回归、聚类等多种模型分析学生行为的相关性，在校情况的好与坏判断。下面内容将详细论述上述各个模块设计如何实现。

（1）学生信息统计展示模块设计

高校学生信息统计展示需采用 SQL 语言中常用函数来完成针对学生每一个属性信息的计算，如，采用 sum 求和函数完成学生人数、不同民族学生人数等信息的计算；采用查询的方法统计每一个年龄段学生的人数。同时，须将上述统计结果利用饼图、柱状图等图形化的方法展示出来。

（2）学生图书馆活动分析模块设计

学生进出图书馆情况的分析，包含两部分，一部分是高校学生一天从早上七点到晚上九点的总体趋势分析，将分析结果以曲线图的形式显示出来；另一部分是针对每个学生一段时间内进出图书馆、借阅书籍的记录分析。

（3）一卡通消费分析模块设计

学生一卡通消费情况分析，须统计学生不同性别、籍贯的人数，计算不同情况的比例，采用柱形图和曲线图显示消费的人数与金额，同时需将每个学生的消费信息统计，为判断其经济状况提供依据。

（4）学生住宿情况分析模块设计

学生进出宿舍情况分析，以一天为单位统计学生的进出次数，标记其进出时间，同时以晚上十一点为起点，统计十一点以后进出学生的名单，编写邮件发送模块，将疑似未住宿名单发送给管理人员。

（5）学生在校情况综合测评分析模块设计

针对学生数据进行大数据分析，不仅体现速度快，处理能力强，而且可以利用大数据思维对学生数据进行未知的价值分析，为了分析学生在校情况的个人信息和各种相关性，系统采用 Spark 平台中的 Spark SQL 语句和 Mllib 机器学习模块进行数据分析，比如，分析学生成绩与出入图书馆次数的相关性时，可以采用 Mllib 库中的 Apriori 算法、关联规则等算法。Spark 作为大数据处理平台的显著优点是将机器学习算法并行化，充分利用内存计算的高性能，快速运行得出结果。

在对学生进出图书馆与学生成绩的相关性，吃早餐与学生成绩相关性，一卡通消费与学生经济状况等分析的基础上，针对学生在校情况进行综合测评。首先，从学生个人信息、一卡通消费、课程成绩、进出宿舍和图书馆等表格中，提取特征，进行特征相关性分析，数据的标准化和归一化；然后，对数据进行训练集与测试集的划分，确定评价的性能指标，如准确率、查全率等指标；接着采用 Spark 平台中 Mllib 机器学习库中的算法针对预测问题进行建模，如可以利用 K—means 聚类算法针对学生进行社区分析，判断学生的朋友范围，学生主要与哪些学生聚类在一起；利用逻辑回归对学生进行分类分析，判断学生在校综合情况，给出测评的状况，如优或劣。

在上述学生信息分析的过程中，必须考虑数据海量的问题，大数据时代的数据分析，不同于传统的关系数据库分析，关系数据库主要进行数据的增加、删除、修改和查询，其中查询大多通过 SQL 查询语言中的 Select 语句完成，根据需要设置 where 条件和进行 count 统计，这种方式处理速度慢，功能简单，无法满足大数据时代的数据处理需求。为了处理海量学生数据，项目采用 hadoop 生态圈中的 Hive 子项目或 Spark 平台中的 SparkSQL 进行数据的查询与统计分析，相对于关系数据库中的 SQL 语句，该方法将 SQL 语句转换为能在分布式平台上并行处理的方式进行多机同时执行，极大地提高了数据处理的速度。利用上面方法，系统可以轻松完成学生一卡通消费、进出宿舍和图书馆、在校学生情况测评等统计与分析运算。

4.可视化分析结果模块设计

学生综合测评系统在前面搭建的基础软件平台、数据整理进中心库、数据分析挖掘的基础上，须将分析结果进行可视化展示。系统还要进行管理模块设计，如建立用户的登录模块，对各种用户设置权限，方便各种用户在线查看分析的结果，因此系统需设计数据、访问层、业务逻辑层、表示层等常用网站设计方法。项目在实现过程中，页面设计采用 JSP 完成，JSP 中提供了完整的数据驱动程序、页面显示程序，可以满足常用信息管理系统设计。

（四）系统非功能性设计

1. 系统级安全设计

系统级安全设计是应用系统的第一道防护大门，在系统运行过程中，要做如下安全设计，如为防止校外人员访问系统，增加系统的压力，限制访问的 P 段为校内网段；为防止大量用户在某个时间段一起访问系统，对同时在线连接人数进行限制；对用户登录进行限制，限制用户在特定时间段内多次重复登录或设定登录次数；等等。

2. 程序资源访问控制

访问控制是在身份认证的基础上，鉴别用户的合法身份后，依据授权对提出的资源访问请求加以控制。访问控制是一种安全手段，既能够控制用户同其他系统和资源进行通信与交互，也能保护系统和资源未经授权的访问，并为成功认证的用户授权不同的访问等级。学生测评系统在设计过程中，超级管理员、教师、管理人员和学生具有不同的系统使用权限，操作界面各不相同，需要设置程序资源访问权限控制。

3. 数据安全设计

学生数据中涉及学生的隐私信息，数据使用过程中应保证数据不被泄露，将数据存放在固定的磁盘，限制外人的复制和查看；数据分析的结果在显示时应加以选择，保证不展示学生的敏感信息。

二、构建大数据教育管理评价体系

教育数据"资产"无疑是智慧教育构建的基石，只有建立科学的评价机制，才能推动从数据采集到数据利用"一体化"发展，实现智慧教育的良性循环发展。ACU 移动学习项目、麻省理工学院 OCW 及英特尔未来教育项目无一例外都给予评估活动高度重视，在制度、资金、专家及人员等方面给予保障，这带给我们诸多思考。

（一）建立完善评价体系

OCW 在组织架构上，将评估咨询委员会作为麻省理工学院院长办公室下面重要的一级机构，其建立了一个专门的评估团队，设计一个集项目评估和过程评估于一体的评估体系，并分别制定了评估档案。项目评估侧重评估课程的访问情况、使用情况和影响情况；过程评估考察 OCW 实施过程，评估其工作效率和效果。项目评估与过程评估体系相结合的方式，有助于评估团队全方位了解项目的实施和进展情况，以便制定相应的改善措施。另外，ACU 也高度重视评估工作，对移动学习计划进行持续的监测和评估，每年都会发布移动学习报告，为学校下一步科学决策提供依据。我国高校应加强督导，形成对高校大数据教育管理的评价机制和反馈机制。要加强大数据教育管理评价体系的顶层设计，应将大数据基础设施和制度建设作为高校的基本办学条件之一，作为一个高校达到现代化的重要观测点，纳入学校的基本评价指标体系之中。同时，建立高校大数据教育管理建设和实施过程中各个环节的具体评价体系，做到"无事不规划、无事不评价、无事不反馈"。高校大数据教育管理建设指标体系的设计要突出教学的中心地位，坚持效果评价与过程评价相结合的原则。

（二）建立完善评价方式

英特尔未来教育项目有一个明显的特点，就是强调评估的重要性：从一开始就实施评估流程。这种评估和跟踪体现在新计划的规划与设计流程中以及财政预算与人力资源的分配上。只有当评估结果出来后，才能做出关于开发方向的决定。英特尔未来教育项目斥巨资进行教育评估，其采用第三方客观评价的方式进行。我国高校大数据教育管理中，也要重视各种规划或工作的实施情况，进行阶段性和总结性评估，评估其实施状况与实施效果是否达到了最终的目标。我国高校要建立量化督导评估和第三方评测，将督导评估结果作为相关人员奖励和问责的依据，以提升学校发展教育信息化的效率、效果和效益。我国高校大数据教育管理建设中，既要关注整个数据治理的全流程管理，又要关注数据分析和利用的效果评估，通过对高校数据采集、数据全流程管理、数据质量、数据治理能力、数据利用等各个环节的项目评估、过程评估和效果评估，促进高校大数据教育管理各个环节的改进。当然，这是一个长期的持续优化和迭代的过程。

三、学生综合测评系统实现

（一）学生数据整合

学生的个人信息数据和日常行为数据，原先存储在传统关系型数据库中，为了利用大数据环境下的 Hadoop 和 Spark 工具软件进行处理，需将关系数据库中的数据通过 Sqoop 子项目转换到 HDFS 分布式文件系统中；或将监控视频文件、上网日志等构成的文本文件通过 HDFS 的 API 接口编写程序，直接上传到 HDFS 中；利用 ETL 工具进行数据处理。下面详细介绍其在上述三个方面的实现方法。

1. 关系数据库中数据到 HDFS 的转换

学生信息数据原来存在关系型数据库中，为了利用大数据平台处理数据，需将数据从关系型数据库转换到 HDFS 中，因此需采用 Hadoop 生态圈中的 Sqoop 子项目。Apache Sqoop 是用来在结构化（关系型数据库）、半结构化和非结构化的数据源之间进行数据传输的一个工具。它充分利用了 MapReduce 分布式并行的特点，可以从 Hadoop 导入数据到关系型数据库，也可以从关系型数据库导入 Hadoop 中。

2. 数据处理流程

学生在校期间，产生了大量结构化数据存储在关系型数据库中，半结构和非结构化的文本文件与视频数据，主要包括学生学习动态数据和生活动态数据，学生平常生活产生的动态数据包含日常消费数据、日常生活数据、课外活动数据，学习动态数据包含学生个人信息和学习结果数据。其中，结构化的学生信息存储在学工系统、教务系统，后勤系统和图书管理系统中，经过整合后加入学校学生信息共享数据库，经过 Sqoop 子项目转换后数据从关系型数据库转入 Hadoop 的 HDFS 分布式文件系统中；半结构化和非结构化的微博文本、上网日志和监控视频等数据，通过 HDFS 的 API 接口编写程序上传或下载到 HDPS 中。将 HDFS 文件系统中的数据，通过 ETL 过程完成数据的预处理、抽取和加载，经过 Hive 或 Spark 等数据挖掘工具分析后，采用网页设计技术进行可视化实现。

（二）系统非功能实现

1. 并发用户限制实现

在线并发用户人数可以称为并发链接数。用户浏览一个网页时，在浏览者和服务器之间建立一个链接，该链接也称为并发。一个系统在运行过程中，能容纳的在线人数是固定的，因此系统开发过程中需设计在线人数统计功能，限制在线并发操作用户的数量，当达到一定数量时，不让登录。

2.安全性实现

一个系统如果要部署到 Internet 上运行，安全性是必须的，它需要抵御各种攻击和入侵，采用各种策略保证用户数据不被丢失，系统能安全运行。本项目开发时，JSP 页面的设计是在 J2EE 框架中进行的，J2EE 提供了各种安全性策略，可供用户使用，具体表现如下：

第一，针对系统中的不同用户，如系统管理员、教师、学生等，设置不同用户对 Web 资源的访问权限，定义安全域、安全角色和用户。

第二，系统对外发布时，需采用 Tomcat 开源软件，Tomcat 中的安全域是服务器存储安全配置的地方，可以设置安全验证信息，如用户信息或用户和角色的映射关系等。

第三，用户通过 JSP 应用提交请求时，可能受到恶意用户的攻击，黑客主要采用跨站脚本、HTML、注射、SQL 注射等方式进行攻击，为应对上述问题，可以采用过滤数据，强化编码人员安全性等方式解决。

第三节　数据挖掘技术用于高校学生留级预警的思维创新

一、基于多数据的学生留级预测思维创新

（一）训练集与测试集的选取

在模式识别和机器学习的实验中，通常会把数据集分为训练集和测试集这两个部分。以分类问题为例，我们将训练集代入算法模型中建立模型进行训练，就会得到与该算法相对应的分类器，之后我们将测试集输入训练好的分类器中，就可以评估该模型对目标问题进行预测时的准确率。

在机器学习实验中，划分数据是一个很关键的步骤，合理划分训练集和数据集才能帮助我们更好地进行模型训练和数据预测。因此在划分时需要按照下列要求：①需要明确训练集和测试集分别在机器学习实验中的用途，训练集使用在建立模型、训练模型和生成分类器的阶段，而测试集是在生成分类器之后用来评估模型性能。②训练集中样本数应该大于总样本数的50%。③在训练集和测试集的选取过程中，两组子集必须从完整集合中均匀取样，达到均衡性和一般性的要求。

算法要求操作中尽量保证数据均匀划分取样，一般来说很难达到。因

此实际过程都随机抽取，虽说随机取样可以在一定程度上做到均匀取样，但是这个做法有太多的随机性和人为可操作性。在实验结果不好或者预测结果不理想的时候，可以重新随机选取其他的划分方式进行实验，直到得到较好的结果为止，这种方法可以达到很好的结果，但是不一定能够正确反映模型的优劣程度。

（二）特征选择

特征选择是指从数据特征中选择一部分特征子集的过程，在处理多数据源时，普遍存在样本维度高，数据量大的问题，冗杂的特征会影响机器学习算法的泛化能力，同时也会降低算法效率。因此在利用多数据源进行学生留级预警研究的过程中，需要利用特征选择剔除不相关和冗余的特征，优化算法，提升模型的推广能力和可解释性。

（三）模型评价指标与验证方法

1.模型评价指标

在经过了数据分析、数据预处理、训练集和测试集等划分之后，我们需要使用算法和数据来建立分类模型对数据测试集进行研究和预测。要了解预测效果的好坏，我们需要用一些量化的指标来作为参考，通过这些指标，可以对不同模型的预测性能进行评价和对比。因此这里介绍一下在评估模型结果时所使用的一些参考指标。

结合本研究，我们主要分析和预测学生是否留级的情况。因此将"留级"定义为正样本，将"不留级"定义为负样本。在评价指标的计算中我们需要用到 TP、FN、FP、TN 这四个数据，因此，我们在介绍几种指标的概念和计算方法之前，首先对这四个数据进行介绍：① True Positive（TP）：代表被模型判定为正样本的正样本，即预测为留级同时该学生确实属于留级的数量。② False Negative（FN）：代表被模型判定为负样本的正样本，即预测为不留级但该学生却属于留级的数量。③ False Positive（FP）：被模型预测为正样本的负样本，即预测为留级但该学生实际没有留级的数量。④ True Negative（TN）：被模型预测为负样本的负样本，即预测为不留级同时该学生确实没有留级的数量。

在教育数据挖掘研究领域，我们通常使用准确率（Accuracy）、精确率（Precision）、召回率（Recall）、F-Measure 和 AUC（Area Under Curve）

这五个评估指标来对结果进行分析。在这里的研究过程中我们主要采用的评价指标有 Precision、Recall 和 F-Measure。在基础数据的概念介绍完之后，我们对本研究中使用的评价指标进行推算。准确率（Accuracy）：它表示预测结果中有多少样本被正确分类了，同时包括正确分类的正样本和负样本。精确率（Precision）：它衡量的是在被预测为正样本的对象中，预测正确的对象所占的比例。召回率（Recall）：它表示的是正确被预测的对象占应该被预测到的对象的比例。

对于任何一项研究，我们都知道 Precision 和 Recall 是对预测结果进行评判的重要指标，不能忽略其中之一只关注另一个。研究者更是希望 Precision 和 Recall 都越高越好，但实际上两个指标的值经常是矛盾的，却又彼此联系。一些时候我们的预测结果的 Precision 可以达到很高，但是 Recall 可能不太理想；有时 Precision 较低但 Recall 却让人满意。

因此，F-Measure 就是一个综合评价 Precision 和 Recall 的指标。当 F-Measure 值较高时则能说明模型的分类效果较好。

2. 交叉验证

验证算法分类结果的方法之一就是交叉验证，样本数据集依据模型建立和训练时进行分组，可以分为训练集和验证集。依照某种算法对训练集进行训练后得出预测模型，再用验证集对这个算法的效果进行验证与评价。

交叉验证的过程中用到两类数据分别实现模型分类器的训练和模型分类器的效果检验。但是在对这两类数据的划分一般有三种方式，而且不同的方式会对实验的最终结果有不同的影响。

Hold-Out Method：Hold-Out Method 的划分思想是将样本划分成两组，一组作为训练集，一组作为验证集。利用训练集训练模型，并通过验证集分析 Hold-Out Method 划分下模型的预测效果。

此种思维创新方法的优点在于只需把原始数据分为两组即可。但是它没有真正做到交叉验证，只是将样本分为两份，会造成验证结果随机性较大，不能保证验证的可靠性，不具有普遍性。

K-fold Cross Validation（记为 K-CV）：K-fold Cross Validation 方法是将原始数据均分 K 份，依次从 K 份数据中选择一份作为测试集，其他的 K-1 份作为训练集。用 K-1 份数据集训练得到分类器并用另外一份进行验证。

反复进行，取 K 次结果的均值作为此 K-CV 下模型的算法效率。当有多个算法模型的时候，对比不同算法的平均结果就可以选出最好的一个模型对问题进行研究和预测。

在研究中最少使用三折交叉验证判断算法效率。通过交叉验证对比可以有效地使用数据集中的所有数据对模型进行评估和分析，帮助选择较好的算法进行实验。

Leave-One-Out Cross Validation（记为 LOO-CV）：Leave-One-Out-Cross Validation 划分方法其实是 K-fold Cross Validation 的发展和延伸。上一种方法是将样本均分为 K 份，而 K 的值没有限定。而该方法要求有多少个样本就将数据分为多少份。这样的划分标准相比于前面的 Hold-Out Method 和 K-fold Cross Validation 有更加明显的优势。

该方法的优点在于全部样本都参与训练，可以有效提升模型的准确性，但缺点在于计算成本较高，对环境并行化计算的要求很高，实际操作不容易实现。

二、基于多数据的学生留级预警体系的思维创新

（一）构建基于全程化学业信息的留级预警体系

大部分留级生对自己实际学习情况缺乏完整与系统的认知，学生找不到合适的学习方法，无法顺利毕业的情况时有发生，因此构建全程化的留级预警体系是非常有必要的。全程化留级预警体系可以有效监督和鞭策学生，帮助学生顺利完成相关学业。全程化，顾名思义，就是在入学之后，高校教育管理相关部门、家长、学生三方面共同协作，对学生的考勤 / 选课 / 重修 / 成绩 / 学分等各方面的情况进行考查和督促，帮助学生顺利完成学业，尤其是面对学困生时，可以进行重点帮扶，以规避不好后果的发生。

1.通过数据挖掘技术建立完整的学业档案，从人本角度提升教育质量

若要健全保障体系，提升教育质量，就需要着重注意学生学业的完整性和连续性。当下高校已经能够完成共享和分析的两项内容分别是网上选课和查询成绩，但在考勤、学分、模块修读情况、课程评价、心理状态等方面还有所欠缺。完整学业档案的建立可以有效地对学生产生辅助监督的作用，学生可以利用学业档案及时把握自己的学习情况，以规避因疏忽导致的学业危机。

2.构建基于过程的预警体系

教育工作不仅包括高校学生学业方面的内容，还包括对高校学生自我管理能力的培养和提高，帮助高校学生有一个全局的视野，从而能够对自身进行良好的整体规划，好的管理模型可以帮助我们实现这点。教育从来都不是一蹴而就的，是一个循序渐进的过程，相比面对面警告，建立网络预警体系带给学生的压力更小，但就效果而言，面对面警告更胜一筹，所以面对面警告在高校教育管理过程中也是必不可少的。

综上所述，网络预警体系可以和面对面警告结合管理，在经过完整的分析和多层次、多种类的预警后，建立分级预警机制势在必行。比如可以设立三级预警：黄色预警、橙色预警、红色预警。在不断地给予学生警告的同时，预警级别的不断提高，可以更好地帮助学生逐步改进。预警级别的设立也可以有效地提高学生学习的主观能动性，从而引发更好的教育效果，比如，学生面对低级别预警时，首先会进行自我调整，但自我调整失败后，面对实际困难诱发的高级别预警，学生可能会倾向于向教师主动求助。基于过程的预警体系的建立，在减轻管理人员压力和提高教育质量方面作用重大。

3.建立软件分析平台

完整的学业档案和快速软件分析平台分别是教育保障的前提和基础。完整的学业档案是包括了学生整个学业生涯的，若要保证高校教育管理的教育质量，提升高校教育管理的效率，动态的软件分析和查询平台的建立是十分必要的。一方面，基于对学生隐私的保护，网络留级预警体系被提了出来。若要保证学生只能查询本人的学习情况，就需要教学部门在分析平台上做好成绩库独立门户的链接，以便学生独立查询，这是分析平台建设的一部分。另一方面，只有做到实时动态分析，高校教师和学生才能及时而有效地处理潜在的问题，所以建立实时分析系统也是很有必要的。

（二）形成部门合力，协同育人

当前，高校普遍存在的难题之一就是面对学困生的帮扶机制的科学建立与发展。我国高校教育管理通常分为两个方面，一是辅导员主要负责学生的日常管理；二是教务部门主要负责学生的学习管理，两部门通常各司其职。但实际运行下来，若两部门互相协作，从学生的实际需求出发，共同开展育人工作，将会得到更好的教育效果，对教育质量的提升也大有帮助。留级预警机制的建立，可以促进各部门尽快建立预案，从实际情况出发，运用数据挖掘技术，最大限度地为留级生解决实际困难，缓解学业危机。另外，及时地交流和反馈对学生的重要性不言而喻，所以各部门应互通有无、积极协作，从而有效地将偏离学业轨道的高校学生拉回来。

高校教育管理过程中，管理者如果只运用残酷的学籍处理方式监督高校学生的学业，不仅效果不佳，对学生而言也是不小的打击，同时对教育质量保障体系的建设也十分不利。构建人性化的留级预警体系不仅是对高校教育管理资源的一个整合，同时也对高校教育质量的提升有重要意义，因此如何对学困生建立且实行科学有效的留级预警，还需要多多实践与探索。

第四节　数据挖掘技术在高校教师科研管理中的思维创新

一、问题的提出

近年来，在国家大力推进科技思维创新，不断加大对高校科研投入和高校自身对科研工作高度重视的社会大背景下，对于高校教师的科研管理评价问题引起了高校和教师的广泛关注。科研评价已经成为衡量高校教师科研能力、职称评审、岗位评聘、津贴福利发放的主要依据和学校科研管理以及调控科研活动的重要手段。但至今为止，如何构建公正合理、具有激励作用的教师科研业管理绩评价体系仍然是饱受各方争议最多的问题之一。

伴随着数据挖掘技术在教育领域应用的日益广泛，利用数据挖掘技术实现知识发现，通过知识发现建立以多元目标为导向的评价体系方法，为科研评价问题提供了一种新的研究思路。这里围绕聚类算法在教师整体科研管理能力思维创新评价中的应用问题进行了相关研究，目的在于利用数据挖掘中的聚类算法，提出在高校整体层面确定不同群体教师科研水平划分标准的相关方法，为寻找教师科研业绩与个人素质之间的关联规则提供数据支撑，为高校制定人才培养和人才引进政策提供决策支持。

教师是高校科研的主体和关键，教师的科研管理思维创新能力和科研水平直接决定了学校的整体科研水平。对于教师科研管理思维创新能力和科研水平进行科学、合理的评价，是学校教师评价过程中的一项重要基础性工作和重要内容。

目前，国内高校普遍采用基于综合指数（指标）评价法对教师科研业绩进行评价，即将科研项目和不同类别的科研成果作为主要评价指标，根据各个评价指标的不同权重，将其折算成统一的、可比较的科研当量进行比较，研究的重点主要集中于教师个体的科研量化方面。然而，对于学校而言，由于教师学科属性和所从事科研活动性质的不同，其科研成果通常具有较大的差异性和不可比性。因此，科学确定不同学科，不同教师群体科研水平的划分标准，对于客观评价教师科研水平，有针对性地制定教师培养和人才引进政策具有更重要的意义。

二、教师科研业绩评价指标体系思维创新方式的构建

（一）科研评价指标的选取

由于此处重点研究不同学科教师群体科研水平的划分标准，因此，依据教育部学位与研究生教育发展中心"学科估计"标准并结合目前高校的一般性做法建立本研究的科研业绩评价指标体系。

（二）科研业绩评价指标的当量积分计算规则

在教师科研业绩评价指标体系中共设置四个一级评价指标，分别为科研项目、学术论文、学术专著和成果专利，一级指标下共设置 13 个二级指标，各项指标的当量计算规则设置如下：

1. 科研项目

科研项目按项目经费来源划分为纵向科技项目和横向科技项目。其中，纵向科技项目指由国家财政性经费支持的科研项目，按学术影响程度从高至低依次划分为 Z1、Z2、Z3、Z4、Z5 五级。Z1 级项目为国家级重大重点科技计划项目（课题）；Z2 级项目为国家级一般科技计划项目；Z3 级项目为省部级一般科技计划项目；Z4 级项目为厅局级科技项目；Z5 级项目为其他一般纵向科技项目。横向科技项目指利用非财政性经费委托开展的各类技术转让、技术开发、技术咨询、技术服务类科技项目。横向科技项目按项目经费额度从高至低依次划分为 H1、H2、H3、H4 四级。

2. 学术论文

学术论文是科研成果的常见形式之一。学术期刊论文按其发表期刊的学术影响从高至低依次划分为 A、B、C、D 四个等级。其中，A 类为 SCI 刊源文章，又可按分区细分为 A1、A2、A3 和 A4。B 类为 EI 刊源文章。C 类

为国内核心期刊文章。D 类为其他一般期刊文章。

3.学术专著或成果专利情况

由于学术专著和成果专利涉及人数较少，且部分学科考察出版学术专著情况，部分学科考察成果专利转化情况，因此为简化处理将二者合并为一个指标项。其中，学术专著一级指标分为专著、编著、译著和科普著，并根据著作的出版社级别如国家级出版社和其他出版社进行当量积分计算。专利依据类型分为外观设计专利、实用新型专利、国家发明专利和国际发明专利等二级指标。在这里，理工类许可考察成果专利情况、人文、管理类学科考察出版学术专著情况。

三、基于聚类算法的教师科研思维创新方式的指数构建方法

（一）基础算法选择

科研指数即某类教师的总体综合科研水平。针对实验数据所反映的教师科研业绩数据的基本特征，这里选择利用 PAM 算法进行教师科研指数的构建。

PAM 算法是一种 k-medoids 的基础算法，相对于 k-means 算法，PAM 算法不易陷入局部最小值的情况，其算法思想和基本步骤如下：

PAM 算法思想：先为每个簇随意选择一个代表对象（中心点），剩余的对象根据其与代表对象的相异度或距离分配给最近的一个簇。然后反复地用非代表对象来替换代表对象，以提高聚类的质量；聚类质量由代价函数来评估，该函数用来判断一个非代表对象是不是当前一个代表对象的好的代替，如果是就进行替换，否则不替换。最后给出正确的划分。

PAM 算法的基本步骤：Step1：在 n 个对象中随意选择 k 个对象作为初始的中心点。Step2：repeat。Step3：指派 n-k 个剩余的对象给离它最近的中心点所代表的簇。Step4：为每一个对象对 Oi、Oh 计算总代价 TCih，此处 Oi，是当前中心点，Oh 是非中心点。Step5：找出所有对象对 Oi、Oh 的总代价 TCih 中的最小值 minTCin，如果 minTCih 是负值，用 Oh 替换 Oi，形成新的 k 个中心点集合。Step6：until（minTCih > 0）。Step7：指派 n-k 个剩余的对象给离它最近的中心点所代表的族。PAM 算法虽然不易陷入局部最小值的情况，但是还存在一些缺点，比如，聚类个数不确定等问题，因此须对聚类离群点和聚类个数问题进行进一步的深入研究。

（二）聚类离散点检测

聚类离群点是指样本空间中与其他样本点的一般行为或特征不一致的点。之所以要进行离群点检测是因为：第一，离群点可能会导致聚类结果不理想，影响聚类结果的客观性；第二，离群点本身可能也体现了一种现象，因此离群点对于真实数据的分析具有很大的实际意义。此处采用基于密度的离散点检测方法来发现聚类离散点。这是因为基于密度的离散点检测方法不是将离群点看作一种二元性质，即不简单用是或者不是来断定一个点是不是离群点，而是用一个权值来评估它的离群度，这样的好处在于不用预先知道数据空间的分布特征，同时适用于多维度数据，这就使得当空间数据分布不均匀时依然可以准确发现离群点。

（三）聚类个数的选择

划分式聚类对聚类数比较敏感，不同的聚类个数得到的聚类结果差距很大。为了最大限度地体现出数据的自然结构，使聚类结果更具客观性，需要对聚类个数的选择进行研究。本研究采用轮廓系数的方法来确定聚类个数。该方法结合了凝聚度和分离度，可以以此来判断聚类的优良性，其值在 -1 到 1 之间，值越大表示聚类效果越好。依据这个原理，计算时可以尝试用多个簇参量，反复计算在每个簇个数条件下的轮廓系数，当轮廓系数取最大时，其相应的簇个数是最好的。

第六章 新媒体环境下的高校教育管理思维创新

第一节 学生事务管理的新媒体应用

一、大学生事务管理应用新媒体的必要性

新媒体的广泛普及已经对大学生的学习生活、行为习惯等诸多方面产生了深远的影响，而以大学生为服务对象的大学生事务管理工作也随之受到影响。与此同时，新媒体的应用也为学生事务管理的发展创新带来了机遇。无论是外部服务对象的要求还是内部创新发展的需要，在学生事务管理中应用新媒体都十分必要，本节以此为出发点，从大学生事务管理应用新媒体的必要性、大学生事务管理应用新媒体的现状分析和高校应用新媒体开展学生事务管理工作的建议三方面进行论述。

（一）新媒体对大学生的影响

1.新媒体对大学生的积极影响

（1）拓宽了大学生获取信息的渠道

大学生传统的信息获取渠道主要是报刊、电视、广播。新媒体的到来，为大学生信息的获取提供了更为便捷的渠道，其多元性也使得大学生获取的信息资源更为多样化，极大地拓宽了大学生的知识面。新媒体也因此成为现在大学生获取信息的最主要方式。

（2）增强了大学生学习的自主性

新媒体为大学生提供了丰富多样的信息资源，同时，大学生可以在新媒体提供的丰富的信息资源中遴选出自己感兴趣的部分以及对自己所学专业有帮助的部分，使学生在传统的课堂学习之外得到补充和提高。更为重要的是，学生由传统课堂被动地接受知识转变为使用新媒体主动地探求知识，

大大提高了学习的自主性。

（3）提高了大学生的人际交往空间

关于大学生使用新媒体的用途调查数据显示，新媒体已经在大学生的人际交往中占据了非常重要的地位。新媒体的便捷性、平等性和匿名性使得大学生可以在与他人交往时不再受到时间、空间、年龄、性别等条件的限制，更好地表达内心真实的想法。大学生还可以通过新媒体找到更多与自己志趣相投的人，人际交往空间被大大拓展。

（4）充实了大学生活

大学生可以利用新媒体提供的虚拟空间释放心中的压力，有助于帮助大学生保持心理健康。除此之外，大学生还可以通过使用新媒体进行娱乐放松。丰富了大学生的课余生活，使大学生活更加充实。

总体来说，新媒体的使用使大学生能够更好地了解时事、学习知识，大大拓宽了知识面，也使得大学生在探寻专业知识的道路上更加积极主动。同时，新媒体为大学生的身心健康发展带来了重要影响，拓宽了大学生的人际沟通交往渠道，并大大地丰富了课余文化生活。

2.新媒体对大学生的消极影响

（1）过度沉迷新媒体影响大学生的学习和身心健康

调查显示，有相当一部分大学生每天在新媒体上花费超过 5 个小时的时间。长时间沉迷造成了大学生对新媒体的依赖性越来越强，必然会影响到学习，有的学生甚至在上课期间也会习惯性地使用新媒体，严重影响了学习效率。有些学生在遇到不懂的问题时习惯性地使用新媒体寻找答案，非常不利于形成独立思考习惯。此外，新媒体上充斥着很多未经过滤的片面信息，长时间接触这些信息容易影响正确的世界观、价值观的养成，不利于大学生身心健康的发展。

（2）沉迷新媒体影响大学生现实的人际交往

新媒体使大学生沟通交流的方式变得更多，拓宽了人际交往渠道和范围。但是很多学生长时间停留在新媒体的虚拟世界中，现实面对面的交流大大减少，排斥现实交往，遇到问题时逃避现实，甚至产生社交恐惧症。严重影响了大学生正常的人际关系。

（3）泄露个人信息，造成安全隐患

大学生的社会经验不足，法制观念不够强烈，在使用新媒体的过程中不注意保护个人隐私，导致个人信息泄露。这些泄露的个人信息极易被不法分子利用，例如，使用大学生个人信息对学生家长进行财产诈骗，使用泄露信息以学生名义办理信用卡并恶意使用，等等，造成了诸多不必要的安全隐患，对大学生的学习生活造成困扰。

综上所述，新媒体确实对大学生的学习生活及人生发展产生了深远的影响。而以学生为服务对象的学生事务管理工作为适应形势，应用新媒体十分必要。

（二）应用新媒体是学生事务管理发展的需要

1. 新媒体给学生事务管理带来新的挑战

（1）新媒体对大学生的价值观念造成影响

新媒体的信息多元性和传播即时性等特点为学生提供了大量复杂的信息，而这些信息中很大一部分都没有经过筛选，由于大学生尚处在价值观、人生观形成的阶段，对信息缺乏甄别能力，在面对这些未经过滤的信息时极容易受到一些负面信息的影响，从而对学校的正面教育效果产生影响。

（2）新媒体对大学生的心理健康造成影响

新媒体为大学生提供了一个与现实世界不同的虚拟世界。在这个世界里，学生既可以和素未谋面的人自由地进行互动和交流，也可以在虚拟世界中宣泄自己在现实世界中被压抑的情感；而由于缺乏束缚，也容易让人忘记道德和社会责任，在虚拟世界任意放纵自己。长期沉迷于新媒体塑造的虚拟世界，使得大学生与现实世界脱节，极易产生心理问题。也影响大学生人际关系的发展，造成人格障碍等问题。

（3）新媒体对学生事务管理工作者的权威造成影响

新媒体的匿名性和平等交流性等特点，使得学生在隐藏身份的情况下就可以任意发表意见和看法。例如，极个别学生对学校的某件事有看法或对老师有偏见时，通过新媒体匿名发表言论，甚至扭曲事实、颠倒黑白，这些信息非常容易在学生中间产生不良的影响，更严重的甚至会破坏学校的秩序，对学校的公信力造成影响。

2.新媒体给学生事务管理发展带来机遇

（1）新媒体为学生事务管理提供了新的平台

新媒体作为学生事务管理的新载体，打破了很多传统学生事务管理的限制：一是打破了传统学生事务管理工作时间和空间的限制，学生事务管理工作可以更加灵活地开展。二是新媒体的信息多元性和传播即时性为学生事务管理工作提供了丰富的资源，学生事务管理工作者可以利用多种手段开展工作。学生事务管理工作者可以利用新媒体提供的多样化信息传递和表现形式，以图文并茂的形式对大学生进行引导和教育。

（2）新媒体有利于学生事务管理方式方法的创新

新媒体打破了传统教育单向灌输的局面。新媒体的应用，使学生不再处于传统教育中的从属地位。学生可以通过新媒体平等地与教师和学生事务管理工作者进行交流，表达自己的意见和诉求，使教育可以更加贴近学生需求，更加符合"以人为本"的教育理念。学生事务管理工作者可以通过新媒体及时了解学生的思想状况，例如，应用QQ动态、微信朋友圈等新媒体工具掌握学生的实时动态，并通过QQ群、微信群等工具及时将学校的政策、要求、通知等信息传达给学生。新媒体大大丰富了学生事务管理的手段，为学生事务管理工作提供了更为便捷有效的方式。

（3）新媒体提高了学生事务管理工作的实效性

新媒体为学生事务管理工作者和学生之间架起了一条更为便捷、快速的交流渠道。学生事务管理工作者在开展工作时，能够将工作内容通过新媒体快速传达给学生，大大提高了工作效率。同时，学生也可以通过新媒体将自己的想法和意见反馈给学生事务管理工作者，这有利于学生事务管理工作者及时发现工作中存在的问题并予以修正，使学生事务管理工作更为有效。

二、大学生事务管理应用新媒体的分析

（一）当前大学生事务管理应用新媒体的现状

1.学生事务管理应用的新媒体形式

近年来，新媒体已经在高校的学生事务管理中得到了广泛的应用，应用的新媒体形式也比较多，不仅有专门的学生事务管理网站系统，还有专门用于学生事务管理的QQ群、微信群、微信公众平台、微博等。以某高校为例，学校建立了"奥兰学生管理信息系统"网站进行学生事务管理，建立了"大学学生服务"微信公众号开展学生服务工作，一线学生事务管理人员应用的新媒体更是覆盖了 QQ、微信、微博等主流的新媒体形式。据不完全统计，该校用于学生事务管理的微信平台就有二十余个，辅导员用于开展学生日常管理工作的 QQ 群、微信群覆盖了所有学生班级。各高校已经广泛地应用新媒体开展学生事务管理，使用的新媒体形式多样并且已经获得了绝大部分学生的认可。

2.学生事务管理应用新媒体涉及的内容

高校使用新媒体开展学生事务管理涉及的内容越来越广泛，目前已经覆盖了大部分学生事务管理的内容。

（1）以新媒体为载体开展思想政治教育工作

学生事务管理人员通过新媒体发布用于思想政治教育的信息，通过新媒体了解和掌握学生的思想动态，如，通过学生的个人微博、QQ 动态、微信朋友圈等了解学生最新的思想状况，关注的时事及个人观点等情况。并根据掌握的情况有针对性地进行思想引导，例如，某一时事问题引起了部分学生的误读，学生通过新媒体发表个人意见和观点并引起其他同学的响应，学生事务管理人员在发现情况后及时针对这一时事问题通过学生事务管理新媒体进行官方正确解读并在学生中进行推送，引导学生思想向正确方向发展。

（2）以新媒体为载体开展学生管理工作

目前，新媒体已经被应用到学生事务管理工作内容中的招生、学籍管理、奖励、突发事件等多方面。例如，当发生突发事件时，学生事务管理人员第一时间在新媒体上发布官方消息，避免事件在学生中误传、谣传引起不必要的质疑；在开展学生评奖评优工作时，将参评学生的相关信息在新媒体上进行公示，确保了评优评奖工作的公开、透明，学生如有异议可以通过新媒体反馈给学生事务管理人员；在传统的迎新生工作中，学生往往只能通过随录取通知书寄送的入学指南、新生手册等途径了解学校，在入学后才能慢慢对学校有直观地了解，很多学生管理工作也只能在新生入校后才可以开展。应用新媒体后，学校可以在向新生寄发通知书时向新生提供可供咨询和交流的新媒体平台，如迎新生网站、QQ 群、微信群等，既可以向新生展示学校环境让新生提前熟悉校园，还可以解答新生的疑惑；同时学校还可以将一些学生管理工作如学生信息登记、相关规定的学习教育等提前完成，让学生入校前先入学，减轻了开学时学生事务管理工作的负担，提高了工作效率。

（3）以新媒体为载体开展学生服务工作

一是以新媒体为载体开展学生心理健康辅导工作。学生在出现心理问题的时候，往往碍于面子和心理压力不愿找心理健康教育教师咨询，导致心理问题恶化。在学生心理辅导工作使用新媒体平台之后，学生在出现心理问题时，可以用匿名的方式通过新媒体平台进行咨询，毫无压力地将真实情况反馈给专业的心理老师，更有利于心理问题的治疗。二是以新媒体为载体开展学生生活服务工作。学校的学生服务部门如食堂、学生公寓可以通过新媒体了解学生的意见和需求，例如，学生通过新媒体平台反映食堂饭菜的口味、价格等问题，食堂可以根据学生反馈的意见进行改进，有利于其更好地为学生提供生活服务。三是以新媒体为载体开展学生就业服务工作。学生事务管理部门通过新媒体将最新招聘信息提供给学生，学生可以实时了解市场的人才需求，便于充分准备。同时，学生工作人员可以通过新媒体平台建立在校生与毕业生的交流渠道，让成功毕业生和在校生分享求职和工作经验，学校还可以通过新媒体对在外实习学生进行管理，实时了解学生实习情况，不再受地域的限制，可以帮助学生更好地完成实习工作。高校已经将新媒体广泛地应用到学生事务管理中，并在一些具体的学生事务管理工作中较好地发挥了新媒体的作用。

3.学生事务管理应用新媒体取得的成果

目前，各高校都对新媒体开展了广泛研究。在中国知网以"新媒体"和"学生事务管理"为关键字进行搜索，相关的期刊、论文较多，尤其新媒体给大学生事务管理带来的影响，以及新媒体在大学生思想政治教育工作中的应用方面的理论研究成果丰富，已经形成了比较成熟的文献研究成果。

新媒体自产生到普及以来，高校对其开展了广泛的研究并积极将新媒体应用到学生事务管理中。各高校根据学校特色以及学生事务管理的要求积极地运用新媒体开展工作，在不断的实践中取得了可喜的成果。高校运用新媒体开展学生事务管理已经取得了一定的成效，新媒体已经成为大学生事务管理的新载体，可以更好地管理、教育和服务学生。

（二）导致当前大学生事务管理应用新媒体时出现问题的原因

1.对新媒体地位的重视程度不足

在对大学生事务管理部门负责人和学生事务管理一线工作者进行走访时发现，虽然新媒体已经在学生事务管理中得到了广泛应用并取得了一些成果，但整体来说新媒体应用还未得到足够重视。主要表现在以下两个方面：

（1）对新媒体认识不够正确

很多管理者的教育理念仍未完全转变，对新媒体的作用和特性没有正确认识，没有深刻认识到新媒体给大学生事务管理工作乃至整个高等教育带来的巨大影响，思想上还没有将新媒体作为学生事务管理的重要载体来对待。有的管理者甚至因为新媒体带来的一些负面影响而对其存在一定的抵触情绪，甚至拒绝使用新媒体。

（2）对新媒体的定位不够准确

学生事务管理工作者在使用新媒体开展工作时，仅仅是把新媒体当作简单的工具，利用新媒体的部分功能来完成传统的学生事务管理工作。而没有将新媒体作为新的学生事务管理工作的载体来思考如何充分利用新媒体的特性和功能来促进学生事务管理工作的创新和发展。这种不正确的定位造成了新媒体仅仅成为老师向学生"下命令"的工具，而其平等交流等本应拉近师生距离便于更好地开展学生事务管理工作的特性完全被埋没。新媒体在学生事务管理工作中的定位不明确，其优势和特性就无法发挥出来，也就无法成为学生事务管理工作创新和发展的平台。

重视程度不够，导致新媒体对学生事务管理工作来说可有可无，学生事务管理工作者单纯地为了使用而使用新媒体，不注重新媒体应用的研究和影响，仅仅把新媒体作为简单的工具完成传统的工作任务，忽略了新媒体平台的建设和信息的维护。

2.对新媒体应用研究的投入不足

要利用好新媒体，就要对其特性、功能、发展规律等方面开展相应的研究，研究就要有相关的资金和人才的投入。而实际调查中发现，目前各高校对新媒体应用于学生事务管理的相关研究的投入明显不足。

（1）新媒体建设的资金和技术投入不足

虽然各高校对于新媒体和学生事务管理工作的相关研究和实践开展得

如火如荼，但大多是大学生事务管理工作者自发进行的，研究人员也只能是利用业余的时间依托免费的新媒体平台开展研究工作，大部分高校并没有开设专项研究资金，相关的技术投入也很少。资金和技术投入的不足使得新媒体的很多功能未得到充分开发和应用，相关的研究和实践工作只能停留在表面不能深入。

（2）新媒体应用的队伍建设投入不足

使用新媒体需要研究和掌握新媒体的特性以及相关技术，而使用新媒体开展学生事务管理工作除了需要掌握新媒体的特性和技术外，还要将心理学、教育学、传播学等多学科知识应用其中才能达到理想的工作效果，这就需要应用者投入大量时间开展研究和实践。而调查发现，目前各大学生事务管理工作队伍中基本没有专门从事新媒体应用研究的人员，承担此项任务的基本都是一线学生事务管理工作人员，如学生处、团委的教师和辅导员。他们本身就承担着繁重的工作任务，很少有时间专门研究如何应用新媒体开展学生事务管理工作，只能在工作中把新媒体的部分功能当作简单的工具使用，从而大大影响了新媒体在学生事务管理工作中作用的发挥。

投入的缺乏导致新媒体应用的相关研究不能深入，进而导致新媒体不能在学生事务管理的实践应用中发挥理想效果。

3. 对新媒体平台建设的规划不足

缺乏统筹规划是导致目前大学生事务管理新媒体平台利用率不高的主要原因之一。虽然各大学生事务管理部门和学生事务管理工作者已经纷纷开始使用新媒体开展工作，但是由于缺少统一规划，高校在使用新媒体开展学生事务管理工作时全部门之间各自为政，纷纷建立和使用自己的新媒体平台。一时间用于学生事务管理工作的新媒体平台林立，但是大部分新媒体平台的形式和功能基本相同，造成很多工作重复开展，降低了工作效率。以调查中某高校学生就业指导工作为例，该校学生就业指导服务的部门建立了专门用于学生就业服务工作的微信公众平台，而各学院学生事务管理工作者也建立了用于学生就业服务的微信公众平台。这就使得在实际工作中，校级就业服务微信公众平台发布的信息在院级微信平台重复发布，降低了工作效率。由于缺少统一规划，一时间各种用于学生事务管理的新媒体平台如雨后春笋般出现，但是各新媒体平台发挥的功能单一，往往只是为了便于某一项工作的开展，而平时都是闲置的状态，使得新媒体平台的平均使用率不高。

4.对新媒体实践应用的研究不足

目前，各高校使用新媒体开展学生事务管理工作的人员主要由学生事务管理工作部门如学生处、团委的教师以及学生辅导员兼任。由于没有专业的新媒体学生事务管理工作队伍，对新媒体的特性研究以及如何将新媒体与学生事务管理工作结合的实践研究不够，这也是大学生事务管理应用新媒体时产生问题的重要原因之一，实践应用研究的不足主要表现在以下三个方面：

（1）对新媒体的特性、功能研究不足

一方面由于没有充分掌握新媒体的特性，造成实际工作中无法将新媒体特性与学生事务管理的特点和要求相结合，导致新媒体的诸多有利特性无法在学生事务管理中发挥作用。例如，新媒体的平等交流性和匿名性，学生可以利用该特性与学生事务管理工作者平等交流，这也是学生事务管理工作者走进学生真实心理世界的机会，但是由于对新媒体的这一特性理解不足，在与学生通过新媒体交流时依然使用老师对学生的口吻，丧失了与学生近距离心理接触的机会。

另一方面对新媒体的功能挖掘不够。目前各大学生事务管理在应用新媒体平台时，往往只是利用了新媒体平台提供的较为简单的功能，对新媒体平台的功能没有充分研究和发掘。例如，很多学生事务管理工作者在使用微信平台时往往只是应用了其最为简单的信息推送功能，而需要自主开发或者付费后才能使用的功能没有被充分挖掘，造成了新媒体平台功能单一，例如，微信公众平台的互动功能等无法应用到学生事务管理工作中去。

（2）新媒体平台缺少信息的"把关人"

所谓"把关"，一是对学生事务管理工作者发布的信息进行把关。由于目前学生事务管理工作使用新媒体的主要为高校的一线工作人员，他们缺少新媒体使用技术方面的培训，在使用新媒体发布信息时如果出现错误，容易在学生中产生较大的影响。例如，某高校辅导员将学校可能对学生宿舍进行调整的信息经过个人解读后发布到微信公众平台，该信息迅速在学生中传播，引起了大量学生的不满和恐慌；二是对学生发布的信息进行把关。新媒体的开放性和匿名性使得学生也可以在新媒体平台自由发布信息、表达意见。而由于学生各方面还未成熟，缺乏独立思考和信息甄别的能力，容易将一些偏颇的信息发到新媒体平台上，这些信息容易对其他学生造成影响。因此，"把关人"的角色至关重要，他是保障新媒体健康环境和发挥积极作用的关键。缺少信息的"把关人"也是造成目前学生事务管理新媒体平台舆情事件频发的主要原因。

（3）对新媒体应用的方式方法研究不够

在对学生事务管理应用新媒体存在的问题进行调查时发现，学生普遍反映新媒体平台发布的信息内容死板、不符合学生的实际需求、存在较强的说教色彩等问题。究其原因主要是学生事务管理工作者应用新媒体的方式方法不正确，一方面对新媒体平台发布的内容没有深入研究，发布的内容没有紧贴学生的实际需求和关注点；另一方面是对新媒体发布的内容表现形式研究不够，学生事务管理工作者在发布内容时往往只是将通知或时事热点不经加工直接发布，没有考虑学生的接受能力，没有充分利用新媒体提供的功能进行解读并以图文并茂的形式发布给学生，导致学生对发布的内容关注度不高，甚至让学生感觉仍然是老师对学生的说教。

5. 对新媒体应用的环境建设不足

目前，导致学生事务管理乃至整个高校应用新媒体出现问题的一个很重要的原因是尚缺乏良好的新媒体应用环境，主要表现在以下两个方面：

（1）缺乏学生事务管理新媒体应用的氛围营造

虽然高校纷纷应用新媒体开展学生事务管理工作，但是对于新媒体应用的氛围营造不够。实际调查发现，学生事务管理工作还没能够从传统的工作模式中脱离，无论是学生事务管理工作者还是学生都未养成良好的新媒体应用习惯。一方面学生事务管理工作者仍然是以传统的工作手段为主，仅是将新媒体作为发布通知的辅助工具，而没有将新媒体作为学生事务管理的载体来应用，也没有在学生中对学生事务管理新媒体平台进行宣传引导；另一方面学生还没有将新媒体作为与老师交流沟通、表达诉求、完成工作的渠道，在遇到学生事务管理相关问题时仍然采取传统方式作为解决问题的手段。

（2）缺乏新媒体应用的媒介素养教育

媒介素养教育的内容主要是如何合理理性地应用新媒体，细分至学生事务管理新媒体的应用中主要包括如何使用新媒体的功能、使用的习惯、表达诉求的方式等方面。而目前各高校关于媒介素养的教育缺失较为严重，大部分高校尚未开设媒介素养教育有关的课程，虽然在一些新媒体舆情事件发生后高校也开始相关教育，但是大都以辅导员召开主题班会等形式开展，还没有形成系统的教育体系。媒介素养教育的缺失，也是导致目前新媒体舆情事件频发的最为重要的原因之一。

三、高校应用新媒体开展学生事务管理工作的建议

新媒体已经深入到社会的各个角落，并深刻地影响着人们的生活习惯、价值观念。大学生作为使用新媒体的主力军，其学习、生活、行为习惯以及价值观念受新媒体的影响更为明显，因此大学生事务管理也随之受到影响。如何面对新媒体带来的机遇与挑战，在新媒体环境下探索以其为载体创新学生事务管理工作方法、提升工作效率成为大学生事务管理工作者乃至高校管理者亟须研究和解决的问题。

（一）加强重视，创造良好的新媒体应用环境

高校管理者的态度决定了学生事务管理工作能否在新媒体环境下得到创新和发展。高校管理者应当转变传统的管理理念，以积极的态度看待新媒体对学生事务管理工作带来的影响，从思想上提高对新媒体的重视程度，为新媒体在学生事务管理工作中发挥作用提供良好的环境。

1.认识到新媒体对学生事务管理工作的重要性

新媒体的诸多特性使其在被广泛应用的同时为学生事务管理工作带来了发展机遇。新媒体为学生事务管理工作提供了新的载体，其开放性使得无论是高校学生工作者还是学生都可以通过新媒体发布信息，其便捷性也使工作开展不再受时间和空间的限制，学生事务管理工作的平台变得更加广阔；新媒体丰富了学生事务管理方法，其多样性使得学生工作者可以用更生动形象的方式向学生传递信息，其平等性也使学生能够和学生工作者通过新媒体平台更好地交流，便于学生工作者更好地了解学生的思想动态，进而更好地为学生的成长提供帮助，学生事务管理工作的方式和手段得到了丰富；新媒体提高了学生事务管理工作的实效性，新媒体提供的虚拟平台使大学生可以毫无保留地表达内心真实想法，让学生工作者能够走进学生的心里，在开展工作时可以更好地为学生个体提供服务，提高学生事务管理工作实际效果。

机遇的出现总是伴随着挑战。新媒体携带的大量信息冲击着大学生的

价值观念，其开放性和多元性使得其传递的信息大多未经筛选，其中不乏一些负面、不健康的信息，而尚在价值观形成阶段的大学生还不具备信息的甄别能力，极易受到这些消极信息的影响；新媒体的虚拟性也对大学生的心理健康产生影响，学生可以在新媒体提供的虚拟世界里自由表达自己的想法，但同时也会因为没有束缚和限制而忽略了道德责任，有的学生长期沉迷在虚拟世界当中，渐渐丧失了现实中与人交往的能力，变得冷漠、孤僻、逃避现实，严重的甚至产生孤独症、人格障碍等心理问题；学生工作者的权威受到挑战，由于新媒体的匿名性，学生在不暴露身份的情况下就可以发表个人看法，对学生工作者发布的消息进行公开质疑使学生工作者的权威性受到巨大挑战。

新媒体的功能为学生事务管理工作提供了新的路径，丰富了学生事务管理的手段和方法，提高了学生事务管理工作的效率。而目前，高校学生工作者也只是利用了新媒体的一部分功能，新媒体所提供的平台和更多的技术并没有得到充分发挥。因此，学生事务管理工作要想在新媒体环境下创新和发展，就必须将新媒体作为学生事务管理工作新的载体来对待，而不应该把新媒体当作简单的工具。

综上所述，新媒体在给学生事务管理工作的开展带来机遇的同时也让学生事务管理工作面临着巨大的挑战。应用新媒体开展学生事务管理工作既是发展的需要也是形势所迫，因此无论是机遇还是挑战都必须要面对。高校管理者和学生工作者必须清醒地认识到新媒体对学生事务管理工作的重要性，才能在新媒体环境下取得学生事务管理工作的创新和发展。

2.加大对学生事务管理新媒体建设的投入力度

（1）增加对新媒体应用的资金和技术投入

目前，高校在应用新媒体开展学生事务管理工作时，仅应用了新媒体的部分功能，新媒体的优势和强大的功能没有得到很好的发挥。究其原因主要是两方面：一是没有新媒体专门资金投入，学生工作者在使用新媒体时只能使用其免费对外开放的部分简单功能开展工作；二是没有专门的技术投入，目前学生工作者中的大部分人没有掌握新媒体技术，在使用新媒体的时候就无法对新媒体的特性和功能进行深度挖掘。因此，要确保新媒体在学生事务管理工作中发挥载体作用就需要高校增加相关的资金和技术投入，鼓励和支持新媒体相关研究工作的开展。

（2）加强专业的新媒体学生事务管理工作队伍建设

新媒体能否在学生事务管理工作中发挥作用的关键在于使用者，要求使用者要具备学生事务管理工作经验、掌握新媒体技术，还要掌握心理学、传播学等相关知识，同时还要具备较高的媒介素养。而目前各高校使用新媒体开展学生事务管理工作的多为辅导员、学生处和团委教师，由于他们自身就承担了繁重的工作，少有时间对新媒体开展研究，在使用时多是在学生骨干的协助下完成，这就使得新媒体发挥的效果大打折扣。因此，高校应该建立一支专门从事新媒体研究和应用的学生事务管理工作队伍，由他们负责学生事务管理工作新媒体平台的建设、维护和使用。同时以专带兼，由专职的新媒体应用人员对普通一线学生工作者进行培训，提高他们的新媒体应用能力。

3. 建立完善的学生事务管理新媒体管理机制

（1）加强新媒体平台的信息监管

新媒体的开放性和匿名性使得信息的来源和可靠性都无法得到保障。大学生还在人生观、价值观形成阶段，心理尚未成熟，对事物的甄别能力不强，在面对新媒体上的信息时很难分辨真假，容易被误导甚至出现非理性行为。因此，高校应该加强新媒体信息监管力度，实时监控并及时删除不良信息，防止在学生中产生不良影响，从源头上保障新媒体环境。

（2）加强大学生媒介素养教育

新媒体时代，大学生已经不单单是信息的接收者，他们也可以在新媒体平台自由发布信息、表达观点。而大学生正处在世界观、人生观、价值观形成的时期，缺乏信息的甄别能力，如果盲目地在新媒体上发表个人观点，容易造成不良影响。因此，高校应该加强对大学生的媒介素养教育，采用"网上""网下"教育相结合方式。"网上"通过推送媒介素养教育的相关知识营造良好的新媒体氛围；"网下"开设专门的大学生媒介素养教育课程，让学生掌握媒介素养的知识和使用新媒体的技能，并针对学生关注的热点问题及时开展正面引导和教育。

（3）培养意见领袖引领新媒体环境健康发展

学生中的意见领袖都具有较大影响力，他们对待事物的观点、立场往往能引起很大一部分学生的共鸣。他们也更了解普通学生关注的热点和对某一事件的看法，而他们对事件的看法也影响着该事件在学生中的舆论走向。因此，充分发挥学生意见领袖的作用，有助于引导新媒体环境向健康的方向发展。

（二）统筹规划，构建科学合理的新媒体平台

目前大学使用的新媒体形式多样，大学生事务管理工作应用的新媒体形式和数量也比较多。为了保证新媒体能够符合学生事务管理的需要，在现实工作中能够发挥切实的作用，避免新媒体平台因重复建立或利用率不高等问题降低工作效率，在选择和建立新媒体平台时应注意形式的选择和平台布局的合理性。

1.应用的新媒体平台形式要合理

当前大学生应用的新媒体形式多样，功能不尽相同，学生事务管理应用的新媒体形式也纷繁复杂。为确保用于建立学生事务管理平台的新媒体形式符合科技发展形势和学生事务管理工作的需要，在选择新媒体形式时要注意两个方面的要求。

一方面新媒体的形式应选择目前高校大学生普遍能够接受并广泛使用的形式，如网站、微信、QQ、微博等新媒体。尽量减少使用新媒体平台所受的终端、网络等方面的限制，确保学生事务管理新媒体平台在建立后能够方便广大学生和学生事务管理工作者使用。

另一方面，新媒体所提供的功能应能够满足复杂的学生事务管理的需要。学生事务管理工作者应当对当前主流的新媒体形式的特性，功能进行深入研究，结合学生事务管理的内容和需求，选择能够满足学生事务管理需要的新媒体形式。例如，针对学生管理工作中的学籍管理、基本事务管理、评价、奖惩、资助管理、纪律管理、生活管理、突发事件处理、党团管理等工作内容的需要，既可以选择交互性强，也可以实现复杂逻辑功能的网站系统；在利用新媒体平台开展学生服务工作时，则可以选择互动性、即时性强的微信、QQ等新媒体形式；在开展学生日常思想政治教育工作时，则可以选择即时性强并带有信息推送功能的QQ群、微信公众平台等新媒体。选择合理的新媒体形式构建学生事务管理平台是新媒体在现实学生事务管理工作中切实发挥有效作用、提高学生事务管理效率、促进学生事务管理发展的重要保证。

2.建立的新媒体平台布局要合理

为保证新媒体平台能够成为新形势下学生事务管理的有效载体，切实促进学生事务管理的发展，在实际应用中避免平台重复建立、涉及的工作内容不全等问题，在新媒体平台进行设计和建立时应注意两个方面的要求。

（1）新媒体平台的设计应由校级学生事务管理部门统一规划。在设计之初应根据学生事务管理内容的要求和学生事务管理工作者的实际需求进行详细的需求分析，确保新媒体平台建成后在功能上和涉及的工作内容有一定的独立性，避免各平台之间工作重复，确保新媒体平台的高使用率。

（2）各新媒体平台在逻辑关系上应相互联系，在功能和内容上相互补充，确保新媒体的功能覆盖学生事务管理的全部内容，切实成为学生事务管理的新载体。

（三）把握特性，充分发挥新媒体的载体功能

1. 以新媒体为载体开辟思想政治教育的第二课堂

新媒体在大学生中的广泛应用给学生的思想政治教育工作带来了巨大的影响。学生接收信息和发表言论的渠道被大大拓宽，学生对国家最新政策或社会热点事件一旦理解产生误差并通过新媒体发表个人看法，非常容易在学生中产生不良的影响。因此与传统学生思想政治教育工作相比，新媒体环境下的思想政治教育工作无论在时间还是空间上都被无限延伸。针对这一现状，应以新媒体为载体建立学生思想政治教育的"第二课堂"，充分利用新媒体传播即时性、信息多元性的特点开展学生的思想政治教育工作，一方面将国家及学校的相关政策、要求以便于学生接受的形式图文并茂地发布在新媒体平台上。例如，学校将"两学一做"的内容和要求解读后以漫画图解的形式发布到微信公众平台上并推送给学生，让学生更直观地了解"两学一做"是什么、自己该怎么做；另一方面，学生工作者通过学生的QQ动态、微博、微信朋友圈等新媒体了解学生关注的时事热点、对事件的看法以及学生个人思想动态，如果是学生群体性的问题则有针对性地将该事件进行解读并通过新媒体平台发布，如果是学生的个人问题则通过新媒体渠道单独对学生进行辅导。同时，将新媒体平台上发布的教育信息通过平台自身的推送功能借助学生事务管理工作者和学生干部以及其他的学生意见领袖转发传递到学生手中，确保学生的参与度，提高"第二课堂"的教育效果。

应用新媒体开展思想政治教育工作有两个重要的关键点：一个是教育

内容的吸引力，原版思想政治教育的内容往往比较晦涩，学生很难直观地了解，如果再以简单的文字形式发布，则很难引起学生的关注。这就需要学生事务管理工作者花费时间和精力对教育的内容进行解读，转化成学生易于听懂的话语，并充分利用新媒体的特点，以图片、文字、视频、音频等相结合的方式进行发布，让学生感觉到教育的内容变得新颖、生动，因而更容易接受。另外一个就是把握学生使用新媒体的习惯，在学生使用新媒体的时间段将信息推送给学生，确保教育内容在学生中的覆盖面，否则信息很可能被其他新媒体消息覆盖，达不到教育目的。

2. 以新媒体为载体建立学生管理工作的新平台

学生管理工作的内容包含招生、学籍管理、基本事务管理、评价、奖惩、资助管理、纪律管理、生活管理、突发事件处理、党团管理、学生组织建设及活动开展等方面。这些工作多属于静态的事务性工作，内容多且复杂。高校应当针对学生管理工作的特点和要求，结合新媒体的特性，利用网站系统建立学生管理工作平台，将学生的学籍管理、评奖评优、党团发展、请销假等与学生息息相关的日常事务工作转移到新媒体平台上。例如，学生奖学金评定工作，学生事务管理工作者将评奖评优的相关信息在学生管理网站上进行公告，学生根据个人情况按要求在网站上填写相关申报材料，学生工作者统一对申报的同学在网络上进行审核并对入选学生信息进行公示，最后评选出奖学金获得者。使用新媒体平台让学生管理工作更加公开透明，学生可以实时了解相关工作开展的情况并对部分工作进行监督，同时也省去了相关工作的层层通知、上报环节，极大提高了学生管理工作的效率。

3. 以新媒体为载体创新学生服务工作的新方法

学生的心理辅导、生涯规划指导、就业指导等服务工作需要学生事务管理工作者与学生个体进行实时的单独交流，同时还需要一定的保密性。例如，学生在出现心理问题时，往往不愿意让周围的人知道。虽然各高校都有专门负责学生心理健康的教师，但很多学生心理上是比较排斥的，究其原因，一方面学生在出现心理问题时本身就比较自卑不愿意与人谈及；另一方面在面对老师时由于身份的问题心理上存在一定压力。因此，实际上高校负责学生心理健康教育的部门并没有充分地发挥作用。而新媒体的平等性、匿名性、互动性与学生服务工作的需求不谋而合。大学生事务管理工作者可以利用

QQ、微信等即时通信工具建立学生服务工作的通道，例如，为学生开通专门用作咨询心理问题的 QQ 账号，学生在出现心理问题时，可以通过 QQ 匿名向学生工作者进行咨询，既可以让学生工作者掌握学生真实的心理状况，又避免了面对面咨询给学生带来的压力；建立专门用于学生就业指导服务的微信公众号，为学生提供市场实时就业信息，同时针对市场需求及时告知学生该如何做准备，另外开辟专门的就业指导频道，由学生事务管理工作者及时针对学生个人进行个性化的辅导。

第二节　学生创业的新媒体建设管理对策

一、政府主导，加强完善新媒体管理

不同于现实交往活动中交往主体在身份上的明确定位和熟练转换，新媒体环境下的"虚拟交往"由于不同交往场合的界限模糊以及交往主体的认知有限，往往会对交往主体的言行或思维产生不良诱导，致使参与主体向伦理道德失范倾斜。而对于大学生创业者而言，由于现实生活中的身份增加，致使其在使用新媒体平台进行交往表达时增添了更多不确定性，因此更容易发生不良行为。这时就需要政府主导的相关法律法规对其进行强制约束以及严厉打击，以促使广大新媒体用户养成既注重私德、又遵守公德的媒介应用习惯。除此之外，政府各相关单位还可以通过权威网络安全管理机构和管理站点的建立来有效解决管理缺位、失位等问题，确保人们在有需要的时候能够及时得到正确的指导帮助。

新媒体环境具有信息多元、交流自由等特征，传统的媒介监管方式已难以有效地提供制度保障。在加强完善新媒体管理的进程中，发挥主导作用的政府需要转变思维模式、改变工作方式，把身份定位从单一的管理者转化为积极的参与者，在新媒体的发展使用中总结经验教训，在不断实践的过程中促进相关法律法规的完善。

二、完善高校创业教育、优化校园新媒体平台

作为大学生群体的主要活动场所、高校在教育开展和思想引领上都有着明显的实施优势。然而在新媒体环境下，高校在新媒体专业教师队伍建设和大学生创业教育方面仍有不足之处。具体如下：第一，大部分高校尚未形

成具备新媒体专业知识的教师梯队，创业教育的开展工作多由普通教师承担；第二，针对大学生创业者所需的综合能力的培养力度不够，创业教育往往是经营技术、管理技术以及融资技术的单向传输；第三，高校新媒体平台的教育优势和宣传优势没有得到充分发挥，平台的管理运营仅仅停留在了信息维护的层面。因此，为了营造有利于大学生创业的校园新媒体环境，作为大学生创业教育的主要实施场所，高校应在专业教师培养、新媒体平台优化以及创业教育完善等方面提升水平。

首先，新媒体技术是一种不断革新的技术，专业人士的参与是强化其管理的关键。高校现有的创业指导教师大都没有经过权威机构的培训以及创业实战的磨炼，更不具备新媒体环境所需的专业技术知识，因此对大学生创业者的指导往往局限于传统的理论模型和单一的商业模式。高校应认识到这一不足，并在专业指导教师的培养上增加人力和物力投入。然而这一过程并不是一蹴而就的，高校一方面可以通过专职、兼职以及挂职教师相结合的方式循序渐进地改善教师队伍；另一方面还可以通过优秀创业指导课程的学习引进来提高指导教师的专业水平。同时在创业指导教师的培养中，一套适用的评价激励体系也是必需的，这样才能从制度上为创业指导教师的专业身份、地位、发展方向以及专业技术职称评聘等提供合理保障。

其次，随着大学生群体对新媒体平台的需求向个性化和多样化转变，校园新媒体平台正面临着管理不足、用户流失的局面。具体表现为信息内容缺乏引导性和实用性、与学生实际问题联系不紧密、教育作用被忽视等，从而造成了学生关注度不高的问题。校园新媒体平台在高校学生的认知培养和知识学习上有着不可替代的"新阵地"作用，尤其对于大学生创业者而言，校园新媒体更是发挥着促进创业思维养成和辅助创业实践开展的作用。因此，为了充分发挥高校新媒体平台的教育优势和宣传优势，促进高校新媒体平台的优化，高校应当在发布、更新信息内容时既重视其思想性又兼顾知识性和实用性，以实现大学生群体的不同选择要求。为了增加新媒体平台在创业大学生群体中的吸引力和影响力，高校可以吸纳校外企业家和大学生创业成功者入驻新媒体平台，并针对大学生创业者关心的问题"开帖"做出集中咨询、集中解答，以吸引有创业意愿或正在创业的大学生学习浏览。此外，高校在优化完善各类新媒体平台时还应着重强调大学生群体的媒介素养，即在新媒体的使用过程中遵守伦理道德约束，以及对新媒体信息具有正确判断。这一方面需要高校做好信息传播的筛选和把关，不断增强各类新媒体平台的正面影响力；另一方面也需要大学生群体做好自律，在"虚拟交往"中提升网络伦理素养，并且对新媒体形成清晰的认知。

最后，大学生创业教育承载着大部分的创业知识传授和创业实践开展的任务，对大学生创业者的思维习惯和行为特征都有着重要的影响。如前文所述，大学生创业教育往往是针对大学生创业者的精英教育，对其余人群的教育作用微乎其微，这是由于创业教育的吸引力不够，以至于人们没有参与的兴趣或创业意愿较低不足以引发行动。因此，高校创业教育的完善一方面需要在课程设置上形成针对不同特征人群的不同体系，以吸引处于不同阶段的创业者以及没有创业的大学生广泛参与；另一方面也需要在开展形式上采取多样化途径，以促进参与学生的综合素质提升。此外，为应对当前大学生创业教育在新媒体环境下渐露疲态的状况，引入先进的创业教育体系也不失为一种有效解决办法，如，国际劳工组织开发的 KAB 创业教育体系。其在形式开展上采用了大学生群体乐于接受的参与式、体验式教学，在教学过程中侧重对学生创新能力的培养以及学习潜能的激发，因此在大部分高校中广受欢迎。大学生创业教育是一项系统性工程，高校要坚持从发展的角度、从综合型人才培养的高度来认识这项工作的重要性和紧迫性。在这项素质教育工程的实施过程中，高校一方面要遵循普遍教育规律，促进创业教育规范开展；另一方面要把握创业大学生群体的异质性，实现不同个体的共同进步。

三、社会参与，构建和谐新媒体环境

从社会发展的宏观过程来看，社会制度和社会规范一直都是人们正常生产劳动的保障力量，并在一定程度上引导着人们的社会生活和社会交往。然而新媒体的出现把人们的社会交往转换成了依靠信息技术的"拟态交往"，它模拟着现实社会的交往活动为人们构造了一个个轻松自由的线上交往平台。基于新媒体平台的社会交往活动虽然保留着一般社交活动的功能和意义，却往往躲避了应有的规范约束，以及正常的社会引导。因此，规范和谐的新媒体环境的构建迫切需要社会治理的参与，以保障其继续发挥自身优势，为人们的生产、生活提供便利。

任何一种工具技术都存有观念上的偏见，都会倾向于把世界构建成某

种特定形态，都会强化某种特定的技能或态度。在技术至上的时代，人们总是对技术抱有无限的期望，出现问题时也经常向技术求助，不经思考和辨别就全盘接受技术所提供的答案，这是技术崇拜的典型表现，也是引诱人们在使用技术时忽视伦理道德的因素。在新媒体使用中，由于技术的观念偏向和用户的认知缺乏，技术崇拜和伦理失范的现象总是频频出现。然而，技术只有在一定的应用情境中才有其存在意义，任何新技术的出现都只是为人们打开了一扇门，它不会迫使人们走进去，其含义究竟能发展到何种程度在某些方面依赖于当时的社会状况。因此，对于大学生创业的新媒体环境的构建而言，一定的社会参与是有必要且行之有效的。

有效的社会参与还意味着社会治理的及时跟进与未雨绸缪。新媒体环境下的大学生创业活动已经与传统社会所熟悉的创业活动有明显不同，它呈现出一种信息开放、交往自由的特征，传统的社会治理方式已不再适合这种人人参与、人人共享的创业环境。相较于社会治理的稳定，新媒体技术无时无刻不在进行着革新，因此二者总是存在着滞后和超前的关系，具体表现为社会制度的不健全、认知教育的不足、自律缺乏、他律缺失等。为解决这种矛盾关系，社会参与一方面需要尽快针对出现的问题和不足寻找解决办法；另一方面需要根据经验教训适时做出合理预判以及准备工作、从而预防矛盾关系的激化。形成稳定的社会参与机制对于新媒体环境的长期有效构建意义重大，对于新媒体环境下的大学生创业而言，社会参与的有效保障和引导更是促进创业活动正常开展的关键。

四、社校联动，促进形成健康新媒体环境

社校联动首先体现在高校与大学生所属家庭的联动，作为社会教育力量的重要组成部分，家庭教育对大学生创业者有着不容忽视的影响。这种影响主要体现在两个方面，第一是对创业过程的影响；第二是在新媒体使用过程中的监督和引导作用。一般来说，家庭的支持在很大程度上为大学生创业者提供了前进的动力，如果大学生创业者能够得到家庭的一些帮助，其创业过程也会更加顺利。对于健康新媒体环境的塑造而言，家庭的正确监督和引导会使大学生创业者形成良好的媒介素养，从而在新媒体使用过程中形成自律意识并从严要求自己。家庭作用的有效发挥需要对家长进行教育和引导，高校可以在新生入学时通过新生家长课堂的开设来为家长提供学习提升平

台，并邀请专人为家长解答如何科学、正确使用新媒体等问题。为了保证教育和引导的有效落实，一系列的定期回访和问题收集也是必不可少的环节。通过学校教育和家庭教育的多渠道互动，将有力地促进新媒体对大学生创业积极作用的发挥，同时尽可能地减少新媒体所带来的不利影响。

社校联动还体现在高校与社区的联动以及社会资源的充分利用方面。从某种意义而言，高校也是社区的有机构成和建立方，充分考虑高校和社区的功能关系，我们可以发现，高校在办学治校方面往往需要社区的帮助。对于如何营造有利于大学生创业的新媒体环境而言，社校联动一方面可以通过相关社会创业实践活动的开展来使大学生创业者科学认识和使用新媒体，同时通过实践活动促进媒介环境的净化；另一方面可以借助企业、公益机构等社会资源为大学生创业者的成长提供指导，并在创业过程中的新媒体运用方面提供帮扶。通过高校与社区的优势互补和资源共享，让大学生创业者在实践的同时也学会了新媒体的有效运用，这不仅有利于促进健康新媒体环境的形成，也在很大程度上丰富完善了大学生创业活动。

五、利用新媒体手段进行大学生创业指导

随着时代的发展，新媒体的手段和技术也同样取得了长足的进步。在整个新媒体日益活跃的环境下，如何将其应用于指导大学生创业不仅是高校等应深入关注和实践的问题，也是大学生群体自身需要不断了解、开拓创新的方向。

（一）设计 App 软件进行创业

App 是英文 Application 的简称，中文称为应用软件。起初 App 只是作为一种第三方应用的合作形式参与到互联网商业活动中去的，如淘宝、京东、新浪微博、网易邮箱等。由于 iPhone 等智能手机的普及，人们也逐渐习惯了使用 App 客户端上网的方式。这些 App 一方面累积了各种不同类型的网络受众；另一方面借助 App 平台赚取流量来获得盈利。

随着互联网越来越开放，App 与传统实体商店之间联系也越来越紧密，萌生了一种新的盈利模式——O2O，即通过 App 将线下的商务机会与互联网结合，让互联网成为线下交易的平台。例如，消费者在家中通过大众点评 App 客户端上购买电影票，并在线选择观看座位，随后完成网上支付，App 将购买凭证二维码推送至手机。最后凭借二维码至电影院自助终端设备扫码，便轻松观赏了一场电影。这样一个线上与线下完美结合，不仅使得影院在工作效率提升、成本节约的同时获得盈利，更重要的是，改变了人们出行游玩的固有习惯。

无论是传统的流量盈利模式，抑或是现今的 O2O 模式，App 所蕴含的潜力无比巨大，前景令人期待。年轻的大学生初入社会，常常抱负远大却没有明确的目标定位，又没有工作经验，难以找到一份理想的工作。而利用 App 创业门槛较低，通过打造出一款优质 App 获取创业机会，恰恰是给才华横溢的大学生们一个展示自我、实现理想的创业平台。

（二）新媒体平台下的微商创业

中国自改革开放以来，经济高速增长。在这个充满各种机遇与挑战的大环境中，高校大学生逐渐倾向于自主创业。传统大学生进行实体创业时，往往因为没有充足的创业资金而放弃。但是如今随着互联网的发展，电商创业慢慢成为大学生创业途径的热门选项。电商创业与以往的实体创业相比较，具有以下几个优势：

1. 成本低

对于刚开始创业的大学生来说，如果不是开展很大的项目，起始所需资金并不是很多。同时，在创业初期未正式注册公司之前，不必为零碎的收费税务而烦恼。

2. 费用低

当今社会网络通信发达，相较于以往的电话通信，绝大部分问题都可通过网络通信进行沟通、协商、解决，十分高效、便捷。同时，创业者不需要去租实体店面，支付昂贵的房租。

3. 系数低

因为初期的投入不高，创业失败所造成的危险系数也随之降低。因此可以鼓励创业者放手去做，不必害怕失败的后果。

4. 人员构成简单

很多大学生创业都是白手起家，一人就包揽了所有工作，基本上一个人就可以解决问题，无须操心员工、管理、工资以及福利，等等。

大学生作为使用新媒体技术的最庞大群体，在新媒体平台下进行微商创业具有巨大的优势。大学生想要在创业中大有作为，必须准确把握市场动态、竞争对手的发展趋向，及时调整发展战略，沿着正确的发展道路走下去。

同时微商创业也存在一些问题，例如，朋友圈微商充斥着大量非法的"三无"产品，质量难以保证，买家无处维权；创业者压货严重，导致资金流转不畅并无法提供售后；朋友圈卖家发展层层代理，有触发传销的法律风险，本书在此不再做详细叙述。

（三）建立创业园地共享平台

传统的大学生就业方向，不外是应聘企业或是政府公务员招考等，多是身为就业环节中的被动者，等待被聘用。然而，在现代科学技术不断更新发展的背景下，新媒体等新兴技术为大学生就业提供了崭新的平台。大学生成为积极主动的就业者，通过自主创业化被动为主动。

创业分流就业压力，拓宽了高校在指导学生就业方面的视野，学校在关注学生传统就业渠道的同时，要紧跟时代步伐，相应地引导学生在大数据环境中，因时制宜地自主创业。在开展就业指导工作之时，更新和转变学生的被动就业观念，鼓励创新。"以创新引领创业，以创业带动就业"，这是每一个高校就业指导人员所必须思考和实践的问题，也是时代发展的要求。

并且，高校作为大学生群体初入社会的跳板，应率先建立起并逐步健全大学生创业发展链。从以下三个方面来解决问题：首先，高校应通过各大新媒体平台向学生们推送创业相关的信息，例如，创业项目、创业意向合作人、校园创业群等；并且开通资讯互动平台，通过学生们的咨询来关注和了解在校大学生们的创业意向和动态；其次，完善往届学生的相关创业信息，时时与各大国内外高校开展创业资讯交流，建立省级大学生自主创业共享平台。以科学的数据，为学生提供创业方向的预判，指导学生在创业的洪流中更好地抓住机遇；最后，高校应尽可能地重视并加强创业园地的建设工作。一方面，学生在校内创业园地进行创业起步工作之时能够受到学校氛围的影响，在行业规范、创业思维、整体素质等方面都能够占据优势地位，同时也为就业指导工作营造一个良好的环境。另一方面通过创业园地平台的建设，在高校与高校之间、高校与企业之间以及高校与政府之间，形成了良好的资源共享模式，为大学生寻找创业基地提供了便利，且充分发挥了互联网新媒体合理优化配置资源的作用。

第七章 法治理念下的教育管理思维创新

第一节 学生管理正当程序建构

一、高校学生管理引入正当程序的必要性

（一）高校行政权力运作健康发展的重要措施

既然任何权力的行使，如果没有与其相伴而行的对权力的控制，是不符合现代法治精神的要求的，那么高校教育管理行政权作为一种高校职责范围内的支配力量，同样需要控制和监督。为有效实现对高校行政权的规范和制约，应当设置与其相适应的制度措施，其中，正当程序原则的确立应是问题的核心。通过正当程序控制高校教育管理权行使的过程，规范权力的运行秩序，使权力的运行符合法治的基本要求，实现高校教育管理的公开、公正、公平，以保证教育管理行为的合法性与有效性。因此，为避免高校教育管理权行使的无序性和随意性，在权力的行使过程中设置科学、合理、严格、固定的程序规范是极其重要的。

（二）学生合法权利保障的基本要求

高校教育管理权行使的正当程序是学生权利保障的基本要求。欠缺正当的程序机制，学生合法的"请求权"、正当的"选择权"、合理的"知情权"和受处分后的"救济权"就难以得到保障和维护。高校通过教育管理正当程序的设置可以实现相对人学生的程序权利，限制管理部门及相关人员的恣意，进而减少治校权侵犯学生合法实体权益的危险性。尤其针对高校对学生所做的纪律处分而言，正当程序原则更具有其重要性。因为学生在受到高校的纪律处分时，不仅是教育权利中的财产利益被否定了，还有其中所隐含的名誉中的自由利益，都因高校的纪律处分而遭受了侵犯。高校管理者只需

耽误几分钟便可使学生得到"对他的指控的通知，如果他对此予以否认，（学生可以）对高校的证据进行解释并有机会陈述他的观点"。这样学生就可以避免高校的错误行为对其所带来的负面影响。而且，学生的权益越重大，正当程序的要求就应当越严格。此外，当前高校面临并必须认真面对的一个理论和现实问题是：今天整个社会气氛、管理体制和校生、师生关系都发生了翻天覆地的变化，特别是带有明显强制性的收费制度全面铺开，使得学生在学校教育教学中的知情权、决定权、参与权和选择权将更加凸显。在大学管理中特别在教学和学生管理中无视学生权利的存在将被证明是一个严重的错误。学生的各项合法权利包括实体方面与程序方面的权利必须通过合理的制度安排得到充分的尊重和维护。

（三）利于建立和维系可持续发展的稳定高校环境

高校稳定是高校发展的基本前提，它是指高校各种关系正常有序，结构处于均衡的一种状态。高校教育管理行政权的正当行使在建立和维系一个可持续发展的稳定高校环境方面的价值，主要是通过如下的程序机制来实现：其一，宣泄机制。高校的一个与学生利害相关的管理决定的做出尤其学生处分决定的做出，或多或少地都会产生某种影响学校稳定的因素，这种因素的生成本质上是出于受处分者对现行制度安排的不满。如果事先让学生在预定的程序中宣泄不满情绪，并在高校管理部门的说理过程中获得某种安抚，必然会增加管理决定的安定性。其二，服从机制。服从高校教育管理权的行使是高校稳定的一个重要前提条件。通过正当程序让学生参与到管理权行使的相关环节中，让学生看到管理权运行的基本过程，学生在正当程序中行使了法律规定的所有程序权利，其自身的人格也获得了高校管理部门的尊重。在这样的情境下，对于管理权行使的结果，无论对相对人学生有多少不利，他都可能会自觉接受。其三，说理机制。正当程序通过学生对管理决定过程的参与，客观上营造了一个高校管理部门与学生之间可以对话的良好环境。这是因为，程序的本质特点既不是形式性也不是实质性，而是过程性和交涉性。正是这种程序的过程性和交涉性使得说理机制得以展开。因此，正当程序不是为我们提供一个具体的可操作性方案以解决因教育管理权行使而产生的争议，而是为我们提供一个解决问题办法的制度性架构。这种制度性架构可以促进人们理性地看待与己有关的争议，并自愿服从通过正当程序运作而获得的解决问题的方案。

二、高校学生管理正当程序的基本内容

正当程序可分为"实体性正当程序"和"程序性正当程序"两大理念。"实体性正当程序"要求任何一项涉及剥夺公民生命、自由或者财产的法律不能是不合理的、任意的或者反复无常的,而应符合公平、正义、理性等基本理念;而"程序性正当程序"则涉及法律实施的方法和过程,它要求用以解决利益争端的法律程序必须是公正、合理的。任何权益受判决结果影响的当事人有权获得法庭审判的机会,并且应被告知控诉的性质和理由……合理的告知、获得法庭审判的机会以及提出主张和辩护等都体现在"程序性正当程序"之中。具体地说,"程序性正当程序"包括告知适用规则,送达书面通知,说明具体的指控,及时送达通知并给予足够时间以准备辩护,举行公正的听证,告知上诉权,等等。然而,由于正当程序在内容上是一个富有弹性的概念,如果不顾时间、地点和具体情况而将正当程序解释为一个僵硬的砖块的话,这将令政府无法工作下去,因此,正当程序的内容必须随情况而不同。据此,高校学生管理的正当程序并没有一个固定的内容。并且,正当程序还应考虑到高校学生管理工作的效率及高校教育管理公共利益和学生个人合法利益之间的平衡,所以,对不同的管理行为适用相同的正当程序是不现实的。由此,需要确定"最低限度的正当程序"来实现最低限度的公正。我们认为,高校学生管理正当程序的基本内容应涵盖如下方面:

(一)高校学生管理行为的告知

高校学生管理行为的告知,是指高校管理者在行使教育管理行政权的过程中,将管理行为通过法定程序向相对人学生公开展示,以使学生知悉该管理行为的一种程序性法律行为。高校学生管理行为的告知对管理者来说是一项法定职责。这意味着管理者如不履行这一法定职责,则应承担相应的法律责任;高校学生管理行为的告知对管理相对人学生来说是一项获得管理行为内容的法定权利,这意味着在管理者不履行该法定职责时,学生有权启动相应的法律程序,请求管理者履行告知义务或者救济受损害的合法权益。在高校学生管理过程中创设管理行为告知程序,既是对学生人格的尊重,也是防止管理者滥用职权的法律机制。

1.高校学生管理行为告知的法律特征

（1）附属性

高校学生管理行为告知的附属性，是指告知作为管理者实施的一种行政程序性行为，它是依附于一个独立的管理行为之上：没有一个独立的管理行为，告知行为就没有依托。由此可见，学生管理行为告知本身并不具有独立的法律价值，只有当它与某一个特定管理行为联系起来时，才有必要将其纳入教育法学研究的视野。高校学生管理行为的告知一般不直接减损相对人学生的权利或增加学生的义务，但它可能会影响学生行使权利或承担义务。因此，学生管理行为告知本身的问题可能会波及管理行为的法律效力。附属性说明了告知是一种方法，可以广泛地适用于各种高校学生管理行为，同时还表明了学生管理行为本身与告知行为之间存在的主从关系。

（2）程序性

高校学生管理行为告知的程序性，是指告知作为管理者在管理程序运行中的义务性行为，它与管理者在管理过程中做出管理行为的权力性行为相对。由于在高校教育管理法律关系中管理者居于支配性地位，因而强调管理行为告知的义务性具有不言而喻的法治意义。现代教育法学理论应当重塑法律程序的应有地位，并导出如下的基本规则：教育管理者所拥有的实体法权利与程序法义务应成正比、与程序法的权利应成反比；学生履行的实体法义务与程序法权利应成正比、与程序法义务应成反比。程序法与实体法如此紧密的关系在高校教育管理中所产生的结果是，管理者在管理程序运行中的行为是否合法，将直接影响其根据教育法律法规及学校规章制度做出的学生教育管理行为的合法性。

（3）裁量性

高校学生管理行为告知的裁量性，是指管理者可以根据具体情况选择最适宜的方法实现告知的法律目的。告知的法律目的是为了给管理相对人学生为维护自己合法权益行使抗辩权提供必要的条件。为此，管理者可以预先设定多种告知方法，以应对不同管理行为的需要。不同的告知方法由于预设的情况不同，对相对人学生的影响也有所不同。这就要求管理者在选择告知方法时，应当将所选择的告知方法对学生的不利影响减少到最低限度。管理者在决定告知方法上的裁量性，绝不意味着管理者因此就有了没有任何限制的决定权，管理者滥用管理行为告知方法上的裁量权，根据法治原则应产生对高校管理者不利的后果。

2.高校学生管理行为的告知内容

高校学生管理行为的告知应包括两个方面的基本内容：管理事项的告知和管理行为的告知。

（1）管理事项的告知

高校学生管理程序包含了学生的参与程序。没有学生参与的高校学生管理程序是一种不正当的管理程序。在高校管理程序中，管理者掌握着管理活动的各种信息，始终处于主动的、优越于学生的法律地位。管理程序如何进行在很大程度上取决于管理者的意志。因此，要保证学生有效地参与学生管理程序，管理者必须将有关管理行为的事项告知学生，为学生有效地参与管理程序提供条件。根据行政法学的一般原理，可以列入告知的行政事项主要有：拟制管理行为的依据。拟制管理行为是管理者根据掌握的事实和法律依据，对将要做出的管理行为所做的一种意思表示。这种意思表示是一种未定型的管理行为。为了提高相对人学生对管理者做出的管理行为的可接受程度，管理者应当在正式做出管理行为如学生处分决定之前，将可能成为以后做出管理行为的依据告知学生。这既是对学生人格上的尊重，为学生行使抗辩权提供必要的条件，也有利于管理者正确认定事实和适用法律。拟制管理行为依据的告知以正当法律程序为法理基础，这一正当法律程序原理在导入高校学生管理程序之后，可演绎出如下基本内容：学生基于正当的高校管理程序不再是任教育管理权自由支配的客体，而是具有独立人格的主体；当管理行为可能影响学生的合法权益时，应当事先告知管理行为的事实和法律依据，以确保学生行使抗辩权的有效性，陈述意见的机会。学生获知拟制管理行为的依据是其向管理者陈述意见的前提。但是学生能否陈述意见，又取决于管理者所提供的机会。这里的"机会"主要是由时间、地点等要素构成的一个对话空间。管理者在管理程序进行到适当的时候，应当将陈述意见的时间、地点等通过一定方式告知学生，以保障学生抗辩权的实现。权利救济的途径和期限。"有权利必有救济"意味着学生在不服管理者做出的管理行为时，有通过法定途径在法定期限内获得救济的权利。为了确保学生及时行使救济权利，高校管理者在做出管理行为时，即负有告知学生救济的时间、方式和向何种机关请求救济等的义务。学校对学生做出的处分决定书应当包括处分和处分事实、理由及依据，并告知学生可以提出申诉及申诉的期限。倘若管理者不依法告知学生申诉救济的途径和期限的，则将产生对学生有利的法律结果。这些法律规定对督促管理者履行告知义务必将产生积极作用。

（2）管理行为的告知

高校管理者做出学生管理行为只有通过告知才能产生对学生的法律效力，因此管理行为的告知是管理行为生效的必要条件。这意味着高校的学生管理行为必须附带告知行为才能对学生产生法律效力。因此，为了实现行使教育管理行政权的目的，高校管理者应当依一定程序将做出的管理行为告知学生。实际告知是管理行为告知的最主要方法。实际告知是指管理者当面将做出的管理行为告知学生，为学生了解进而接受管理行为提供一个必要的条件。一般来说，把通知送达受达人乃是保证通知真正被收到的最好方法，也是使个人感到审讯的正规性的最好方法。高校管理者向学生告知管理行为时，应注意内容的完整性。内容完整性是指管理者应当将管理行为的全部内容毫无保留地告知给学生。完整的告知应包括：作为具体管理行为承受者的学生；做出管理行为的理由，这些理由应当包括法律事实、法律规范和裁量理由；学生具体的权利或义务及其实现的方式；学生不服管理行为的救济时间、方式及受理机关等。管理者应当将上述内容完整地告知学生。管理行为如以口头形式做出，管理者应当将管理行为的主要内容简要地告知学生。

（二）高校学生管理过程的听证

听证的内涵是"听取当事人的意见"，尤其在做出不利于当事人的决定前应听取意见，它源于英美普通法上自然正义理念的听取两方面意见之法理。所谓听证指的是权力主体在做出影响相对人权利义务的决定之前，给相对人提供发表意见、提出证据的机会，并对特定事项进行质证、辩驳的程序性法律制度。听证程序的核心内涵是听取当事人的意见，这是程序公正的必然要求和内在体现。作为程序法的核心，听证对行政民主、法治、保障人权的作用越来越突出，其自身所具有的独立于实体结果的程序价值也日益受到人们的关注，并在当代法治实践中得到广泛应用。

1.高校学生管理中听证制度的确立根据

听证作为一项程序法律制度确立于高校学生管理领域，应该说具有十分深刻的理论与现实合理性。解析听证制度的确立根据，有助于提高我们对高校学生管理中听证程序所具有的法律价值的认识。

其一，高校管理权的公权力性质。我国的《中华人民共和国教育法》(简称《教育法》)和《高等教育法》通过法律授权的方式，明确赋予了高校"按照学校章程自主管理"的权利。高校管理权是政府逐渐下放部分对高校的支配权而形成的，是法律赋予高校为保证其机构目标的实现而对于其内部事务进行处置的"自由裁量权"。"从其产生的过程和性质看，高校管理权不是一项民事权利，而是政府授权高校独立行使的行政权。"我们认为高校是独立行使一定公权力的教育机构公法人，具有既不同于一般行政主体又有异于其他无公共职能之事业单位的"准行政组织"的性质，是国家教育权的重要组成部分。高校管理权的公权力性质决定了应该适用严格的行政程序规则对这一权力的行使加以控制，因而，作为规范行政权行使重要程序制度的听证确立于高校管理领域中也就是顺理成章的。

其二，权利防御优于权利救济。从目前我国有关教育的立法来看，当高校学生的合法权益受到学校管理行为的侵犯后，其救济途径不外乎有二：向学校内特定部门或上级教育行政主管部门提出申诉；提起诉讼。学生申诉制度是高校学生权利重要的非诉讼性救济途径，然而目前学生申诉制度尚处于起步和创建阶段，确立该项制度的《教育法》只是十分简略地提及了学生的申诉权，并未就构成学生申诉制度的一系列问题做出具体明确的规定。教育部新颁的《普通高等学校学生管理规定》（以下简称《规定》）对高校学生的申诉权做了较为具体的规定，然而令人遗憾的是，新《规定》并没有从根本上对学生申诉制度的实质问题予以详尽的规范。高校学生申诉制度目前还存在诸多不完善之处，如学生申诉制度受理范围存在缺失；学生申诉处理委员会如何设置不尽明确、人员构成有失公正与合理；对于学生申诉处理委员会在申诉处理时的若干问题规范不清，对于申诉委员会在申诉复查中的权力规定不明；学生申诉的性质定位不清晰等。由于申诉制度本身存在诸多不完善之处，学生的申诉权很难得到切实的实现。提起诉讼启动法院的司法审查程序是高校学生权利救济最终的也是最有效的途径。由于高校学生因学校管理不当提起的诉讼大量地属于行政诉讼的范畴，而我国的《中华人民共和国行政诉讼法》以及相关司法解释已将行政诉讼的受案范围限制为具体行政行为，并将内部行政行为明确排除在行政诉讼的受案范围之外，这为高校学生通过诉讼途径维护合法权益带来了很大的障碍。当前，尽管已发生若干起学生因高校管理权行使不当状告学校的行政诉讼案件，然而由于在受案范围上存在着一系列有争议的问题，法院受理的几乎每一个案件都引起诸多的社会议论与学理评论。此外，还有大量的类似案件因为高校不被认可是行政诉讼适合的被告主体而得不到司法的最终救济。这样看来，当高校学生的合法权利受到学校管理行为的侵犯后，权利救济的途径并不是非常的畅通，这促使人们将视线转移到如何在高校管理决定做出之前即通过正当的程序机制来防患于未然。"既然事后的权利救济是一种无奈，那何不在行为时小心谨慎，保证决定的合法合理，避免事后引起纠纷，这就使事先的权利防御成为必要。在高校管理领域，如果能够依照合法的程序来约束教育管理行为，将权利的侵害抑制在襁褓中或及时地在学校和教育行政机构内解决，而不是都等待事后的救济，学生的合法权利会得到更好的维护，也更有利于高等教育法治化的进程。"因此，在学生合法权利受到高校管理行为侵犯后的救济途径存在着明显局限性的情况下，确立事先权利防御机制的听证程序就显得非常必要。通过在高校管理领域引入听证制度，使管理部门在做出影响学生合法权利的决定之前，让其参与当中，通过程序抗辩和理由证成机制，使事实的认定和法律规章制度的适用由双方共同进行，从而使做出的管理决定最切合客观现实，达到公正合理。

其三，听证程序的独立价值。听证作为保障权力公正行使的正当程序规则，通过程序法定、平等抗衡及理性论证等程序机制，使权力主体的行为受到有效制约，顺应了民主宪政时代要求权力合法公正运行的趋势，符合对人格尊严充分尊重的法治要求和社会公正的基本理念。高校管理中听证制度独立的程序价值可做如下解析：

（1）尊重学生的人格尊严，提高管理行为的可接受性程度

评价法律程序正当性的主要标准是它使人的尊严获得维护的程度。高校管理中引入听证制度是确保学生能够在高校做出影响其权利义务的管理决定前，表达自己的意见。虽然有时学生意见的表达对高校管理部门做出决定并没有多大的实质影响，但是，听证程序至少在形式上使学生不至于沦为高校管理权随意支配的客体，其人格尊严得到了管理部门的尊重，学生也比

较愿意接受高校管理部门由此做出的即便对其产生了不利影响的决定。

（2）形成约束高校管理权行使的外在力量

具有公权力性质的高校管理权在行使中与一般行政权一样具有较大的自由裁量余地。事实证明，高校行政管理体制外的力量能够更加有力地约束高校管理的自由裁量权。听证程序的确立能为高校学生提供一个在管理部门做出决定之前发表意见的机会，针对学生发表的意见，管理部门应当给予充分的考虑，如，不采信学生的意见时应给出理由，以接受将来可能发生的学生申诉或司法审查的监督。在这样的情况下，管理部门就不能把听证当作摆设，而是要认真考虑学生提出的意见，这就在客观上形成了一种约束高校管理权的力量。

（3）提高高校管理的透明度

高校管理引入听证制度带给我们的深刻冲击和启迪是它由此拉开了高校管理工作公开化的序幕，提高了管理工作的透明度。高校有关学生管理的事项和措施都应公之于众，每一位学生对此都有知情权，这是WTO对政府行为公开化要求在高校学生管理领域中的延伸和体现。高校管理听证制度的确立，使学生有效地介入了高校管理权的行使过程，听证程序的公开性更使学生得以了解管理权行使的依据、方式、步骤、时限等，它使高校管理权的行使摆脱了暗箱操作的嫌疑，提高了管理工作的透明度，满足了学生知情权的要求。

2. 高校学生管理中听证制度适用的领域和范围

考虑到高校各种管理行为与学生合法权益之间的相关性，我们认为应在下列行为中适用听证制度。

其一，高校制定内部管理规章制度时应经过听证程序。高校内部管理规章制度是一种在学校共同体内生成的规则并现实地规范着学生的行为。当前，这些通常由学校单方面制定的有关学生权利义务的规则其合法性与合理性正在受到来自权利意识增强的学生的不断质疑。学校聘请法律专家重订规则，是一个积极的回应，然而通过听证程序促进学生参与规则的制定，也有助于符合当代法治理念的学校管理规则之生成。

其二，高校管理中与学生权益相关的重要改革举措的出台应经过听证程序。高校管理中与学生权益相关的重要改革举措将在很大程度上影响学校的发展与广大学生的利益，如，学校扩招计划、新专业的设置、重要课程的重大教学改革、专业课程设置的重大变更等。高校应通过设置听证程序，听取各方尤其是广大学生的意见，使管理部门充分考虑推行改革举措的现实条件和存在问题，为改革举措的不断调整与完善提供重要依据。

其三，高校对学生实施的一些重大具体管理行为应经过听证程序。重大具体管理行为包括重大侵益性管理行为与重大授益性管理行为。所谓重大侵益性管理行为是指剥夺或限制学生已有的某种权利或资格的管理行为。如对违反学校管理规章制度的学生实施诸如留校察看、开除学籍等重大处分，为避免处分行为的不公正性，应通过听证程序赋予受处分学生为自己申辩的权利。重大授益性管理行为是指赋予学生某种新的法律上的权利或能力的管理行为，如颁发给学生的重要奖项、重要的深造机会等。由于机会获取的有限性，重大授益性行为势必会在学生之间产生一定的利益冲突，为了缓解此类矛盾并且确保管理行为的公正性，听证程序的设置也是必不可少的。

3.高校学生管理中适用听证制度的程序

听证的形式有正式与非正式之分。正式听证是借助于司法审判程序而发展起来的一种听证形式，程序模式严谨，法律规定缜密，成本投入较大，因而并不适用于高校管理领域。非正式听证是不采用司法型审判程序听取意见，且不依听证笔录作为裁决唯一依据的一种程序模式。非正式听证只要使当事人得到一个正式表达意见的机会，就满足了给予当事人的听证要求，其简洁性、灵活性能较好地适应高校学生管理的需要。

其一，非正式听证程序。当前，非正式听证由于其灵活性、有效性和低成本的特点而在社会生活中得到广泛应用。非正式听证在高校学生管理中适用面很广，与学生利益有关的规章制度的制定可以适用非正式听证；学校对学生做出的授益性管理行为可以适用非正式听证；学校对学生做出的非重大侵益性管理行为也可以适用非正式听证。

非正式听证分为集中听取意见方式和分散听取意见方式。集中听取意见的方式有一般代表人员的座谈会、对话、特别代表访谈、征求意见等；分散听取意见的方式有设置专门信箱、电话在较广泛的区域征求书面或口头意见，通过媒体听取意见等。在非正式听证中，相对人要获得最低限度的程序保障：如事先得到通知的权利、口头或书面提出意见的机会、决定必须说明理由、做出决定的人没有偏见等。

其二，正式听证程序。正式听证指管理机关在制定法规或做出决定时举行正式的听证会，当事人得以提出证据、质证、询问证人，管理机关基于听证记录做出决定的程序。正式听证由于其运行成本较高，在高校学生管理中主要适用于管理者对学生做出重大侵益性管理行为时。如，对违反学校管理规章制度的学生实施开除学籍等重大处分，做出不予颁发学位及学历证书的决定等。由于重大侵益性管理行为关涉学生的身份权，直接影响学生的前途和命运，因此有必要召开正式的听证会听取各方的意见，以保证高校管理行为的合法性与正当性。

4.听证会召集程序

学校相关部门提前一周以书面形式通知当事研究生，告知携带相关证据，参加确定时间地点召开的听证会。会议议程：听证会主席宣读相关部门关于研究生违纪的基本调查情况和对事实的基本认定；当事人申辩；听证会成员向当事人提问；当事人回避，听证会成员进行讨论并表决；将表决结果及相关的情况通知当事人。但在具体的程序上与我们通常所理解的正式听证程序有些区别。我们通常所理解的正式听证程序在听证会上一般不做最后决定，北师大研究生工作部制定的正式听证程序要在听证会上当场表决，做出最后决定，并通知当事人，有听证会和民主决策会合二为一的特点。这种做法是否值得提倡有待进一步研究探讨。

（三）高校学生管理行为的说明理由

高校学生管理行为的说明理由是指管理者在做出对学生合法权益产生不利影响的管理行为时，必须以适当的方式向学生阐明做出该行为的事实根据和法律及制度依据。高校学生管理行为说明理由制度确立的根由是高校教育管理法治化进程中学生主体性地位的确立和法律地位的提升。说明理由制度通过科以高校管理者程序性义务，赋予相对人学生程序性权利，从而达到改变高校教育管理关系中管理者和学生之间不对等的法律地位，平衡管理者与学生之间过于悬殊的力量对比关系，从而使学生在处于弱势情境下，获得对居于强势地位的教育管理行政权的必要防卫权与抵抗权。要求管理者说明理由能够促使管理者做决定时慎重考虑，减少错误或不当，并可以消解学生的疑惑思想和抵制情绪，满足学生的正义感，进而自觉履行高校管理行为为其设定的权利和义务。高校学生管理行为的说明理由具有如下的基本功能。

1. 说服功能

高校做出不利于学生的管理行为须说明理由的程序性要求能保证学生在接到一个于己不利的管理行为时，同时获得做出该行为的理由。就高校一方而言，说明管理行为理由的根本目的在于说服相对人学生，减轻他的对抗情绪；就学生一方而言，有助于他以认可的态度接受管理者做出的相关行为。如果相对人学生不认同管理行为的理由时，可从中找寻提起行政救济或者司法救济的根据。强调高校做出不利于学生的管理行为须说明理由的程序要求具有重要的法治意义，因为"在没有程序保障的情形下，说服极易变质为压服，同意也就成了曲意"。只有高校管理者基于民主管理的要求，将支撑其做出管理行为的理由明白易懂地、令人信服地向学生说明，才能提高管理行为的可接受程度，减少高校管理者与学生之间的对立，使学生心悦诚服地了解并接受管理行为，进而增强对管理者应有的信任感。

2. 制约功能

给予决定的理由是正常人的正义感所要求的，这也是所有对他人行使权力的人的一条健康的戒律。学生享有要求管理者就管理行为说明理由的权利，可以成为制约管理权合法、正当行使的一种外在规范力量，学生随时可以对管理行为是否合法、正当在法律范围内提出抗辩，为管理者行使管理职权提供一个反思机制，有利于管理者在做出管理行为时，就事实问题、法律问题和自由裁量进行认真考虑，慎重做出决定，避免职业性草率，增强高校管理者的自律自控，克服恣意擅断。"理由的说明不仅对所理解的程序的公正性至关重要，而且对决定的质量同样重要。准备一份书面解释的必要性会对行政机关加以纪律制约，迫使决策人更仔细地考虑证据并更周密地审查行动的法律和政策的正当合理性。"因而，将管理行为的理由向相对人学生公开，将促使高校管理者做出管理行为时认真谨慎，确保管理行为的合法性与正当性，以尽量避免学生事后提起行政救济或司法救济。

3. 保护功能

高校管理者通过说明其所做出的管理行为的理由，一方面表明管理行为的作出系管理者的公益考量、有理有据；另一方面也能够让学生了解管理行为的理由，把握管理者管理权行使的动机和依据，能及时地、有针对性地对管理者不利于己的决定提出反对意见，有的放矢地对管理者的行为理由予以反驳，并确定是否为维护自身合法权益而提起救济及其以何种理由提起救济，由此确保高校教育管理相对人学生合法程序权及实体权的实现。说明理由制度向相对人表明决定并非凭空做出、主观臆断的，体现了对学生权益的尊重，也提供了学生辩护的针对性。说明理由是学校侵益性公法行为有效的要件之一。

对于需要说明理由的高校管理行为，管理者必须告知相对人学生两个方面的内容：事实方面和法律方面。因为这两方面是管理决定所不可或缺的成分，并且也是判断管理行为是否合法的依据。因此，这两方面的说明应该具体而翔实。如果只是在形式上为一般性笼统的叙述，是不够充分的。理由叙述不能过于肤浅，若只是套用法条上的语句，而没有实质说明考虑因素，仍属违法。应当认识到，尽管高校管理者在陈述对学生合法权益产生不利影响的管理行为的理由时，其内容并不需要如同法院判决书一般的详尽，也不必对所有的论点都详加说明，但至少需要达到使相对人学生能从管理者所给予的理由当中，确实了解管理者做出该行为之事实和法律上的依据，并且足以判断是否要就该管理行为提起法律救济及其救济的理由。也就是说，必须至少足以使相对人享有在法律救济程序中，该决定的内容提起争论的机会。

（四）设置正当的学生权利救济程序

高校学生管理正当程序的基本内容还应包括设置正当的学生权利救济程序。对于高校做出的管理行为或其他与学生具有利害关系的管理决定，学生可以向有关部门提出申诉，对属于司法审查范围事项的决定，还可以提起诉讼，寻求司法保护。

其一，设置学生申诉程序。学生申诉制度是学生的一项法定非诉讼性的权利救济制度，是指学生在接受教育管理的过程中，对学校给予的处分不服，或认为学校和教师的行为侵犯了其合法权利而向学校学生申诉处理委员会及学校上级教育行政主管部门提出要求重新审查并做出处理的制度。教育部新颁的《普通高校学生管理规定》在原规定的基础上对学生申诉制度予以规范化，通过明确了高校申诉机构的设置、申诉事项的范围、提出申诉及申诉处理的期限等申诉制度的具体内容，力图切实地赋予高校学生以申诉权这一重要的程序性权利。高校应积极回应于国家立法层面的新动向，充分认识到申诉程序的确立对于矫正高校教育管理行为所具有的价值意义，按照教育部新规定的要求，设立专门的学生申诉机构以处理学生提出的申诉，切实保障学生申诉权这一重要程序性权利的实现。

其二，有限度地引入教育行政诉讼制度。根据现代法治社会的"司法最终裁决"原则，一切纠纷都应该经过处于中立地位的司法机关的最终裁决。司法审查作为一种中立性和终极性的权利救济方式与纠纷解决机制，更具有权威性与公信力。由于高校行使的管理权是一种具有公权力性质的行政管理职权，是国家教育权的重要组成部分，高校管理权的性质决定了高校与管理相对人学生之间因管理行为而发生的关系不是平等的民事法律关系，而是特殊的行政管理关系，学生对认为侵犯其合法权利的高校管理行为具有提起行政诉讼的主体资格条件。

当前，教育法治实践中相当多的学者在肯定法院可以介入或应当介入高校学生管理过程的同时，对司法审查的范围和方式表示了关注。在现代法治国家里，法院是公民权利的救济者和公共权力的监督者，不能因为学位评定贴有"学术"的标签就排除法院的审查。当然，由于学位评定的高度专业性，法院应当节制审查方法，仅仅做程序上的审查，而不去评判论文水平。司法审查不是要代替专家的判断，而是为专家的行为划定一个最外部的界线。应当认识到，高校领域内发生的纠纷有其独特的属性，并非都适合于接受司法审查。但是，随着我国教育领域内法律规范的日趋完善和实践中教育法治进程的不断演进，法院介入高等教育领域化解相关纠纷已逐渐成为现实。从比较法的角度看，当今大多数国家已将学校纪律处分纳入司法审查的范围，学生寻找法律救济的渠道相当畅通。当然，由于司法具有其特定的存在形式、操作规则和独立的价值取向，而高校教育管理也有其自身的实施方式和运作规律，因此，司法介入高校教育管理领域化解相关纠纷应该是有限度的，即必须坚持司法有限审查原则，有限度地引入教育行政诉讼制度。司法有限审查原则应包含两个方面的内容：司法审查的广度有限，即法院仅受理那些对严重影响学生权益的高校行政管理行为所提起的诉讼，如高校管理部门对学生做出的如开除学籍等涉及学生受教育权的处分管理行为，此时相对人应当可以提起行政诉讼启动法院的司法审查程序。司法审查的深度有限，司法审查原则上应该限于形式的、程序的审查，司法审查仅是制止权利侵害和防止不当程序。总之，大学自治与司法审查之间应保持适度的平衡，大学自治不能成为拒绝司法审查介入的理由，但司法审查介入的范围和程度应当是有限的，司法保护对于学生权利救济而言，始终是一种最后的措施。正如有学者指出的："正当程序必须且只能和基本权利相联系"，只有当高校的管理行为和管理决定影响到学生受教育的基本权利时，司法才可以介入，给予管理相对人学生最终的救济渠道，提供最后"说理的地方"。

第二节 学生申诉制度完善

一、学生申诉权的法理基础

学生申诉权的法理基础探究，是建构学生申诉制度的逻辑起点，是对学生申诉权的一种本源性的认知和探寻，也是解决学生申诉权性质及申诉制度建构问题的途径。未经理性反思的制度缺乏知识上的正当性和实践中的合理性，没有法理根基或法理根基浅薄的制度容易沦为任人置喙的工具，最终侵蚀的是个人的权利和自由。学生申诉权是申诉权的一种具体形式，只有通过追根溯源来追寻申诉权的本质，才能探寻到申诉权的理论根基，进而寻觅到学生申诉权的法理基础。

（一）学生申诉权是一项制度化的基本人权

人权是人之所以成为人而应当享有的权利，是无论基于自然属性或是社会属性都应当享有的权利。英国人权哲学家米尔恩称之为"最低限度的权利"。人权对于每个人来说是不可或缺、不可取代、不可转让、不可更换、不可支派、不可删减的。人权是人本身所固有的，既不是上帝或君主恩赐的，也不是国家或宪法赋予的。申诉权本源上是一种自然权利、道德权利，是公民不服一定的公共组织的处理或不利处分决定而向特定公共组织申述理由，要求重新做出公正处理的权利，目的就是保护个人自身的正当权利，矫正非正义，实现社会正义。

学生申诉权作为申诉权的一种具体形式，是保障学生合法权利的民主权利，同时也是基本人权的组成部分。学生申诉权创设的初衷或目的就是为了给予那些认为其合法权利受到学校教育管理权不当侵犯的学生以自由表达意志、进行申辩、陈述理由的正当途径。可见，学生申诉权作为一项制度化的权利，是保护学生合法权益不受学校教育管理行政权的侵犯或是恢复、补救其合法权益的权利，是一项制度化的人权。

（二）学生申诉权是宪法性权利的具体化

现代宪政制度设计和运行的出发点和归宿都是为了规范和限制权力的行使，防止权力对权利的侵害，保障公民的基本权利是世界各国宪法所追求的最高价值和所确立的基本原则。公民的基本权利是国家权力的源泉，前者派生后者、决定后者；后者服务于前者。即公民权的正当性是先在的，国家和政府的权力是衍生的；国家和政府相对于公民基本权利是工具性的，保障公民基本权利是国家和政府的责任与义务。近现代世界各国宪法或宪法性文件大都规定了作为公民基本权利的申诉权。我国《宪法》第四十一条规定：中华人民共和国公民对于任何国家机关和国家工作人员，有提出批评和建议的权利；对于任何国家机关和国家工作人员的违法失职行为，有向有关国家机关提出申诉、控告或者检举的权利，但是不得捏造或者歪曲事实进行诬告陷害。事实上，申诉权的设置是对权力的一种抑制和反抗，是保障公民基本权利、恢复社会正义、补救侵害行为的重要手段。学生申诉权的创设亦是如此，学生申诉权是法律赋予作为学校教育管理相对人的学生的一项重要的救济性权利，是宪法性权利的具体化。

（三）学生申诉权是体现程序公正的救济权

"没有救济就没有权利。"这一古老的英国法谚蕴含着深厚的法理底蕴，闪烁着璀璨的哲理之光。合法权利的存在是救济的前提和依据，反之权利也不能离开救济，一种无法诉诸法律保护的权利，实际上根本就不是什么法律权利。"权利的赋予与权利的救济如同车之双轮、鸟之两翼，二者同等重要。"

学生申诉权作为学生的一项救济性权利，本质意义上是一种抵抗权、监督权，它在权利结构体系中起着安全通道和反馈调节的作用。同时学生申诉权又是对学校管理权的一种规制和监督，有利于防止教育管理行政权的滥用，抵制权力对权利的侵害。根据无救济即无权利的原理，学生申诉权是救济学生合法权利受损害的制度通道，如果学生没有申诉权，实现依法治校和学生管理法治化就等于一句空话。同时，学生申诉权又是一项彰显着程序公正性的权利，体现了学校教育管理过程中对学生的程序参与、人格尊严、地位平等的观照。

二、高校学生申诉制度的内涵界定与确立根据

（一）高校学生申诉制度的内涵界定

高校学生申诉制度是大学生的一项法定非诉讼性的权利救济制度，是指大学生在接受教育管理的过程中，对学校给予的处分不服，或认为学校和教师的行为侵犯了其合法权利而向学校学生申诉处理委员会及学校上级教育行政主管部门提出要求重新审查并做出处理的制度。学生对学校给予的处分不服有权向有关部门提出申诉，对学校、教师侵犯其人身权、财产权等合法权益，有权提出申诉或者依法提起诉讼。教育部新颁布的《普通高等学校学生管理规定》充分体现了"以人为本"、依法治校、维护学生合法权益的原则，进一步明确了《教育法》规定的学生申诉救济制度。新《规定》要求学校应当成立学生申诉处理委员会，受理学生对取消入学资格、退学处理或者违规、违纪处分的申诉。规定"学生对处分决定有异议的，在接到学校处分决定书之日起 5 个工作日内，可以向学校学生申诉处理委员会提出书面申诉"，学生申诉委员会在 15 个工作日内做出复查结论。"学生对复查决定有异议的，在接到学校复查决定书之日起 15 个工作日内，可以向学校所在地省级教育行政部门提出书面申诉"。教育行政部门在接到学生书面申诉之日起 30 个工作日内，应当对申诉人的问题给予处理并答复。

（二）高校学生申诉制度的确立根据

当前，高校学生的权利救济主要有两种路径：行政救济与司法救济。就前者而言，主要是申诉权；就后者而论，主要是法院的司法审查。一般意义上，"比较两权利救济方式，司法审查作为一种权威性、中立性和终极性的救济方式，更具有信服力"。也有不少学者提出"司法审查是高等学校依法治校的最终保障""是高校管理法治化的重要标志"等论断来凸显司法审查这一权利救济方式的重要价值。然而，高等教育的内在逻辑和发展规律的特殊性，决定了高校教育管理过程所具有的教育性、学术性和民主性，并不是所有的高校与学生之间的纠纷都适用司法救济的途径。司法救济作为一种普遍性和终极性的纠纷处理机制，对于大学生合法权利的保护同样存在不可克服的局限性。因高校教育管理过程中的各种纠纷都直接寻求司法救济而导致的诉讼泛滥，不仅不是法治社会的标志，而且在一定程度上表现了法治的不成熟，反映了社会关系司法救济对于大学生权利保护的局限。具体包括：

介入作用的有限性，介入范围的有限性：受理条件的有限性和法制秩序的混乱以及现行法律的缺陷。因此我们认为，高校学生申诉制度作为一种非诉讼性的权利救济制度，具有其存在的合理性。探索高校学生申诉制度的确立根据，可以找寻到如下的缘由：

1.高校教育管理自身性质的要求

进行有关高校学生权利救济的制度设计，在考虑对学生权利提供最有效和最公正的救济的同时，还应充分顾及高校管理教育性的需要。高校自身应具有符合其教育性质要求的问题解决途径和相应的争端化解机制，而不是一概简单化地诉诸法院。要从教育的目的出发，使有关学生权利的纠纷在请求行政复议、发动司法审查之前，能通过健全的校内外的申诉渠道得以解决。在高等教育中，学校教育管理的基本价值目标与学生接受高等教育的目的具有根本上的一致性，因而对于在教育管理过程中发生的纠纷，完全可以通过更人性化的，能充分发展学生的主体意识与法治意识，利于培养学生主动参与精神和化解冲突能力，因而也是切合高校管理教育性要求的学生申诉制度得以解决。

2.实现纠纷解决机制合理化的必需

设置高校学生申诉制度，实现纠纷解决方式的多元化与机制的合理化，不仅与人们对诉讼的评价有关，而且与纠纷的性质以及解决纠纷的成本和代价有关。以最小的成本和代价最有效地解决问题，无疑是设计纠纷解决途径的一个必然的、合理的原则。一般地，高校与学生之间因教育管理行为而产生的纠纷通常并不真正涉及法律问题，因而完全可以通过合理的制度安排使这些纠纷在被提交法院之前即得以解决。这里所谓"合理的制度安排"中，我们认为申诉制度的设置应该是不可或缺的。这是因为，倘若我们将教育申诉制度与行政复议、行政诉讼等制度相比较，我们不能不承认教育申诉制度更具有迅速性、简捷性、经济性、便利性和法律根据上的明确性。

3.保障大学生合法权益的需要

学生的合法权益是任何国家机关、社会组织和个人不能侵犯的。现代社会里，高校是众多社会组织的一种，高校的教育管理即便有其特殊性的规范和章程，也须遵守法治社会尊重人权、关怀人性、维护权利的最基本要求。高校学生申诉制度就其本质而言，是为合法权利受到学校侵犯的学生提供一种权利救济的途径，通过高校及相关教育行政部门与学生之间以相互尊重和沟通为基础的申诉程序的展开，及时公正地解决和处理在教育管理中发生的冲突和纠纷，体现了现代法治社会所崇尚的平等精神，彰显了教育人文关怀，是高校学生权利保障的逻辑要求。在学生申诉制度的设计中，受理学生申诉纠纷的人员基本上都是熟知教学和教育管理的专业人员，他们会更多地从教育规则的角度协调双方的矛盾，也有利于教育主管部门及时了解、监督高校的学生教育管理工作，纠正高校的一些不合理的做法，以充分发挥高校的教育功能。而且，受理申诉的部门对学生的申诉处理是不收取任何费用的，与诉讼的方式相比，学生可以节省不少的经费与支出。

4.尊重高校自治权，谋求与其他国家、地区教育法治实践的吻合

作为高等教育的精华所在，高校自治一直影响着现代高等教育制度。尊重高校自治权，实现高校自治是我国当前教育法治建设主要的发展方向。高校对学生申诉的处理权是高校自治权的一项重要内容。对于高校与学生之间因教育管理而发生的纠纷，经学生申诉先由高校自己处理，为高校提供一个反思和考虑的机会，能更有利于在平等、和谐的氛围中疏解纠纷，同时也实现了高校在处理自身教育管理争议上的自治权。这一理论在当今世界一些国家和地区的教育法治实践中也可以得到确证。例如，"美国高校具备严格的学生申诉制度，几乎每所高校的学生管理条例内都有关于学生申诉程序的规定，体现了法律中的救济原则"。

三、高校学生申诉制度在当下和谐高校构建中的价值解析

（一）学生申诉制度所体现的"以人为本、权利本位"的基本理念是构建和谐高校的内在要求

学生申诉制度的建立，是弘扬"以人为本"的管理思想的体现。学生申诉制度淡化了管理者与被管理学生之间的上下级关系，突出了对学生人格尊严与合法权利的尊重与关怀，明确了作为教育管理对象的学生在高校教育法律关系中的主体地位，使学生在客观上拥有了对学校教育管理行为提出异议，对加于自身的认为是不公正合理的管理决定予以申辩抵抗和请求有关部门重新审查并另行处理决定的权利。

学生申诉制度所体现的"以人为本、权利本位"的基本理念正是构建和谐高校的内在要求和前提条件。当前"人权型"的法治价值观念已日渐深

入人心，法治的发展已经进入全方位、多层次地对人的权利进行确认的时代。今天我们讨论和谐高校的建构问题，已经不可能回避对作为教育管理对象的学生的主体性的关注及其合法权利的尊重与关怀。"以人为本"是高校和谐发展观的本质与核心，是马克思主义关于人的全面发展的基本观点的充分体现，也是高校教育管理改革的出发点和归宿。学生申诉制度的建立，有助于转变高校教育管理者的角色认知和实现管理理念的更新，逐步培植形成"以人为本、权利本位"这一构建和谐高校的核心理念。我们可以从和谐高校构建的观念要求与思想前提出发去正确认识和把握体现了人本管理理念的学生申诉制度与构建和谐高校的内在逻辑关系。

（二）在平等、和谐的氛围中疏解纠纷

高校自身应具有符合其教育性质要求的问题解决途径和相应的争端化解机制。学生申诉制度的建立，在高校与学生之间创设了进行理性对话的场所，双方可以交换各自的观点和意见，并由申诉处理委员会在重新审查高校教育管理行为的基础上做出相应的处理决定。让当事学生参与到处理争议的申诉程序当中，通过充分的、平等的意思表达和说理过程，可以有效地疏解与缓和双方的矛盾冲突和意见分歧，易于使学生获得对学校教育管理行为的理解与认同，增强对申诉处理决定的信任感。因而，切实赋予高校学生以申诉权，不断健全与完善学生申诉制度，可以减少很多高校内部由于制度缺失造成的无谓诉讼，对于营造高校和谐的校园环境是非常有益的。因为构建和谐高校的关键在于通过法律化、制度化的纠纷解决机制及时妥善地消解高校内部尤其高校与学生之间在教育管理中引发的诸类矛盾，畅通的纠纷解决路径是构建和谐高校所不可或缺的。同时，完善的教育系统内部的纠纷解决机制也能为高校的持续发展创造一种宽松和谐的环境，避免高校过多地卷入司法诉讼的程序之中，教育管理者与学生的关系也易于达至和谐的状态。这一和谐状态的创设，既有利于教育管理者管理规则的施行与管理目标的实现，也有利于学生合法权利的维护和对学校情感的培养与增强，提升学校的凝聚力和战斗力。

（三）学生申诉制度尊重和维护了高校的自治权与学生的合法权利

公共权力与公民权利的平衡，这是和谐社会的根本。对于和谐高校来说亦是如此。如果说高校的公权力代表的是一种公共利益，那么高校行使公权力的教育管理行为与相对人学生权利的冲突就是公共利益与私人利益的冲突，能否及时有效地化解这类冲突，实现公共权力与公民权利的相互平衡，这是关系到高校能否和谐的重要问题。学生申诉制度通过其合乎理性的制度设计，既尊重了高校的自治权，又维护了学生的合法权利，并尽力实现了高校公共权力与学生公民权利的相互平衡，体现了构建和谐高校的根本原则。申诉制度的确立赋予了高校学生特定的非诉讼性的救济权利，使得作为公民的学生个体在受到高校教育管理权的侵犯时拥有对峙抗衡的武器。学生可以通过行使申诉权利，迫使高校的教育管理行为接受公开审查，高校必须合理地说明其所做出的教育管理行为的事实根据、法律依据和正当程序，接受申诉人的质疑及申诉处理委员会的重新审查。在这个过程中，学生的申诉权成为高校教育管理权合法、正当伸展的一种外在规范力量。通过学生正当申诉权利的行使创设一种"高校教育管理权—学生权利"的互动和制衡关系并借此有效地排除高校管理权行使的无序性和随意性，从而大大减少了高校教育管理行为侵犯学生合法权利的危险性。正如有学者所指出的，建立完善的学生申诉制度并将学生申诉权落到实处，可以有效制约目前广泛存在的学校权力滥用的倾向。

因而，建立学生申诉制度，切实赋予学生以申诉权是调整高校与学生之间的关系、平衡高校公共权力与学生公民权利的有效途径。学生申诉制度既体现出维护高校教育管理自主权的价值取向，又展示了其保障学生合法权利的实质关怀，并通过申诉程序的运行尽可能地实现高校公共利益与学生私人利益的相互平衡，化解行政公权力与公民私权利之间的对峙式冲突，为打破高校与学生之间的紧张关系，谋求大学自治与学生权利的和谐创造了良好的制度空间。

（四）学生申诉制度推进了高校的民主法治化建设

民主法治是和谐社会最重要的运作机制。坚持民主治校、依法治校，努力营造符合法治精神的育人环境，这是高校教育管理现代化的重要标志和内在要求，也是构建和谐高校的必由之路。实现依法治校和教育管理民主化是高校教育制度创新的核心任务和教育管理改革的基本目标。在学生申诉程序的运行中，高校教育管理者权力行使的单方恣意性被淡化，取而代之的是双方的说理过程。学生在申诉程序中可以对高校行政管理权的行使是否合法、正当在法律范围内提出抗辩，并为高校的教育管理者提供一个反思的机会。教育管理者如果发现其所做出的处分决定或教育管理行为确有不合法或欠缺正当性的情形，即可以自行纠正，从而体现了公平民主、合作协商的法治精神。我们应当承认民主的要义之一就是允许通过公开讨论说服对方来达到解决法律争议。如果法律不提供这种制度性平台，那么以暴力压迫对方接受意见便成了必然。

在学生申诉程序的运行中，申诉处理委员会作为中立者与裁判者，其对学生提出的申诉意见进行审查和形成处理决定的过程，就是对高校现有教育管理制度及引发争议的教育管理行为的重新审视过程。申诉委员会所做出的契合于民主法治精神的处理决定可以帮助高校教育管理者克服学生管理中习惯性的"思维定式"和盲目坚持"传统"的做法，要求教育管理者根据高校教育管理工作民主法治化的新要求，更新管理理念，有计划、有步骤地对高校学生管理制度进行系统全面的梳理，不断调整、修订相关规章制度，滤除违法或不尽规范合理的制度内容，汲取人权与法治发展的积极成果。同时，学生申诉制度的施行还有助于高校教育管理者树立"程序法治"这一依法治校的核心理念。在诸多的高校学生申诉案件中，高校的教育管理行为被申诉处理委员会依法变更或撤销的重要原因就是其教育管理活动忽视正当程序原则的要求并导致程序上的违法。学生申诉制度的施行能促使高校管理者在教育管理实践中充分认识到设置正当管理程序的意义和价值，严格遵守管理权行使的正当原则，尊重与保障学生作为教育管理相对人的各项程序性权利。根据上述的分析与阐释我们不难看出，高校教育管理的民主法治化是构建和谐高校的必由之路，而学生申诉制度通过其蕴含着民主法治精神的制度设计，在推动高校民主法治化建设的进程中发挥着独特的价值与功用，为高校与学生之间和谐关系的生成提供应有的制度基础。

第三节 学生管理行为的司法审查机制完善

一、司法审查高校学生管理行为的价值解析

（一）规范高校学生管理权力

司法审查介入高校管理领域意味着高校的学生管理权力必须受到司法

权的制约，司法审查作为高校行使学生管理公权力的一种外部监督，正在发挥着不可替代的作用。如果没有司法审查，通过法律来调整和规范高校学生管理行为就毫无意义，依法治校就是一句空话。对于高校行使学生管理权的司法审查，不仅在其实际应用时可以保障权力相对人的合法权益，而且由于司法审查的存在，势必对高校学生管理人员产生一种心理压力，可以促使他们更加谨慎地行使权力，规范管理行为，自觉地按法治精神办事。

（二）完善高校学生管理秩序

司法审查对高校学生管理秩序的完善主要表现在两个方面：一是规范高校学生管理规章制度。由于当前很多高校讼案的发生是源于管理规章制度存在的问题，通过司法审查高校学生管理行为并对相关规章制度的合法性做出认定，能促使高校学生管理部门在制定和修改学生管理规章制度时遵循法治统一的原则，即下位法的制定必须有上位法的根据，高校学生管理规章制度必须与国家相应法律法规的立法精神与具体规范保持一致，不得与上位法产生矛盾和冲突。同时能敦促高校学生管理部门注意以公平和正义的法治精神为价值导向，坚持权利和义务相统一的规章制度制定原则，以确保管理相对人应有权利和正当利益的维护。二是建立正当的学生管理程序。司法审查高校管理行为的确立，有助于改变高校学生管理者一贯以来"重实体、轻程序"的观念，使管理者充分认识到法律程序的独立价值及其违反正当程序的管理行为可能带来的法律后果，这对于构建高校学生管理的正当程序具有积极的推进作用。事实上，高校讼案已经给学生管理者提供了许多富有启示意义的关于正当程序的思考，这类案件的出现对规范高校管理行为的程序产生了不可忽视的正面作用，它们促使了高校管理者开始关注相对人受告知权、陈述申辩权、参与权、申诉权、听证权等程序权利并在管理实践中给予切实的尊重与维护。

（三）更新高校学生管理理念

"司法审查正在使高校管理工作者深入理解和认识过去所认识不够的东西"，其中对高校学生管理理念的重新认识应该是重要的方面。当前有关高校学生管理纠纷的诉讼案件反映出，"人权型"的法治价值观念已日渐深入人心，人们对高校学生管理工作的评价已从单一着眼于能否有效地规范与维护正常的高校学生管理秩序转变为越来越关注管理活动对学生人格的尊重与权利的保障，关注教育管理过程中的自由、公平与正义。司法权对高校学生管理领域的介入要求高校管理者必须树立权利至上的理念，以切实保障学生合法的实体与程序权利作为管理工作的基点，这也正是高校学生管理适应法治社会而走向现代化的前提条件。

（四）保障学生的合法权利

"现代法精神的一个重要内容应当是，以权利的保障作为基础和中心环节。"我们认为，要保障权利主体真正地享有和行使权利，就必须确立合法权利受侵犯后获得有效救济的机制。在法治社会，司法审查作为一种权威性、中立性和终极性的权利救济方式，更具有信服力，公民权利的司法保障更具权威性。有不少学者提出"司法审查是高等学校依法治校的最终保障""是高校管理法治化的重要标志"等论断来凸显司法审查这一权利救济方式的重要价值。缺乏司法救济，公民权利也就失去了存在的意义。国家司法权对高校学生管理领域的介入是出于保障学生合法权利的需要，法院对高校学生管理行为的审查是公民权利保障的逻辑结果。拒绝司法介入高校学生管理领域，实际上就是无视高校学生管理权不当行使的可能性，放任管理行为对学生合法权利可能造成的损害。"国外的教育法制实践中也不排除司法对大学管理行为的监督和审查"，国外主张高校自治的国家也坚持保留对高校管理行为的司法管辖权，尤其当涉及相对人受教育权等基本权利的时候，法院会毫不犹豫地审查侵犯相对人基本权利的高校管理行为。

二、司法审查高校学生管理行为的必要限度

尽管司法审查高校学生管理行为的必要性已为多数学者所认可，但也不应忽视学术界对此观点的不同意见。学术界的不同意见主要是出于这样的担忧：即司法介入高校学生管理领域是否会侵犯高校的自治权。关于司法介入与大学自治的关系既是当前高等教育领域各类案件处理中一个引起广泛争议的问题，也是人们思考"司法能够在多大程度上进入到教育管理，能够通过什么样的进路"的焦点问题。

（一）大学自治的界定及其司法审查对大学自治领域的介入

大学自治是现代高等教育管理学中的一项基本原则，是由西方古老的高等教育管理信念发展而来的。众所周知，由于大学的特殊地位，为了保障良好的教育制度，为了维持民主之存在与发展，"大学自治"和"学术自由"都是必需的，这也是学校独立存在所固守的领地。所谓的大学自治，通常又称为学术自治，一般是指大学应当独立地决定自身的发展目标和计划，并将其付诸实施，不受政府、教会或其他任何社会法人机构的控制或干预。发端于欧洲中世纪的大学是获得教皇或世俗统治者特许的学者行会，最初是一个准教会机构。大学所声称的学术自由是根植于保护中世纪教会自治，不受世俗政权干预的知识传统。为保证相对独立于教会的地位，大学从教皇那里得到许多特权，如颁发教师证书的权力，大学事务还可以由教师或学生自主决定。近现代国家基于对大学社会职能的新认识，以各种途径对大学进行控制或干预。但大学自治的基本理念并没有动摇。大学的自治地位使其能够免受外界过多干预和对学术自由的妨碍，使其充分行使其办学自主权，但这种自治又不是绝对的，为克服高等学校可能产生的某些狭隘性和行为失范，又需要高等学校的自律与他律。高校教育管理实践中频频发生的学校与学生之间的纠纷已表明高校的自律不足，这就迫切需要"他律"。相当数量的法律法规在赋予大学种种办学自主权的同时也规范了其行为，这是"他律"之一；司法以其特定的性质（定分止争）和独立的价值取向（追求公平正义）无愧地成为"他律"的另一种重要方式。

司法对大学自治的介入是在近现代意义的宪法产生之后。近现代意义的宪法的核心是控制权力、保护权利。高等教育关涉教育行政权的行使和公共利益的保护，受教育权又是公民的宪法基本权利，"当宪法要求对公权力和公众事务的管理进行司法控制的时候，司法对大学自治的介入就是一个非常自然的结果"。

大学自治领域对司法审查的接受也不是一帆风顺的。"教育法律化"口号的提出曾使教育工作者和行政管理者感到恼火，前者担忧其自主权，后者担忧管理的效率。这种担忧是可以理解的，但又是不必要的。教育的兴衰与改革不可避免地要引起一些冲突与矛盾，而司法审查在解决这些冲突与矛盾中明显地发挥了应有作用和独特功能。事实表明，司法审查并未威胁到教育系统自主权的存在，更没有摧毁教育系统自主权。然而，不论是大陆法系的成文法传统和官僚机构传统，还是普通法系的判例法传统和机构自治传统都有其优越性和缺陷。如果学校和行政管理者能够学会接受民主的决定和司法审查，立法者和法官又能够试图理解教育的程序，那么就会出现某种希望：

不仅学校与法律工作者之间的关系可望改善，司法判决的质量也可望提高。

在我国，按照依法治国、建设社会主义法治国家的要求，国家和社会事务的各项管理将逐步纳入法制化轨道之中。高等教育的改革与发展呼唤法治，作为法治重要内容之一的司法审查介入大学自治领域则也应成为历史的必然。从我国高校办学自主权的来源看，在计划经济体制下，这些权力集中在政府及其主管部门，高校附属于政府，没有独立的法律人格和地位。政府既是高等教育事业的投资者、举办者，又是高等学校的领导者和直接管理者。学校的发展规划、专业设置、教学计划以及招生计划、毕业生分配、机构设置、人事安排、经费使用等，一律由主管部门决定和控制，学校基本上只是履行政府有关指令的执行者，没有办学自主权。高校与政府的这种关系是与高度集中的计划经济体制相适应的，其弊端不言而喻。随着我国市场体制的逐步确立，政府的综合管理模式向宏观调控、微观放权模式的转变，高等学校自主办学的思想逐步产生。从第一次全国教育工作会议通过的《中共中央关于教育体制改革的决定》到《高等教育法》，政府与高校之间原来的直接隶属关系发生了根本性的变化，高校的办学自主权以法律的形式被确定由高校行使，这为实现大学自治提供了保障。我国现行教育法律、法规并没有使用大学自治或大学独立的说法，而是使用高校自主权的概念，从一定意义上说，高校自主权的概念体现了大学自治原则。学校及其他教育机构依法行使多项自主权利：如按照章程自主管理、组织实施教育教学活动、招收学生或者其他受教育者、对受教育者进行学籍管理，等等。高等学校和教育机构所享有的广泛的自主权，包括：根据社会需求、办学条件和国家核定的办学规模，制订招生方案，自主调节系科招生比例；依法自主设置和调整学科、专业；根据教学需要自主制订教学计划，选编教材，组织实施教学活动；根据自身条件自主开展科学研究、技术开发和社会服务，自主开展与境外高等学校之间的科学技术文化交流与合作；自主确定教学、科学研究、行政职能部门等内部组织机构的设置和人员配备等自主权。

可见，高校办学自主权来源于法律的授权。高校作为法律的授权主体行使自治权时，不可避免地会出现某些失范行为或侵权行为，由此引发的教育管理纠纷除了由政府通过行政途径解决外，还应由法院通过司法审查来化解，这是由法院解决社会纠纷的司法裁决的终局性所决定的，法院应当成为公民说理的最后地方。

（二）司法审查对大学自治介入的有限性

尽管各国的司法审查模式各异，司法介入的作用、范围和方式也有差异且并非一成不变，虽然法律保护平等、教育与学术自由的权利是教育领域中用法律方式解决问题的普遍标准，但是国与国之间对教育的管理是完全不同的，似乎没有一种具有普遍意义的法律规范，能够照亮传统的教育行政管理的密林，但这并不妨碍我们对司法审查介入大学自治有限性的探讨。

1. 介入作用的有限性

有人喻其为司法的阳光照进了大学殿堂，司法的触角伸进了大学校园。然而，与此同时应当看到的是，司法介入的作用是有限的。首先，法院本身不能主动提起诉讼，"不告不理"是司法介入的前提和原则。其次，司法权力在某种意义上是纯粹消极性的权力，因为法院审理和裁判是一种事后救济，它们无权为迫在眉睫的教育问题寻找或提供可以选择的解决办法。最后，宪法学本身通过其系统学说限制了司法权力。因此，司法审查并不意味着对教育系统的全面司法控制。司法控制的紧密程度，取决于法院解释和贯彻宪法的方式，取决于宪法与教育的相关性。

2. 介入范围的有限性

这里主要是指审查事项的有限性。以受教育者诉大学对其合法权益的侵权行为为例，对此司法审查的范围有多大，各国对学校的决定进行司法审查的范围由于其审查方式不同而各异。其审查方式归纳起来大体上有两种：宪法保障个人权利方式和应用成文法方式。前者如美国，对学校决定的司法审查更多的是依据宪法条文而不是成文法律；后者如奥地利、德国，司法审查的紧密程度取决于立法机构用法律调整教育问题的程度，奉行"法律保留原则"。但是，法院不论运用何种方式，都是有范围和限度的。即使是对宪法的广义的解释或对成文法的广泛应用，法院也不处理实质上的学校教育问题。学校对其教育管理中的各类事务，如学生入学、学生处分、课程设置、考试成绩评价、学位授予等有着广泛的判断权，而法院是对这种判断权的"行使"进行审查。法庭实践表明，这种司法审查仅局限于制约侵害权利和程序的现象，而不涉及实质性的教学和学术问题。综上所述，可以说司法审查对大学自治的介入并非意在实现学校内部教育过程的法律化，而是制约侵害权利和防止不正当程序。

3.受理条件的有限性

这里是特指司法审查介入大学自治应当以行政复议前置为受理条件和原则。当事人应当穷尽行政救济途径之后，才能提起行政诉讼。这种机制比较适应目前我国强化教育行政复议功能的需要和法院行政审判的实际状况。

（三）司法审查高校学生管理行为的合法尺度与合理限度

具体到高校学生管理领域，我们认为，要处理好司法审查与高校自治的关系，解决两者之间的冲突，应当把握好两个问题：司法介入的合法尺度与司法介入的合理限度。

所谓司法介入的合法尺度是指司法介入高校学生管理领域是在司法能力范围内进行的，这种介入是有法院受案与管辖上的合法根据的，是属于司法权行使职能范围的事项。司法介入的合法尺度应该成为司法介入高校学生管理所必须秉持的原则。因为只有这样，才能较好地达成国家司法权与高校合法自治权之间的平衡。

所谓司法介入的合理限度，是指司法对高校学生管理领域的介入是有限的，司法审查学生管理行为的范围和程度应当受到限制。我们认为司法有限介入高校学生管理应当注意以下三点：

1.高校学生管理纠纷可经校内申诉委员会先行处理

作为高校管理相对人的学生如果认为管理行为侵犯其合法权益而与管理部门发生纠纷和冲突的，可先向高校内专门负责处理申诉的委员会提出要求复查管理行为并重新作出处理的申诉意见。在高校拒绝学生的申诉要求或虽经申诉委员会重新处理但学生的权利仍未获救济的情况下，再交由司法机关作出最终的裁决。

2.区别对待高校管理中的学术权力和行政权力

不可否认，在高校管理领域学术权力是与行政权力并存的重要权力形式，"二元化"权力结构是高校管理权力配置上的重要特征。这两种管理权力存在着本质的区别，学术权力的合理性主要来源于专业和学术能力，而行政权力则只能产生于制度和正式组织。因此，承认并尊重学术权力，就是要在有关学术管理的制度设计中明确学术权力，给学术权力以应有的地位和权威，建立发挥其效能的制度保障机制，合理规范学术权力和行政权力各自发挥作用的领域和范围，使两者在高校教育管理活动中建立一种分工合作与相互制约的关系。我们必须处理好司法审查介入大学自治的深度，对学术方面的问题应该由高校自主管理。学术自由有五大内涵，即：不受驾驭，严谨地对知识进行探究及传播；共通联络的自由；学者的行为可以自我决定，并且对其行为自我负责；防止国家侵害；国家提供财力及机构支援。外部必须警惕这样的界限，不能越雷池半步，高校的学术自由必须得到捍卫，这是一个原则问题。这方面我们可以借鉴美国的做法，严格区分高校对学生因纪律原因和因学习原因所做出的行政处理决定。在我国高校因纪律原因做出影响学生权益的行政决定时，应严格遵循正当程序的最低要求，充分保障学生的诉讼权利。而高校在因学生学习原因做出相关行政决定时，虽也应满足正当程序原则的条件，但司法审查介入的范围就只能是程序要求和法律规定，而不应涉及实体内容。而且，后者所应达到的程序要求也应宽松于前者。概言之，司法审查的适度性和有限性就是要求认清高校自治中学术权力和行政权力并存的现象，分清两种权力不同的特质，划清两种权力的运行轨迹，将司法审查的基点落在行政权力上，避免对学术权力的不当干涉。

3. 司法审查高校学生管理行为以保障公民基本权利为必要

司法权是基于公民基本权利的保障而介入高校学生管理领域的，这也决定了司法审查高校学生管理行为以保障基本权利为原则，而不是为了干涉高校的自治权。国外教育法制理论和实践也确立了这一原则。如果高校的学生管理行为是高校为维护正常的教育管理秩序而做出的，属于高校内部自主管理权限范围内的事项，如，制定作息时间、考绩评定、宿舍楼的管理等，而且这种管理行为不足以改变管理相对人学生作为学校成员的实质性地位，无关相对人受教育权等基本权利的，不应成为司法审查的对象。如果高校的学生管理行为将导致学生特定身份和实质性地位的改变，性质严重，对基本权利影响重大的，如，高校管理部门对学生做出的开除学籍等涉及学生受教育权的处分管理行为，我们认为此时学生应当可以提起行政诉讼，启动法院的司法审查程序，获得权利救济的最后机会。

参 考 文 献

[1] 张茂红，莫逊，李颖华.高校教育管理与教学研究 [M].北京：台海出版社，2022.

[2] 刘德建.智能技术促进高校教育教学创新研究 [M].北京：科学出版社，2022.

[3] 吕村.高校教育管理与教学研究 [M].长春：吉林文史出版社，2021.

[4] 刘思延.高校教育教学管理实践与创新发展 [M].哈尔滨：哈尔滨出版社，2021.

[5] 王炳坤.高校大学生管理教育与校园文化建设 [M].长春：吉林出版集团股份有限公司，2021.

[6] 梁丽肖.教育信息化背景下高校管理机制探究 [M].长春：吉林人民出版社，2021.

[7] 卢保娣.大数据时代高校教育管理及其信息化建设 [M].长春：吉林大学出版社，2021.

[8] 王慧.现代教育理念下的高校教育教学管理研究 [M].北京：化学工业出版社，2021.

[9] 赵莉莉.新形势下高校人才管理及素质教育创新研究 [M].延吉：延边大学出版社，2021.

[10] 胡凌霞.高校教育管理理念与思维创新 [M].长春：吉林大学出版社，2020.

[11] 宋丽萍.新媒体环境下高校学生教育管理工作创新研究 [M].长春：吉林大学出版社，2020.

[12] 丰晓芳，魏晓楠，陈晶.高校教育管理研究 [M].长春：吉林出版集团股份有限公司，2020.

[13] 陈民. 高校教育管理创新与实践 [M]. 长春：东北师范大学出版社，2020.

[141] 刘娟. 高校管理与教育教学实践研究 [M]. 长春：吉林教育出版社，2020.

[15] 丁兵. 当代高校教育管理研究 [M]. 西安：西北工业大学出版社，2019.

[16] 陈晔. 新时期高校教育管理实践研究 [M]. 北京：现代出版社，2019.

[17] 关洪海. 高校教育管理与创新实践研析 [M]. 北京：冶金工业出版社，2019.

[18] 王荔雯. 移动互联网时代高校教育管理模式改革与实践研究 [M]. 北京：中国原子能出版社，2019.

[19] 林榕. 大数据背景下高校教育管理信息化发展与创新研究 [M]. 长春：吉林大学出版社，2019.

[20] 丁阿蓉. 高校教育管理与教师专业发展研究 [M]. 长春：吉林出版集团股份有限公司，2019.

[21] 靳浩. 高校教育与教学管理 [M]. 北京：北京工业大学出版社，2019.

[22] 刘欢. 高校学生教育管理研究 [M]. 长春：吉林大学出版社，2019.

[23] 郭晓雯. 高校教育教学管理创新发展研究 [M]. 北京：北京工业大学出版社，2019.

[24] 郝岩. 我国高校教育创新管理的多元化研究 [M]. 北京：新华出版社，2019.

[25] 汪文娟，何龙，杨锐. 高校教育管理创新研究 [M]. 北京：北京工业大学出版社，2018.

[26] 俞莉莹. 高校素质教育管理与创新研究 [M]. 北京/西安：世界图书出版公司，2018.

[27] 马力. 新时期高校教育管理理论与实践 [M]. 长春：吉林人民出版社，2018.

[28] 张晓蕾，司建平. 新时期高校教育管理创新研究 [M]. 长春：吉林科

学技术出版社，2018.

[29] 赵静，张毅驰，廖诗艳 . 高校管理与教育理论 [M]. 长春：吉林人民出版社，2018.

[30] 孔风琴 . 高校教育教学与教学管理的实践探索 [M]. 长春：吉林人民出版社，2018.